THE FOREFRONT OF JUSTICE

THE LATEST CASES AND MATERIALS OF COURTS OF BEIJING

审判前沿

新类型案件审判实务

2012年第2集·总第44集

北京市高级人民法院/编

法律出版社
LAW PRESS·CHINA

审判前沿 新类型案件审判实务

目 录

案例研究

疑案探讨

案例分析

观点争鸣

参阅案例

热点问题聚焦

法律文书之窗

司法文件

【案例研究】

对不履行法定职责行政案件受案范围的探讨
——张某诉某公安分局窦店派出所不履行刑事立案法定职责违法案相关法律问题研究

刘井玉*

一、据以研究的案例

本市窦店工业基地02街区项目建设,拆迁人甲公司于2010年8月18日取得了房屋拆迁许可证,张某的宅院位于拆迁范围之内。2010年8月29日,张某与拆迁人甲公司签订了《房屋拆迁补偿回迁安置协议》及补充协议,其中约定:张某应在2010年9月7日前完成搬迁,腾出房屋具备拆除条件,交甲公司验收。同年9月14日,张某领取了拆迁补偿款。同年9月15日,拆迁人甲公司将张某的房屋及附属物移交乙公司进行拆除。2010年12月12日15时许,乙公司第一分公司在对张某宅基地上的房屋及附属物进行拆除时,张某报警,称其房屋被拆,某公安分局窦店派出所接警后出警,于同年12月13日受理该案,并进行了调查。后张某的房屋及附属物被拆除。张某认为,该案涉嫌故意毁坏财物,已达到刑事立案标准,遂要求某公安分局窦店派出所对该案进行刑事立案调查。但经调查,窦店派出所认为该案并不属于刑事案件的立案范畴,遂口头向张某进行了告知。据此,张某认为窦店派出所不履行刑事立案侦查的法定职责违法,遂向某公安分局提起行政复议,要求责令窦店派出所履行法定职责。2011年5月30日,该公安分局作出京公房复决字[2011]第04号行政复议决定书,驳回了张某的行政复议申请。

* 北京市高级人民法院行政审判庭法官,中国政法大学行政法学博士。

张某仍不服，遂以窦店派出所为被告向一审法院提起行政诉讼，认为甲公司和乙公司对其房屋进行拆除时，其拨打了110报警，窦店派出所到现场后未对拆除行为加以制止，在其要求下才作了询问笔录。张某认为，甲公司和乙公司在未经原告同意的情况下强行拆除其房屋的行为已涉嫌故意毁坏财物罪，达到刑事立案标准，根据《人民警察法》第2条第1款、《刑事诉讼法》第86条的规定，接到原告报警后未对拆除房屋的行为加以制止，也未按照规定制作笔录，也未立案，已构成行政不作为。其向某公安分局提起行政复议后，该局以该案属于民事纠纷不属于公安机关管辖的违法犯罪行为为由驳回原告的行政复议申请。但事实上该案已由民事纠纷转化为刑事案件，窦店派出所应对该案立案侦查，保护张某的财产权益，故请求法院确认窦店派出所不予刑事立案的不作为行为违法，并判令该所履行法定职责。

窦店派出所辩称：2010年12月12日15时许，该所接到张某报案称某区窦店镇交道二街村五区80号的房屋被拆。民警迅速赶赴现场，报案人所称的房屋已被拆除，民警随即找到报案人了解情况并制作询问笔录。报案人称拆迁公司在未取得张某家中钥匙的情况下强行拆除房屋，要求民警立案查处，追究刑事责任。根据上述情况，民警及时与拆迁公司联系，并带领报案人赶到二街村村委会，对村委会工作人员、拆迁公司工作人员进行询问，开展调查取证工作。经调查，2009年6月，某区政府授权甲公司为窦店工业基地建设项目前期开发实施单位，2010年8月，北京市某区某委对该公司呈报的征地拆迁补偿安置方案予以批准，颁发房屋拆迁许可证。2010年8月29日，张某与甲公司签订拆迁补偿协议，并领取了补偿款。根据协议约定，张某应在2010年9月7日前完成搬迁；若未在规定搬迁期限内搬家腾房，由甲公司全权处理。因张某未履行协议，拆迁公司于2010年12月12日对张某的房屋进行了拆除。该所认为，张某已与拆迁单位签订拆迁补偿协议，并获取补偿款，申请人应自觉履行协议约定，由于申请人违反约定不予交房，拆迁单位对房屋进行拆除的行为并未超出协议内容，双方的矛盾属于民事纠纷，不属于公安机关管辖的违法犯罪行为，当事人双方应通过民事诉讼途径解决，对此，公安机关已多次向原告进行告知。综上，该所依法履行了法定职责，请法院依法驳回原告起诉。

一审法院判决认为：本案争议焦点在于，张某的房屋被强制拆除是否应作为刑事案件立案处理，某公安分局窦店派出所是否未履行其法定职责。通过证据可以认定，2010年12月12日对张某的房屋进行的拆迁，系因张某的房屋位于窦店工业基地02街区项目建设拆迁范围内，张某在与拆迁方签订了补偿协议并领取补偿款后，却未在约定的限期内自行拆除，拆迁方遂按照协议将张某的房屋移交拆除公司拆除，故该案应属协议双方在履行协议过程中而引发的纠纷，并不符合刑事案件的立案标准,针对该纠纷原告张某可以另案处理。本案中,窦店派出所接警后及时出警并依法受理了该案,在经过调查询问后将本案不能作为刑事案件立案处理的理由向张某进行了口头告知,该派出所已依法履行了相应的法定职责,张某要求确认窦店派出所未履行刑事立案侦查的法定职责违法的主张缺乏事实和法律依据,本院不予支持。据此,一审法院依据最高人民法院《关于执行〈中华人民共和国行政诉讼法〉若干问题的解释》(以下简称《若干解释》)第56条第(1)项之规定,判决驳回了张某的诉讼请求。

张某不服一审判决,提起上诉。二审判决认为:根据《人民警察法》第2条的规定,公安机关及人民警察具有维护社会治安、保护公民人身、财产安全的法定职责。该法第21条规定,人民警察遇到公民人身、财产安全受到侵犯或者处于其他危难情形,应当立即救助;对公民提出解决纠纷的要求,应当给予帮助;对公民的报警案件,应当及时查处。根据本案查明的事实,某公安分局窦店派出所在接到张某于2010年12月12日拨打的110报警电话后,即派出民警到达现场,分别询问了报警人、肖某、赵某、路某和常某,制作了询问笔录,并在此基础上开展了进一步的调查取证工作,最后亦将处理结果以口头形式告知了张某及相关人员。因此,在张某与拆迁方签订房屋拆迁补偿回迁安置协议,对涉案房屋的处置作出约定的情况下,应认定窦店派出所已依法履行了相应的法定职责。同时,最高人民法院《关于执行〈中华人民共和国行政诉讼法〉若干问题的解释》第1条第2款第(2)项规定,公民、法人或者其他组织对有关机关依照刑事诉讼法的明确授权实施的行为不服提起诉讼的,不属于人民法院行政诉讼的受案范围。本案中,能否将张某报警事项作为刑事案件予以立案侦查属于有关机关依照刑事诉讼法的明确授权实施的行为,不属于行政诉讼的受案范围,一审法院针对张某就此所提诉讼请求予以审理和判定的行为超越了人民法院行政诉讼审判权限范围,本院对此予以纠正,但驳回张某诉讼请求的结论正确,本院予以维持。张某要求确认某公安分局窦店派出所不履行法定职责违法的上诉主张,缺乏事实和法律根据。据此,依据《行政诉讼法》第61条第(1)项之规定,判决驳回上诉,维持一审判决。

二、相关法律问题分析

在受案范围问题上,本案的争议焦点在于:张某要求法院判决确认窦店派出所不予刑事立案的不作为行为违法,并判令该所履行法定职责,是否属于法院的受案范围。

以一审法院的判决为代表的观点认为:张某提起的诉讼属于法院的受案范围,人民法院应当受理并根据查明的事实,实体判断窦店派出所是否应当对张某的报警进行刑事立案。

以二审法院的判决为代表的观点则认为：一方面，张某报警的实质是要求公安机关履行保护其人身权和财产权的法定职责，由此引发的诉讼应当属于法院的受案范围；另一方面，能否将张某报警事项作为刑事案件予以立案侦查属于公安机关依照刑事诉讼法的明确授权实施的行为，根据最高人民法院《若干解释》的规定，不属于行政诉讼的受案范围，人民法院不应予以评判。

（一）关于刑事侦查行为不属于法院的受案范围

由于我国的公安机关既承担着刑事侦查职能，又承担着行政管理职能，因此根据我国司法体制，一般将公安机关在行政管理过程中实施的行为定性为行政行为，将其在刑事案件侦查过程进行的调查和强制措施等行为定性为刑事司法行为，不作为一般行政行为对待。同时考虑到我国的《刑事诉讼法》已经授权检察机关对公安机关刑事司法行为进行监督，如对公安机关提请逮捕和移送起诉的案件进行审查、发现违法侦查行为通知公安机关纠正等，因公安机关刑事侦查行为致人损害的，受害人也可以依照《国家赔偿法》获得救济。因此，最高人民法院在《关于执行〈中华人民共和国行政诉讼法〉若干问题的解释》（以下简称《若干解释》）第1条第2款明确规定，“公安、国家安全等机关依照刑事诉讼法的明确授权实施的行为”引发的争议不属于法院的受案范围。

就本案而言，根据《刑事诉讼法》第107条、第108条、第111条和第112条①的规定，公安机关有职权和职责对受害人的举报进行审查，认为有犯罪事实需要追究刑事责任的时候，应当立案，认为没有犯罪事实，或者犯罪事实显著轻微，不需要追究刑事责任的时候，则不予立案，并且应将不立案的原因通知控告人。本案中，公安机关在接到张某的报警后，是否将之作为刑事案件立案处理，属于具有《刑事诉讼法》授权的行为。因此，根据《若干解释》第1条第2款规定的“法律授权标准”，无论公安机关做出立案还是不立案的决定，均不属于人民法院的受案范围，包括张某在内的当事人均不能对该决定提起行政诉讼。

---

① 第107条：“公安机关或者人民检察院发现犯罪事实或者犯罪嫌疑人，应当按照管辖范围，立案侦查。”第108条第2款：“被害人对侵犯其人身、财产权利的犯罪事实或者犯罪嫌疑人，有权向公安机关、人民检察院或者人民法院报案或者控告。”第110条：“人民法院、人民检察院或者公安机关对于报案、控告、举报和自首的材料，应当按照管辖范围，迅速进行审查，认为有犯罪事实需要追究刑事责任的时候，应当立案；认为没有犯罪事实，或者犯罪事实显著轻微，不需要追究刑事责任的时候，不予立案，并且将不立案的原因通知控告人。控告人如果不服，可以申请复议。”第111条：“人民检察院认为公安机关对应当立案侦查的案件而不立案侦查的，或者被害人认为公安机关对应当立案侦查的案件而不立案侦查，向人民检察院提出的，人民检察院应当要求公安机关说明不立案的理由。人民检察院认为公安机关不立案理由不能成立的，应当通知公安机关立案，公安机关接到通知后应当立案。”

(二)关于不履行法定职责案件受案范围的特殊性

本案的特殊性在于,《若干解释》的上述规定仅从正面将“公安、国家安全等机关依照刑事诉讼法的明确授权实施的行为”排除在了行政诉讼的受案范围之外,但本案中原告是要求公安机关履行刑事立案的法定职责,并未直接针对公安机关不予立案的行为。且《行政诉讼法》第 11 条同时明确规定,相对人“申请行政机关履行保护人身权、财产权的法定职责,行政机关拒绝履行或者不予答复的”,属于法院的受案范围。本案是否属于此种情形?

实际上,《行政诉讼法》及《若干解释》确立的“概括 + 列举 + 排除”受案范围的界定方式,导致了受案范围上一定灰色区域的产生,即某行为虽然明确的不属于法院的受案范围,但相对人要求行政机关履行做出该行为的法定职责是否属于法院受案范围。除本案的情形外,还有诸如要求行政机关履行行政指导职责、履行行政调解职责、履行国家行为职责或者履行终局裁决职责等其他情形,审判实践中常有争论。笔者以为,对此问题的判断,可以遵循以下两个步骤:

1. 确定法律将该行为排除于受案范围所考虑的因素。受案范围制度体现了司法的谦抑性,法律排除某行为的可诉性,意味着法律在考虑了一定因素后,对司法权力的克制以及对司法与行政权力边界的厘定。例如,法律排除刑事侦查行为的可诉性,主要考虑了司法介入可能干扰侦查秩序、影响侦查效率、泄露侦查秘密以及法院不具有判断优势等因素;排除国家行为的可诉性,主要考虑了此种行为具有高度的政治性,相比较法院,行政机关更有判断能力、调查能力以及政策裁量等优势,该问题更适宜通过政治方式解决,由法院作出判断后可能面临执行上的困难等。①

2. 考量将相对人要求行政机关履行相应职责纳入受案范围后,是否会使法院陷入审查不具可诉性行为合法性的局面、是否会导致上述法律考虑因素的产生。如果是,则不应纳入法院的受案范围;如果不是,则应该按照《行政诉讼法》第 11 条“申请行政机关履行保护人身权、财产权的法定职责,行政机关拒绝履行或者不予答复的”的规定,纳入受案范围。例如,相对人要求履行终局裁决职责的,虽然终局裁决行为并不属于行政诉讼的受案范围,但在行政机关是否应当履行终局裁决职责问题上,不会使司法权面临审查终局裁决性为合法性的局面,不会产生司法权对行政权的侵犯,因此应当纳入受案范围。相反,如果相对人要求公安机关履行国家行为或刑事侦查行为的法定职责,由于会使法院面临裁量和判断行政机关是否应当为国家行为或刑事侦查行为的局面,因此不应该纳入法

① 胡锦光:“论国家行为”,载《诉讼法论丛》1998 年第 1 期。

院的受案范围。

本案中,由于公安机关具有刑事侦查和行政管理的双重身份,因此:

首先,张某要求公安机关履行刑事立案的职责明显会使法院陷入对公安机关是否应当刑事立案的考量,而公安机关是否刑事立案属于《刑事诉讼法》明确授权的行为,因此不应该纳入法院的受案范围。以一审判决为代表的观点超越了司法权的界限,对公安机关是否应该履行刑事立案职责进行了实体审查和判断,违反了《若干解释》第1条第2款的规定。

其次,我们应该关注到,张某在面临自己的房屋即将被他人拆除的情形下报警的目的,是要公安机关履行保护其人身和财产安全的法定职责。关于该项职责,《人民警察法》第2条和第21条均有明确规定①。公安机关履行该项职责的方式,则可以是行使行政管理权,如对加害人进行拘留、罚款,也可以在加害人的行为构成刑事案件的情形下,启动刑事侦查程序、行使刑事侦查权。而公安机关是否合法全面的履行了行政管理职责,属于人民法院主管的范围,相应争议应当纳入受案范围。以二审判决为代表的观点,正是从张某当时举报的本意出发,结合具体案情,审查和判断了公安机关是否全面合法的履行了其行政管理职责,并在认为公安机关已经履行了相应职责的情形下,终审驳回了原告的诉讼请求。此种观点,无论从保护相对人的合法权益还是监督公安机关依法履行保护公民人身和财产安全的法定职责,均具有积极意义。

(三)本案对完善行政诉讼类型的启示

行政诉讼的类型又可称之为行政诉讼的种类,具体是指公民、法人或其他组织可以通过行政诉讼请求救济且法院仅在法定的裁判范围内裁判的诉讼形态。其是从行政诉讼目的和功能出发,根据当事人的诉讼请求、行政争议的性质以及法院的审理和裁判方式,对行政诉讼进行的分类。按照我国台湾学者的理解,行政诉讼"习惯上仍循一定之方式、形式或类型(Forms;Formen),原告始得就其所受侵害,请求行政法院提供救济,而行政法院亦仅能就法定之诉讼种类所相应得以救济之方法为裁判。此种诉讼方式或型态之格式化,谓之'行政诉讼之种类'(Klaearten des Verwaltungsprozesses)"。② 行政诉讼类型化是自20世纪以来各国行政诉讼制度发展的总趋势。

---

① 第2条:"公安机关及人民警察具有维护社会治安、保护公民人身、财产安全的法定职责。"第21条:"人民警察遇到公民人身、财产安全受到侵犯或者处于其他危难情形,应当立即救助;对公民提出解决纠纷的要求,应当给予帮助;对公民的报警案件,应当及时查处。"

② 蔡志芳:《行政救济法新论》,元照出版有限公司出版,转引自马怀德、吴华:"对我国行政诉讼类型的反思与重构",载《政法论坛》2001年第5期。

如在德国,《行政法院法》中确定的“对于侵犯公民权利的每一种国家权力行为,都必须有一个适当的诉讼种类可供利用”[①]的原则,就催生了该国精密的行政诉讼诉讼种类制度。通过《行政法院法》以及法院的司法实践,该国建立了包括撤销诉讼、义务诉讼、确认诉讼、预防性诉讼以及一般给付诉讼等在内的若干诉讼种类,每一诉讼种类均对应一种行政活动的样态,满足相对人不同的权利保护需要。在满足相对人受益权——即通过公权力的积极行为获得各种利益及利益保障的权利方面,该国主要建立有义务之诉和一般给付诉讼两个诉讼种类:义务之诉是一种请求作出一个行政行为的给付诉讼,诉讼标的是原告提出的他的权利由于所请求的行政行为被拒绝或未作出而受到了侵害的主张,与撤销之诉的共同点就在于,只有当涉及到《行政程序法》第 35 条意义上的行政行为时,方能适用义务之诉;[②]一般给付诉讼则是请求国家行政作出除行政行为之外的其他类型行政活动,如事实行为的诉讼。

我国则缺乏基本的诉讼类型制度。虽然许多学者根据法律及司法解释关于六种判决形式及其适用条件的规定,同时结合当事人的诉讼请求,将我国的行政诉讼分为撤销诉讼、变更诉讼、履行诉讼、确认诉讼、行政赔偿诉讼等几个类型,并据此认定我国同样存在诉讼类型制度。但这种认识多少有些牵强。一定程度上,上述所谓的诉讼类型,至多仅仅是判决方式的差异和散见于司法解释的诸如举证规则和起诉条件的不同,并没有形成可以全面约束从原告起诉、到法院的审理再到法院的判决等各个诉讼环节的各种制度。而且这种以行政诉讼判决的种类推导出行政诉讼类型的方法也存在因果倒置的方法论缺陷:恰恰不是因为判决类型决定诉讼类型,而是诉讼类型决定着判决类型。这种缺乏行政诉讼类型制度的状况,产生了妨碍相对人诉讼权利的行使和合法权益的保护,不利于法院案件审理的规范化、透明化和可预测性以及行政纠纷的有效解决等一系列弊端。

本案审判实践的两种不同的观点,正是诉讼种类不完善的体现。按照德国的诉讼种类理论,本案应当通过义务诉讼或者一般给付诉讼解决,取决于张某请求公安机关做出何种类型的行政活动,如果是行政行为则是义务诉讼,如果是其他行政活动则应当是一般给付诉讼。由于两种诉讼均是针对行政机关的行政活动,仅存在是否为行政行为的分别,因此如果张某请求公安机关履行的是刑事立案职责,由于该职责履行并非行政活动,自然应当驳回其起诉。但由于我国诉讼种类不完善,对于相对人受益权的保护,《行政诉讼法》规定的“申请行政机关履行保护人身权、财产权的法定职责,行政机关拒绝履行或者不予答复的”并未针

---

① [德]弗里德赫尔穆·胡芬:《行政诉讼法》,莫光华译,法律出版社 2003 年版,第 204 页。

② 同上,第 282 ~ 284 页。

对不同种类的行政活动，导致了本案就原告的主张是否属于受案范围产生了争论。

因此我们可以考虑在《行政诉讼法》修改中，借鉴德国、日本等国家的做法，针对不同种类的行政活动，建立诸如撤销诉讼、确认诉讼、给付诉讼等主观诉讼以及机关诉讼和公益诉讼等客观诉讼种类，并在不同的诉讼种类中明确不同的起诉条件、诉讼时效、诉讼标的、法院不同的审理程序以及判决方式，发挥行政诉讼类型化在促进法院的审理程序公开化、科学化、增加行政诉讼审判的可预测性，以及控制司法权、保护相对人的合法权利等方面的积极作用。

（责任编辑：王　晨）

公司司法解散的法律适用

——B 公司诉 A 公司、第三人 C 公司公司解散纠纷案相关法律问题研究

刘 洋*

一、据以研究的案例

2001 年 9 月 26 日，B 公司（甲方）与 C 公司（乙方）签订《合资合同》。同日，双方订立了《A 公司章程》（以下简称《合资章程》）。《合资章程》中约定：甲方出资人民币 70 万元，乙方出资 10 万元美元（约合人民币 82.7 万元），共同成立 A 公司，公司的注册资本为人民币 152.8 万元；合资公司设董事会，董事会由 3 名董事组成，其中甲方委派 2 名，乙方委派 1 名，乙方委派 1 名董事长，董事长、董事任期为四年，经委派方继续委派，可以连任；董事会所有成员具有同等表决权，对合资企业章程的修改、合资企业注册资本的增加或者转让、合资企业的终止解散和期满的清算工作、合资公司与其他经济组织的合并、决定设立合资公司的分支机构，应由出席董事会会议的董事一致通过方可做出决议，对其他事宜由出席董事会会议的三分之二以上董事通过方可做出决议；董事会例会每年至少召开 2 次，由董事长召集并主持，董事长缺席时由副董事长召集并主持，经三分之一以上的董事提议，董事长可以召开董事临时会议；董事长在董事会开会前三十天书面通知各董事，写明会议内容、时间和地点，如届时未出席也未委托他人出席，则作为弃权；出席董事会会议的有效法定代表人数为全体董事的三分之二，不足三分之二人数时，其通过的决议无效；合资期限为 15 年，自营业执照签发之日起计算。关于 A 公司的终止、解散，《合资章程》中约定：甲、乙方如一致认为终止合资符合各方最大利益时，可提前终止合资；发生下列情况之一时，甲、

* 北京市第一中级人民法院研究室法官助理，中国政法大学法学硕士。

乙任何一方有权依法终止合资:1. 合资期满,合资各方不继续合资;2. 合资公司发生严重亏损,累计亏损超过注册资本;3. 甲、乙中的一方未履行合同和章程的规定,使合资公司无法再继续经营,并已由违约方赔偿了受损害一方的损失后;4. 合同中所规定的不可抗力的发生,使合资公司遭受严重损失导致合资公司停业达三个月以上或致使合资公司不能继续经营;合资公司提前终止经营,需董事会召开全体会议。

2001 年 9 月 29 日,A 公司的《合资合同》、《合资章程》及董事会名单(董事长蔡某、董事高某和王某某),经北京市门头沟区某委批准生效。

在 A 公司经营期间,B 公司、C 公司一致同意将《合资章程》第 17 条关于"董事会由 3 名董事组成,董事会成员由 B 公司委派 2 名,C 公司委派 1 名"修正为"董事会由 3 名董事组成,其中 B 公司委派 1 名,C 公司委派 2 名"。2005 年 6 月 7 日,A 公司通过《合资合同补充协议》及《合资公司章程修正案》的形式,将上述董事会决议中关于董事会成员名额分配的变化予以明确。A 公司董事会组成人员多次变动,原董事会人员最终变更为高某、孟某和蔡某。

A 公司曾于 2007 年 2 月 2 日召开第二届董事会,并分别形成 070202、070203、070204 号董事会决议。2008 年 5 月 6 日,A 公司召开第二届董事会,形成 080506 号董事会决议。

A 公司 2007 年度的年检报告书显示:公司该年度亏损额为人民币 202.02 万元。2008 年度的年检报告书显示:公司该年度利润总额为人民币 233.93 万元,净利润为人民币 225.08 万元。庭审中,各方确认 2009 年度公司的亏损额为 77.7 万元。

2009 年 1 月 19 日, B 公司委托律师委托,向 C 公司及蔡某发函,函件的主要内容是:因 2007 年度合资公司出现重大亏损,年度亏损人民币 202.02 万元,已经出现了合资公司章程第 59 条第 2 款规定的终止合资情形。为妥善处理终止经营事宜,根据公司章程规定,特定于 2009 年 2 月 6 日在北京地坛医院会议室召开董事会会议,请贵方全体合资公司董事务必全体出席。

C 公司于 2009 年 1 月 23 日收到上述律师函,回函的主要内容是:自 2005 年末更换公司管理层以来,2006 年 A 公司销售收入 1900 余万元,比 2005 年同期增长 30%,2007 年 A 公司年销售收入 2100 余万元,2008 年 A 公司年销售收入 2000 余万元,创造利润 180 余万元。A 公司总体经营状况与历史相比处上升发展状态。A 公司无法理解 B 公司对整体经营状况的不满之处。针对您信函中因 A 公司亏损,出现合资公司章程第 59 条第 2 款规定的终止合资的情况,而受托要求终止 A 公司经营事宜,理由并不充分,A 公司不能接受。按照 A 公司章程规定,董事会会议通知应于会议召开 30 日前经董事长确认后传发至各董事。A公司于2009年1月23日收到召开董事会的提议,可初步建议于2009年2月24日召开董事会。如B公司有其他议题需要在董事会讨论,请于2月13日前以书面形式交与董事长确认。

2009年2月5日,B公司在公证处的见证下,以全球邮政特快专递的方式向C公司邮寄《告知函》和《A公司董事会会议议程》(以下简称《董事会议程》)。《告知函》的主要内容是:1. 2007年度公司出现重大亏损,该年度亏损202.02万元,已经出现了合资公司章程第59条第2款规定的终止合资的情形;2. 目前合资公司生产和销售的系列产品,其包装上使用的新商标侵犯B公司利益;3. 蔡某董事长违反合资公司章程和董事会工作细则中的有关规定,在合资公司重大事项决策和高级管理人员的任免上故意绕开董事会,独断专行,致使作为合资公司最高权力机构的董事会失去作用,造成合资公司管理和经营混乱。鉴于C公司及蔡某董事长实际控制合资公司期间无视董事会和股东权益的种种做法,以及合资公司的管理、经营状况,B公司提出:1. 从即日起B公司终止与C公司合作,并立即召开合资公司董事会商讨合资公司的终止解散和资产清算工作;2. 在此期间合资公司停止一切生产经营活动,并做好公司各项善后工作,否则,因此而引发的一切后果B公司不承担任何责任。

B公司起草的《董事会议程》规定:1. 合资公司提前终止经营;2. 确定清算委员会,组成清算委员会;3. 确定清算程序、原则。

2009年3月B公司以公司解散为由将A公司、C公司诉至法院。

庭审中,B公司与C公司、A公司均认可A公司目前是由C公司派出的总经理负责日常的经营管理。另外,B公司称其委派到A公司的董事高某退休后,其另行委派了新的董事,但A公司一直未到相关部门进行董事的变更。对此,A公司称因B公司一直未提交确定的委托函,故其无法办理董事变更。经询问,如提供新董事的委托函,是否可做董事变更,是否可以召开董事会。A公司称可以,B公司称因双方股东之间矛盾加深,继续合作的可能性已不存在,认为董事会无法召开。

法院经审理认为,本案中,各方当事人争议的焦点问题是A公司是否具备解散的条件。按照修改后的《合资章程》的约定,C公司向A公司派驻两名董事,B公司派驻一名董事,从董事名额的分配看,董事会的表决并不存在任何可以使公司经营管理陷入僵局的障碍,之后未再形成董事会决议不是因表决无法达到法定或约定比例,而是一方股东认为合资公司已无继续存续必要,而拒绝开会讨论涉及公司经营管理等方面的相关事宜。从B公司列举的其与C公司存在的矛盾看,均是可以通过召开董事会协商解决的问题,现B公司在股东之间未就存在问题开会讨论的情况下,直接请求法院司法解散公司,与《公司法》关于公司司法解散谨慎起诉的立法目的不符。

此外,提起解散公司之诉,公司经营发生严重困难是一项必备条件,本案中,A公司2007年度、2008年度、2009年度的相关年检报告、审计报告反映出,公司近三年的经营既存在亏损,又存在盈利,仅以其某一年度曾经经营亏损,即认定其经营发生严重困难,以致严重到需要解散公司的程度,有失偏颇。

本案还涉及司法解散公司所需实质要件的判断问题。《公司法》第183条规定:"公司经营管理发生严重困难,继续存续会使股东利益受到重大损失,通过其他途径不能解决的……"股东在适用公力救济时,应当以穷尽公司内部救济措施为前提,现有证据显示,B公司并未穷尽公司的内部救济措施而直接到法院诉请司法解散公司,其要求解散公司的诉讼请求不予支持。针对B公司在庭审中称其起诉的事实基础是《合资章程》第59条第2款1节,该条款约定:合资公司发生严重亏损,累计亏损超过注册资本,合资任何一方有权依法终止合资,法院认为,《合资章程》同时约定有合资企业的终止解散和期满的清算工作应由出席董事会会议的董事一致通过方可做出决议,虽然A公司2007年度的亏损额超过了注册资本,但A公司并未召开董事会就适用《合资章程》第59条第2款解散公司事宜形成决议,且B公司在庭审中明确表示其与C公司继续合作的可能性已不存在,不同意召开董事会。鉴于此,B公司依据《合资章程》第59条第2款主张司法解散公司的条件尚不具备,对其该项诉讼请求法院院不予支持。

综上,一审法院最终判决驳回原告B公司的诉讼请求。当事人未上诉。

二、相关法律问题研究

本案涉及公司司法解散的法律适用,问题较为典型。本着公司的合法权益不受侵害、经营管理独立自主、司法救济作为最后救济途径等原则,法律在化解社会矛盾中,应充分考虑公司的自治性与可持续性,慎重适用司法解散的法律法规。

我国关于公司司法解散的相关规定出现于2005年对《公司法》修改之后,该法第183条明确规定,"公司经营管理发生严重困难,继续存续会使股东利益受到重大损失,通过其他途径不能解决的,持有公司全部股东表决权百分之十以上的股东,可以请求人民法院解散公司"。从内容来,当时的规定显得过于原则,仅具有一般的宣告性意义,难以在实践操作中落实。2008年最高人民法院《关于适用〈中华人民共和国公司法〉若干问题的规定(二)》(以下简称《规定(二)》)注意到了这一不足,对原有规定进一步明确,规定"单独或者合计持有公司全部股东表决权百分之十以上的股东,以下列事由之一提起解散公司诉讼,并符合《公司法》第183条规定的,人民法院应予受理:(一)公司持续两年以上无法召开股东会或者股东大会，公司经营管理发生严重困难的；(二)股东表决时无法达到法定或者公司章程规定的比例，持续两年以上不能做出有效的股东会或者股东大会决议，公司经营管理发生严重困难的；(三)公司董事长期冲突，且无法通过股东会或者股东大会解决，公司经营管理发生严重困难的；(四)经营管理发生其他严重困难，公司继续存续会使股东利益受到重大损失的情形……”较之原来，《规定(二)》一是列明了公司解散的具体标准。二是明确了诉讼当事人地位。三是理清了公司清算与解散的关系，明确了公司司法解散案件的管辖。此外，《规定(二)》出于对公司解散的谨慎态度，还强调在公司解散诉讼中应注重调解，并规定了司法解散诉讼的一事不再理及判决的拘束力等问题。

实践中，关于公司司法解散的认定存在几个关键点，一是公司法与外资法的主管及准据法适用问题；二是公司司法解散是股东的最后救济措施，存在适用上的顺序问题；三是对于各项解散的具体标准，存在实质要件的判断问题。本案在这三点上均有较好的体现。

一是公司法与外资法如何在公司司法解散中进行适用。

特别是按外资法纠纷处理合资合同，合同约定了仲裁条款，发生纠纷通过仲裁解决的情况下，如果出现公司司法解散，是否仍然按照我国《公司法》关于公司司法解散的规定，由我国法院进行主管。联系本案，B公司与C公司所签订的《A公司合同》(以下简称《合资合同》)第58条约定：“与本合同有关的一切争议，如果协商不能解决，应提交中国国际经济贸易仲裁委员会，根据该会的仲裁程序暂行规则进行仲裁。”根据这一约定，C公司曾于2009年9月16日就本案的法院主管问题提出异议，但于第一次开庭前撤回异议，参加了庭审。《最高人民法院关于适用〈中华人民共和国民事诉讼法〉若干问题的意见》中关于涉外民事诉讼程序的特别规定第312条规定：“本意见第145条至第148条、第277条、第278条的规定适用于涉外民事诉讼程序。”而该意见第148条规定：“当事人一方向人民法院起诉时未声明有仲裁协议，人民法院受理后，对方当事人又应诉答辩的，视为该人民法院有管辖权。”据此，本院审理此案并无不当。另外，关于本案实体处理中的准据法适用问题，因本案双方当事人并未通过书面协议的方式选择解决纠纷所适用的准据法，根据《民法通则》第145条关于“涉外合同的当事人可以选择处理合同争议所适用的法律，法律另有规定的除外。涉外合同的当事人没有选择的，适用与合同有最密切联系的国家的法律”的规定，本案应适用与合同有最密切联系的国家的法律。B公司与C公司依据合同共同在中国内地合资成立了A公司，日常经营活动及实施的管理行为均发生在中国内地，故应认定中华人民共和国是与本案所涉公司解散有着最密切联系的国家，本案的准据法应适用中华人民共和国法律及其相关规定。

二是司法解散是股东最后的救济措施,故提起诉讼应谨慎。

《公司法》第183条规定“公司经营管理发生严重困难,继续存续会使股东利益受到重大损失,通过其他途径不能解决的,持有公司全部股东表决权百分之十以上的股东,可以请求人民法院解散公司”。上述法条赋予了公司股东可以通过司法途径提起解散公司之诉的权利。本案中,B公司持有A公司40%以上的股权,作为一方股东,具有提起解散公司之诉的主体资格。《规定(二)》第1条进一步将法院受理公司解散案件的条件予以细化。庭审中,经本院询问,B公司表示,其提起本诉的法律依据之一是《规定(二)》第1条第2项、第3项。因此,本案中是否判令解散A公司,在法律适用上应以《公司法》第183条及《最高人民法院关于适用〈中华人民共和国公司法〉若干问题的规定(二)》第1条作为主要的判断依据。在代理意见中,B公司认为A公司存在擅自与他人签订《合作协议书》、擅自为其他企业支付进店费、浪费公司财产、因经营失误造成公司损失等问题,在没有召开董事会也没有采取其他救济措施的情况下,便径直请求公司司法解散。而实际情况是,A公司没有股东会,其董事会系最高权力机构,对日常经营具有较大决策权。根据修改后的章程,现A公司董事会组成人员为三名,B公司派驻一名董事,C公司派驻两名董事,董事会的召集并非存在巨大阻力,通过召开董事会,对B公司提出的种种问题加以解决,是完全可能的。在未召开董事会协商讨论的情况下,B公司直接请求法院司法解散公司,没有穷尽救济措施,与公司司法解散谨慎起诉的立法目的不符。这一点也在庭审当事人陈述中得到印证:庭审中,法庭询问目前是否可以召开董事会,C公司同意召开董事会,但B公司认为因双方股东之间矛盾加深,再继续合作已不可能,故不同意召开董事会。

三是在解散标准实质要件的判断上,认定公司经营管理发生严重困难应当全面衡量。

所谓经营发生严重困难,通常包括经营困难和管理困难两者情况,公司经营不善又无法通过调整经营管理人员而得以改善,或者股东之间造成利益对立严重到无法进行调和,或者公司资产正被故意滥用、浪费,公司继续存在,可能对公司及其他股东的利益带来巨大损失。本案中,A公司2007年的亏损额度曾经超过了注册资本(当时B公司并未召开董事会就解散公司提出决议),然而2008、2009年度,A公司整体经营处于上升发展状态,特别是在2008年,盈利状况良好。对于一个从事商品经营的公司而言,时盈时亏是符合市场规律的,故B公司仅以2007年度这一历史时间点的经营状况来认定A公司经营严重困难,以致严重到需要解散公司的程度,是片面的,法院应理性进行综合考量。至于其中是否存在因经营失误造成公司损失的问题,则需董事通过开会的形式予以讨论并协商解决办法。对于A公司可能存在的经营管理不善及因各种原因可能影响公司继续存续的股东之间的矛盾问题,则可以通过召开董事会,乃至司法途径解决,在未采取上述措施前,不能贸然认定公司经营管理发生严重困难,并以此为由,将一个正在正常经营的公司解散。

综上,无论是在主管、准据法、法律适用顺序,还是在标准要件判断上,B公司均无充足理由请求公司司法解散,故被我院判决驳回诉讼请求实属必然。

整体上看,《公司法》183条及《规定(二)》中关于公司司法解散的规定,对于解决公司僵局,维护股东利益,在实践层面确实起到了积极意义,极大地促进了审判的可操作性。但是,我们应当清醒地看到,关于公司司法解散制度在某些方面依旧存在些许不足。这一点在本案中也有特色体现,如B公司提出其股东地位在A公司遭受不公正待遇、公司资产在某些方面被滥用等情况,由于法律上没有明确的涉及,故较难圆满处理。总之,通过上述案例,我们期待更加完善的公司司法解散制度出台,从而更好地指导今后的审判实践工作。

(责任编辑:于　晔)

电子化服务中银行应承担的附随义务
——马某诉建设银行储蓄合同纠纷案相关法律问题研究

李有光* 李 湘**

一、据以研究的案例

2007年8月14日,马某某填写了龙卡申请表、并签署了《龙卡领用合约》,约定:中国建设银行北京市分行为甲方、龙卡储蓄卡申请人为乙方;乙方知悉并承认《中国建设银行龙卡借记卡章程》,履行本合约;乙方凭龙卡储蓄卡进行消费、取款或查询等交易时,应按银行要求输入密码,甲方依据密码等电子信息为乙方办理的各类交易所产生的电子信息记录,均为该项交易的有效凭据;乙方须妥善保管和正确使用密码,避免使用易被破译的数字,并切勿将密码透露给任何他人;凡使用密码进行的交易,甲方均视为乙方本人所为,因密码保管或使用不当而导致的损失由乙方本人承担;龙卡储蓄卡只能由乙方本人使用,不得出租和转借;因乙方卡片保管不善,将卡片转借他人或自身使用不当而造成的损失,由乙方本人承担等。同日,马某某还填写了乐当家理财卡申请表、签署了《乐当家理财卡领用合约》,约定:中国建设银行为甲方、理财卡申请人为乙方;乙方知悉《中国建设银行乐当家理财卡章程》、《中国建设银行龙卡借记卡章程》,并承诺接受前述章程及其修改的约束,认真履行领用合约约定;乐当家理财卡一经开户,即具有人民币和外币的活期和定期储蓄级凭证式国债等账户的基本功能,乙方可通过签约开通自动转账、自助转账、个人贷款、证券业务、境外业务、自助渠道的外汇买卖等交易功能;乙方必须妥善保管密码,不得将密码告知他人,凡使

* 北京市朝阳区人民法院民二庭法官,对外经济贸易大学法学硕士。

** 北京市朝阳区人民法院民二庭法官,中国人民大学法学博士。

用密码进行的交易,甲方均视为乙方本人所为,因密码保管或使用不当导致的风险和损失,均由乙方承担;乐当家理财卡只限本人使用,不得出租或转借;乙方因卡片保管不善、将卡片转借他人或自身使用不当造成的损失,由乙方承担等。同日,马某某从建行永安支行处领取了尾号为7297的龙卡和尾号为7042乐当家理财卡。

2009年3月16日,马某某向建行永安支行提交电子银行个人客户服务申请表,为上述龙卡及乐当家理财卡开通了网上银行、电话银行、手机银行、短信四项功能;该申请表上载明:账户开通电子银行后,客户可以使用该账户在相应的电子银行渠道办理转账、外汇买卖、交费、支付等资金交易;如果客户希望使用建行的电话银行转账给他人,需要填写收款人账户信息,没有登记的账户不能在建行电话银行中作为收款账户使用,马某某未填写收款人账户;客户已阅读并同意遵守《电子银行个人客户服务协议》中的相关内容,并保证提供的资料信息真实有效等。《电子银行个人客户服务协议》约定:电子银行个人客户服务申请人为甲方,中国建设银行为乙方;电子银行服务是指乙方借助国际互联网、公共通讯、电话集成线路等方式为甲方提供的支付结算服务、客户理财服务级信息类服务。根据服务渠道的不同,可分为网上银行服务、电话银行服务、手机银行服务、短信金融服务、家居银行服务等;身份认证要素是指在电子银行交易中乙方用于识别甲方身份的信息要素,如客户号(用户昵称、证件号码等)、密码、电子证书、usbkey、动态口令、签约设置的主叫电话号码、签约设置的手机SIM卡或UIM卡等;密码指甲方在电子银行服务中使用的登录密码、交易密码、账户密码等各种密码;交易指令指甲方通过电子银行渠道向乙方发出的查询、转账、购买金融资产等指示;甲方可在银行柜台或银行移动POS签约,成为网上银行的高级客户,高级客户可享受查询、转账、缴费等金融交易服务和信息服务,高级客户还可申请开通或变更其他网上银行所提供的功能;甲方可在银行柜台或银行移动POS签约,成为电话银行的高级客户;甲方为网上银行高级客户的,也可通过网上银行进行电话银行签约,成为电话银行的高级客户,高级客户可享受的服务包括查询、转账、缴费、电话支付业务等金融交易服务,高级客户还可申请开通或变更其他电话银行所提供的功能;如甲方的身份认证要素发生遗失、被盗、遗忘或怀疑以被他人知悉、盗用等可能导致甲方账户安全性降低的倾向,甲方应立即对账户进行挂失或对相关电子银行渠道进行终止,在挂失或终止生效之前发生的损失均由甲方承担;甲方应对其发出的所有交易指令承担全部责任;甲方通过网上银行、电话、手机等自助渠道申请电子银行服务的,本协议自甲方通过自助渠道系统开通电子银行服务时生效;甲方通过乙方柜台申请电子银行服务的,本协议自乙方同意其申请并在乙方系统中设置成功后生效。

另查,马某某经营淘宝网店。2011 年 5 月 23 日,马某某接到自称是广西壮族自治区桂林市的男子电话表示要购买 2000 元商品。该男子称其无支付宝,因此马某某以手机短信的方式将乐当家理财卡卡号发给该男子,该男子回短信称朋友已给马某某汇款,请查收。马某某遗忘乐当家理财卡网上银行密码,遂到建行永安支行办理了重置网上银行密码的业务。后马某某几次登录网上银行查询未收到汇款。该男子打电话告诉马某某一个座机号码,让其通过该座机号码查询。马某某两次按照该座机电话语音提示步骤输入乐当家理财卡账号、取款密码和电话银行密码进行查询,仍未查到汇款。过了三、四天,马某某再次拨打该男子电话被提示号码已暂停服务,马某某未采取任何措施。2011 年 7 月 16 日,马某某发现龙卡账户里的 1.5 万元款项被转走,于是到公安局报案,通州分局以诈骗立案。

通过银行系统后台调取的资料显示:2011 年 5 月 24 日,有人使用 186 手机,拨打建行客服电话,通过人工服务要求预留声纹。该人按照建行客服人员的要求输入马某某乐当家理财卡账号、该卡取款密码和建行电话银行密码,成功开通了声纹验证服务。该人又通过人工服务询问本人名下是否有其他电话银行签约账户,建行电话银行客服人员告知其还有后四位为 7297 的龙卡签约了电话银行。同日,该手机号码通过电话银行自助语音渠道为龙卡办理了三次转账,每次转出 5000 元、共转出 1.5 万元,上述款项均转入"黄俊"名下、卡号尾数为 6689、开户行为福建蕉城支行三所的账户。

庭审中,建行永安支行表示,客户如在柜台办理两个账户签约电话银行,必须分别输入两张卡的取款密码;两个账户的电话银行均系统默认为同一个电话银行密码。同时,建行永安支行称预留声纹服务是新兴业务,建行并未主动通知过马某某该业务的功能和特征。开通声纹验证后,客户输入电话银行密码登录电话银行后即可通过声纹验证开通所有签约电话银行账户的任意转账功能,无需再输入各卡的取款密码。

一审法院经审理后认为:本案主要涉及的问题是银行在合同履行过程中是否存在违约行为,是否应当承担责任。本案主审法官从案件事实和法律的规定出发,向双方当事人阐述各自在履约中的过错和责任。最终当事人达成和解,愿意各自承担部分损失,马某某向法院申请撤回起诉。

二、相关法律问题分析

1. 电子化银行服务纠纷的特点

随着银行业务渠道的多元化和新型化,网络银行、电话银行、手机银行、短信银行等电子银行业务发展态势迅猛。这是一起典型的银行服务电子化的案件。

随之而来的,电子银行业务涉诉情况也开始出现并呈现上升趋势,存在以下特点:其一,原告基本为电子银行签约客户,因其账户存款丢失起诉银行要求返还存款,案由多为储蓄存款合同纠纷;其二,大多涉及刑事犯罪,并与网络诈骗、电话诈骗等高科技犯罪联系紧密。涉诉案件的电子银行客户在其存款丢失前后,通常与某一陌生人以网络方式或者电话方式联系过,部分客户甚至向陌生电话或陌生人透露过自己的账户、电子银行密码或取款密码;其三,争议焦点主要集中在银行是否风险提示到位、是否明确告知客户权利义务、银行电子系统风险屏障是否合理到位等问题。

2. 关于案由的确认

有观点认为,金融机构以取款人凭其设定的密码、存折以通兑方式将存款取走而拒绝存折持有人凭真实存折取款的,既可以发生合同责任,也可以发生侵权责任。理由是:储蓄存款的性质是合同,双方相互享有权利、承担义务。储户持存折或储蓄卡向银行主张权利,银行如果拒不给付,应负违约的合同责任。另外,银行对储户存款负有妥善保管存款的义务。如果因过失而致存款被冒领,造成了储户的损失,侵害了储户财产权利,构成侵害财产行为,银行应当承担侵权的赔偿损失责任。就此,笔者认为,货币乃一般物,应认定储户将款项交付给银行后,该笔款项的所有权即归属于银行,存款人在储蓄存款合同项下所享有的权利并非是对该笔款项的所有权,而是对银行的债权。理论上认为,侵权的对象一般为绝对权,因此,这种情况应当以储蓄存款合同纠纷为案由主张权利为宜。本案中,马某某正是以储蓄存款合同纠纷起诉的。在审理的具体思路方面,应当着重考量双方在储蓄存款合同的履行过程中是否存在不当,是否构成违约。

3. 电子化服务中银行应承担的附随义务

从本案来看,银行并未明显的违反合同条款约定的行为;而马某某作为客户有泄露密码的过错。但笔者认为,建行永安支行在合同履行中未尽必要的附随义务,导致马某某对电子银行风险难以估计,应承担相应责任。所谓附随义务,是指依合同关系发展情形,根据诚实信用原则和交易习惯而产生的作为或不作为的义务,旨在使合同当事人的利益得到最大限度的实现。该义务是法定义务,不管合同是否有约定都应当承担。银行作为金融机构,相对于存款人具有专业上的优势地位,对自己的服务特点比存款人有更多的了解,更能预见可能发生的危险和损害,尤其在银行服务电子化的趋势下,这种危险更加隐蔽而广泛,普通客户难以全面知晓。因此,银行应当负有比存款人更高的附随义务。合同法规定的附随义务一般包括通知、协助、保密等义务。

从本案来看,建行永安支行存在未尽充分的告知义务的过错。告知义务,又称通知义务,是指一方当事人负有对涉及对方当事人利益的重大事项的通知义务。判断储蓄存款合同中的告知义务，应以维护存款的安全、降低或避免存款风险的发生为标准。马某某开通电子银行服务时，建行尚无开通声纹服务的业务，不可能向马某某告知声纹服务的特点及风险。鉴于声纹服务与其他现有业务相比，有风险增大的趋势，因此建行在开通该新业务之后，有义务另行告知马某某，便于马某某自行决定是否继续使用电子银行服务或者采取一定的措施控制风险。该案审理过程中，建行永安支行并无提供相关证据证明银行以适当方式向马某某告知了声纹服务的特征及风险，故审判人员从该角度出发向建行永安支行做调解工作，最终取得了良好的效果。

由金融机构根据案件的具体情况承担不同的附随义务，更有助于保护处于弱势地位的储户合法权益，也更有利于建立良好交易秩序和信用体系。一般而言，违反附随义务的责任主要表现为损害赔偿责任，因而也有的学者主张附随义务责任属于侵权责任。笔者认为，附随义务责任产生于特定的当事人之间，相互间具有某种信赖关系，而侵权当事人之间无需具有信赖关系。因此，附随义务责任仍应以合同法中的合同责任为基础。鉴于合同的具体附随义务只能根据诚实信用原则根据具体合同的性质、交易习惯等作出判断，附随义务具有不确定性。因此，对附随义务应注意避免泛化的倾向，在处理储蓄存款合同纠纷时，也应首先依照有关法律规定并尊重合同约定，对于当事人的行为是否违法或违约，以及应否承担民事责任作出认定。只有在没有法律规定和当事人约定的情况下，为追求实质正义，平衡当事人之间的利益，从维护金融秩序稳定、控制金融风险、确立公平的金融规则之角度合理确定附随义务，维护各方利益平衡。

（责任编辑：于　晔）

电子银行损失的责任认定问题研究
——金某诉建设银行储蓄存款合同纠纷案相关法律问题研究

王国才*

一、据以研究的案例

2011年5月11日,金某向建行某储蓄所申请办理了一张储蓄卡,并开通该账户的网上银行服务。金某在该《签约回执》上签名,领取了网银盾,并在柜台工作人员的指导下登录了网上银行,购买了10万元平衡型理财产品。5月12日,金某储蓄卡账户上10万元理财产品被赎回并被他人转走。6月7日,金某向北京市公安局朝阳分局报案。上述转账行为是通过手机银行进行的。

金某认为,银行存在以下过错:1.未告知其通过网上银行可以开通手机银行并进行转账;2.办理手机银行的手机号码与金某在柜台预留号码不一致而未通知金某;3.建行网上银行系统存在漏洞。故金某诉至法院,要求建行某储蓄所返还存款本金100,791.09元,赔偿其利息,并承担本案诉讼费。

建行某储蓄所答辩称:1.本案是典型的私人密码使用案件,私人密码的功能包括交易者身份的鉴别和交易内容的确认,从而起到电子签名的功能;私人密码的使用表明本人进行了交易行为,也表明交易是在保密状态下进行的,任何第三方不知道交易内容。私人密码只能是本人或者知晓私人密码的人使用,因此只要客观上在交易中使用了私人密码的人,如无免责事由,则视为交易中本人使用私人密码从事了交易行为,本人应承担相应责任。2.客户办理网上银行签约,必须携带身份证到柜台亲自办理;本案涉及的资金流转过程必须提供金某签约账户的密码、网上银行密码,网银盾密码与网银盾介质本身,同时附加金某的私密

* 北京市第二中级人民法院民三庭法官。

信息，才有可能完成，现不能排除金某自己使用的可能性，金某也并未证明自己有损失。3. 建行某储蓄所通过书面、口头的形式向金某说明了网上银行的特点、功能、签约方式、风险控制等方面的信息，尽到了通知义务。4. 金某并未提供充分证据证明建行某储蓄所的行为和金某的损失之间有因果关系，亦未提供证据证明银行系统存在问题。银行已经尽到了安全保护义务，金某要求银行承担责任没有事实和法律依据，应驳回金某的诉讼请求。

一审法院经审理认为，金某在建行某储蓄所办理储蓄卡并存款，建行某储蓄所为其出具相应单据，在金某与建行某储蓄所之间形成储蓄合同关系，此合同是双方当事人的真实意思表示，内容不违反国家法律、行政法规的强制性规定，应属合法有效。金某签字确认已经阅读并且同意遵守的《电子银行服务协议》是储蓄合同关系中明确双方权利义务的具体文件之一。金某开通的网上银行业务需凭密码和其他身份认证要素进行交易，且身份证号码、密码等信息系储户的私人信息，网银盾亦是储户个人财物，故双方约定客户账户凭密码操作的损失自行承担的条款不属于免除银行责任、加重客户责任、排除客户主要权利的情形，不违反公平原则，金某认为该条款应属无效的主张没有法律依据，该院不予采信，合同当事人均应当如约履行义务。

金某称银行未告知其可以通过网上银行开通手机银行，并且通过手机银行能够转账，导致其在不清楚风险的前提下激活网银盾，建行某储蓄所存在过错。就此，该院认为，金某在签名确认的《服务申请表》明确表示已阅读并同意遵守《电子银行服务协议》等文件，《电子银行服务协议》明确约定了上述服务功能及流程，可认定建行某储蓄所已经向金某告知网上银行和手机银行的开通渠道和使用功能，故对金某的该项意见该院不予采纳。建行某储蓄所关于其已履行告知义务的答辩意见成立，该院予以采纳。金某名下的龙卡通储蓄卡账户开通手机银行服务、绑定手机号码是通过密码及其他身份认证要素进行操作的，按照约定应当视为金某本人所为；鉴于一人拥有多个手机号码属于正常情况，且并无合同约定或法律规定手机银行绑定的手机号码与客户在柜台预留号码不一致的情况下银行应另行通知客户，故金某认为银行就此存在过错的主张该院不予采纳。

本案中，金某称其未向他人泄露银行账号密码或者不当使用过网银盾，但其龙卡通储蓄卡的三次转账行为均是通过手机银行操作的，而其账号的手机银行服务是通过网上银行开通的，双方均认可通过网上银行开通手机银行服务需要输入金某的身份证和网上银行密码登录网上银行后，并插入金某的网银盾方可办理。金某称其账户密码和网银盾一直处于其本人控制下，但未提供证据证明转账交易非其本人或授权他人所为，亦未排除由于金某自身过错导致他人获得其身份认证信息从而实现转账的可能。

一审法院经审理认为,金某现有证据无法证明建行某储蓄所的交易系统存在漏洞或安全隐患造成其账号密码泄露,也不足以证明建行某储蓄所在金某的账户内资金被转出过程中存违法或者违约行为。因此,金某要求建行某储蓄所履行支付存款义务的诉讼请求,证据不足,该院不予支持。综上,依照《合同法》第60条、最高人民法院《关于民事诉讼证据的若干规定》第2条之规定,判决:驳回金某的诉讼请求。

金某不服一审法院上述民事判决,向北京市第二中级人民法院提起上诉。

二审法院经审理后,判决驳回上诉,维持原判。

二、相关法律问题分析

本案的争议焦点有两个:1. 金某的损失是自身的使用、保管不当还是银行系统漏洞造成的;2. 银行对重要格式条款是否尽到了提示告知义务。对此,在审理过程中,有三种观点:

第一种观点,银行有妥善保管储户账户内资金的义务。电子银行系统由银行开发,其安全措施特别是加密技术理应保护储户密码不被破解,防止不法分子破解密码超出了储户的能力和义务,因安全技术存在漏洞所造成的损失,银行应承担全部责任。不法分子通过犯罪手段,取走的是由银行占有和支配的财产,应当由银行承担后果。另外银行没有对电子银行的使用尽到充分的告知义务也要承担相应的责任。

第二种观点,客户作为银行卡及密码的唯一持有人,客户其应当妥善保管银行卡,不使银行卡脱离控制而被他人复制。客户应有保密义务,使用银行卡过程中应采取妥当措施避免自己的密码泄露,作为电子银行中广泛运用的私人密码,它具有三个基本功能:一是私人密码的使用表明对交易者身份的鉴别及对交易内容的确认,从而起到电子签名的功能。二是私人密码的使用表明本人进行了交易行为。三是私人密码的使用表明交易是在保密状态下进行的,任何第三者都不知道交易内容。储户可通过银行卡的取款密码、网上银行的登录密码、网银盾的使用密码以及网银盾等措施保护自己的资金安全。这些密码的使用应该适用"本人行为原则"来判断。客户由于其未尽妥善保管的义务,造成的损失应当由其自行承担。同时,储户的损失由不法分子造成,储户应当向不法分子追索。储户与银行签订了电子银行使用协议,足以证明银行尽到了相应的告知义务。

第三种观点,密码被破解的风险是在电子化交易下产生的,对于这种风险的防范义务,应当由从该风险中获得最大利益的银行承担不能将其损失全部转嫁到储户身上。法院应该根据查明的事实,详细的分析损失造成的原因,按照银行与储户的过错大小,合理地划分责任。

我们同意第三种观点,理由是:

随着新型电子技术的快速发展,电话银行、手机银行等新型电子银行业务逐渐进入我们的生活,这种新型电子银行和银行卡绑定后,除了现金取款外,几乎所有银行服务都可以通过拨打电话、手机上网等途径完成,如转账、定期存款、投资股票、基金、刷卡消费等。这种新型电子银行的使用极大地方便了人们的生活,但由于电子银行作为新事务,在成长过程中也存在一些不完善之处,引发了不少纠纷。这类纠纷,涉及储户、银行、商户等三方利益,社会影响大,案件处理不当,不能平衡三者之间的利益,不仅会损害三者各自的利益,也会阻碍电子银行的发展。我们通过对近两年受理的该类案件进行梳理,如下问题引起了我们的注意,可以在诉讼中作为认定过错的重要事实。

1. 银行有没有充分履行告知义务

有些银行的电话支付功能是不需申请自动开通的,只要持有信用卡就有电话支付功能,并且不能取消。开通电话银行的银行卡,包括储蓄卡、信用卡,都有两个密码,即取现密码和电话银行密码,前者需要在柜台修改,后者需要电话修改,在柜台修改取现密码后,电话银行密码并没有同时修改。银行工作人员对此没有对储户进行充分的告知。在我们审理的案件中,消费者往往对取现密码比较关心,对电子银行密码重要性认识不足,甚至有的人根本就没注意到电话银行密码的问题,使其处于默认状态。正是这个“误区”,让不法分子钻了空子,不法分子可以使用银行卡的电话银行业务进行转账、消费等业务。在上述情况下,可以认定银行有一定过错。

2. 电子银行本身是否存在管理漏洞

有的银行为追求自己的利润,没有对一天内储蓄卡电子转账、信用卡消费设定最高限额,这给不法分子一次性大额盗刷、转账提供了机会。还有的银行在信用卡消费中,只凭消费密码,根本不核实签名的真实性,在预留持卡人签名和消费签名不符的情况下仍予以划款。在电话支付过程中,商户的核对程序非常简单,只要持卡人提供卡号、有效期及验证码即可,且并不限于储户本人使用。储户信用卡一旦丢失,或者卡片信息被他人窃取,不法分子可能通过假冒身份使用储户的信用卡进行消费。一些银行虽然会在电话支付后向储户发送预授权短信,但结算时往往不会再通知持卡人,客户取消预授权在某些时候也并不等于取消交易,往往解释权在商户而非客户,由于商户和银行的密切关系,使纠纷发生时,银行难免会遵从商户的指令,而非持卡人的指令。在上述情况下,可以认定银行有一定过错。

3. 储户安全保密责任是否尽到

有的储户在使用卡片时,不注意保密,密码被他人盗走,甚至还有的客户随意将卡片交给他人使用,也无意间泄露了个人信息和密码。不法分子利用各种手段复制该银行卡后非法进行转账或消费。还有的持卡人方便记忆,设置的密码较为简单,如出生日期、卡片后六位等,一旦该银行卡的其他身份认证信息被不法分子获得,该卡片密码很容易被破解。在上述情况下,储户就存在一定的过错。如果储户采取凭签名消费的方式,或者采用数字、字母组合密码和签名的双重保护,或者设定了电子银行最高转账额度,这些情况可以证明储户尽到了一定程度的谨慎义务。

4. 储户提供的证据能否证明自己的主张

根据中国人民银行《银行卡业务管理办法》第39条的规定,发卡银行依据密码等电子信息为持卡人办理的存取款、转账结算等各类交易所产生的电子信息记录,均为该项交易的有效凭据。发卡行可凭交易明细记录或清单作为记账凭据。储户在收到短信、得知银行卡被盗刷或被转账时,能否第一时间收存好证据,证明卡在自己身上并证明自己不在银行卡被盗刷地,没有“作案时间”等。能否到就近的营业点查询了卡片的余额并索取凭条等。

个人银行卡被不法分子恶意消费或转账,给持卡人造成了较大的经济损失,损失形成的原因很复杂。有的纯粹是个人的原因,有的时候银行也有过错,甚至个别的商户也存在过错。在此种情况下,法院应根据当事人的过错程度进行相应的判决。对于客户未能尽到对自己的银行密码等重要信息的保密义务,致使他人控制其账户并将其存款转走或者进行信用卡刷卡消费,该损失应该由客户自己承担。对于银行未能尽到充分的注意义务或者管理上存在漏洞,给客户造成不必要损失,按照过错程度承担相应的义务责任。商户存在过错的,也要承担相应的责任。

在本文所提到的这个案件中,银行在与金某签订协议过程中,已告知了金某相应的权利和义务,并采取把字体加黑等措施提醒金某注意特别条款。另外,金某称其账户密码和网银盾一直处于其本人控制下,但未提供证据证明转账交易非其本人或授权他人所为,亦未排除由于金某自身过错导致他人获得其身份认证信息从而实现转账的可能。同时,金某也没有提供证据证明建行某储蓄所的交易系统存在漏洞或安全隐患造成其账号密码泄露。因此法院根据过错原则,判决驳回金某的诉求是符合法律规定的。综上,法院的判决是正确的。

(责任编辑:于　晔)

消费者权益纠纷中应当区分欺诈行为与错误行为

——孙某诉芬迪(上海)商业有限公司买卖合同纠纷案相关法律问题研究

冯　慧*

一、据以研究的案例

芬迪(上海)商业有限公司(以下简称芬迪公司)系意大利芬迪(即FENDI)品牌的产品销售商。

2010年11月15日,孙某在位于华联新光百货商场的芬迪(上海)商业有限公司北京建国路分公司(以下简称芬迪建国路分公司)以现金支付方式购买了两件尺码为38码的女式羽绒服,芬迪建国路分公司为孙某开具了发票。

现孙某诉至法院,以涉案羽绒服水洗标与中文标签上标注的产地不一致为由,主张芬迪公司构成欺诈,要求芬迪公司办理退货,并双倍返还货款。

原告孙某诉称:我于2010年11月15日在芬迪公司经营的北京新光天地商场芬迪专卖店购买了两件"意大利产"女款羽绒服,共付款42,600元。我随后将两件羽绒服作为礼物送给朋友。但在今年5月15日,朋友将两件羽绒服原封不动的退还给我。经他人提醒,我才明白原来购买的羽绒服实际产地为保加利亚,而非服装中文标签上标示的、销售人员也一再强调的"意大利"。事实上虽然两件羽绒服的水洗标上用英文标出了原产地为"Bulgaria",但羽绒服中文合格证上很显著的标着产地为意大利,而且芬迪公司专卖店销售人员在向我介绍产品时,强调所有芬迪产品都是意大利原产,导致我误认为我所购买的产品确为意

* 北京市朝阳区人民法院双桥人民法庭副庭长,中国政法大学法学硕士。

大利原产。根据《产品质量法》规定，产品或者其报装上的标识必须真实，在标识上应有中文标明的产品名称、生产厂家和厂址，需要标明产品规格、等级、所含主要成分的名称和含量的，应用中文相应予以标明。标识上所明示的信息应是对产品真实属性的反映，也是消费者决定是否购买的主要参考依据。芬迪公司在争议服装上外挂与服装实际产地不相符的吊牌，致使我做出购买的错误意思表示，芬迪公司的行为已经构成民事欺诈，违反了消费者权益保护法的相关规定，构成了该法规定的欺诈行为，故诉至法院，要求把我在北京新光天地商场芬迪专卖店购买的两件羽绒服退货，并要求芬迪公司双倍返还我货款共计85,200元。

被告芬迪公司辩称：我公司负责芬迪品牌产品在中国的销售。孙某确在我公司下属北京建国路分公司在新光天地的专卖店购买了两件女款羽绒服，根据服装水洗标上的标注，产地的确是保加利亚，但是我公司在这两件羽绒服的产地标注问题上并无明显欺诈故意。我公司销售的芬迪产品均由意大利芬迪公司直接配送，配送产品时意大利芬迪公司以电子邮件方式将配送产品的信息发给我公司，我公司再将产品信息转给中文合格证制作厂家。孙某购买的羽绒服所属的这批产品在意大利芬迪公司向我公司发送产品信息时就把产地错写为意大利，因此我公司并不存在故意欺诈消费者的情况，中文合格证中产地信息错误也并不是我公司故意所为。芬迪产品本身产地就具有多样性，并无欺诈消费者的必要。我公司会对产品标签进行不定期抽查，对标签的一致性也履行了合理的注意义务，由于芬迪产品种类和数量众多，产地来源广泛，如果对生产商提供的产品信息逐一核实，不仅工作量巨大，实现的可能性几乎等于零，也不符合商业惯例。而从孙某购买芬廸牌羽绒服的过程来看，芬迪羽绒服定价较高，大多数顾客都是采用刷卡消费方式支付货款，但孙某以现金方式一次性支付货款，该行为与一般奢侈品消费行为不吻合；孙某在我公司下属的分公司购买了4件羽绒服，款式均相同或类似，其购买动机让人产生疑问；孙某对产品问题的处理方式不符合逻辑，孙某发现涉案产品问题后，从未与我公司或店面进行过协商，而是直接发律师函给我公司，这种处理方式与因产品质量问题引发的一般纠纷的处理方式大相径庭；孙某于2010年11月购买了羽绒服，但称其朋友在2011年5月过了季节才将羽绒服原封不动的退回，不符合一般的生活常识。从种种迹象看，孙某并非消费者权益保护法所称的普通消费者。综上，我公司同意为孙某退货，并退还孙某已付货款，但不同意双倍赔偿货款。

本案双方争议的焦点在于芬迪公司对其销售的涉案产品中文标签上标注的产地与产品水洗标英文标注的实际产地不一致，是否构成欺诈并是否应就此承担双倍赔偿货款之责任。欺诈是一方当事人故意告知对方虚假情况，或故意隐瞒真实情况，而使他人陷入错误，作出不真实的意思表示。首先，从行为人客观行为表现看，当事人需实施了故意陈述虚假情况或隐瞒真实情况的行为，方可构成欺诈。本案中，涉案羽绒服的水洗标中以英文标注了实际产地，芬迪公司并未隐瞒该实际产地，孙某也未能举证证明芬迪公司销售人员曾告知其芬迪产品均系意大利生产之事实存在，故依据现有证据不能认定芬迪公司在客观上实施了欺诈行为；其次，从行为人主观心理状态来看，当事人实施民事行为构成欺诈应当存在欺诈故意，即存在使相对人陷于错误并使其基于错误作出意思表示的故意。而根据现有证据及已查明的芬迪公司制作、缝挂中文标签的流程表明，芬迪公司对导致涉案产品中文标签产地标注与实际产地不符并无主观故意，并不存在虚假陈述产地并意图使孙某基于该虚假陈述而作出购买决定的故意，现有证据亦不能表明服装产地差异会导致产品价格差异进而使芬迪公司具有欺诈的意图；最后，从孙某是否是因芬迪公司的错误行为而作出购买涉案产品的决定来看，孙某于庭审中表示其购买涉案产品是因看中"芬迪"品牌，现无证据表明孙某是否购买涉案产品取决于该产品的产地，故孙某并非因芬迪公司的错误行为才作出购买涉案产品的意思表示。究芬迪公司行为之性质，芬迪公司因接收到错误的产品来源信息而使中文标签信息错误，并因其疏于查验导致孙某对涉案产品产地发生错误认识，芬迪公司之行为实为可撤销的错误行为。据此，法院难以将芬迪公司的错误行为认定为民事欺诈。

因芬迪公司在销售过程中出现的错误行为，孙某要求芬迪公司办理退货并要求芬迪公司退还货款，芬迪公司亦表示同意，法院不持异议。但孙某以欺诈为由要求芬迪公司双倍返还货款，本院则依据上述认定不予支持。但需要指出的是，芬迪公司作为芬迪（FENDI）这一高档品牌的产品销售者，应当秉承对消费者负责的原则严格经营行为，并应当承担对所售产品的瑕疵担保责任。鉴于孙某在本案中并未基于出卖方的瑕疵担保责任要求芬迪公司承担退货及退还货款之外的其他民事责任，故本案对芬迪公司的错误行为仅作出谴责与批评。

依照《消费者权益保护法》第 49 条之规定，作出如下判决：一、原告孙某于本判决生效后七日内，将其购买的货号为"FJ6059 EHQ F0QA1 38"及"FF5625 EHA F0QA1 38"的两件芬迪（FENDI）女士羽绒服退还给被告芬迪（上海）商业有限公司，被告芬迪（上海）商业有限公司同时退还原告孙某货款四万二千六百元；二、驳回原告孙某的其他诉讼请求。

宣判后，孙某不服一审判决提起上诉。二审法院经审理判决驳回上诉、维持原判。

二、相关法律问题研究

近年来,面对某些商家的违法或违规经营行为,广大消费者维权意识逐渐加强,很对消费者在购买的商品或接受的服务出现问题后,都选择以《中华人民共和国消费者权益保障法》第49条关于欺诈双倍赔偿之规定来保护自身权益,因此消费者维权并要求商家双倍赔偿的案件逐渐增多。在这些案件中,有的确属于商家故意欺诈消费者,并借此销售假冒伪劣商品或服务,损害了消费者的合法权益;有的则属于一般的消费争议,商家提供的商品或服务确有瑕疵但并不构成欺诈行为,或因商家经营行为确有瑕疵但并非故意,或因消费者对所购商品或接受的服务未能符合其预期导致纠纷发生;近年来还出现一种非正常情况,即某些非正常意义上的"消费者"以维权为名,利用诉讼途径达到某种商业竞争目的或其他非正当目的。面对日益复杂多样的维权纠纷,在审理这类案件时首要的就是辨别商家的经营行为是否构成欺诈。而本案涉及的法律问题就是如何区分欺诈行为与错误行为。

1. 何为欺诈? 即一方当事人故意欺骗他人使他人陷于错误而与之订立合同的行为[①],认定法律意义上的欺诈需具备一定构成要件:

从行为人方面看:(1)行为人须实施了欺骗行为。这种欺骗行为包括积极的欺骗和消极的欺骗。积极的欺骗是以积极的言辞提供虚假情况;而消极的欺骗则是行为人根据法律或者根据诚实信用原则,具有对事实说明的义务,但行为人违反这种义务故意不作说明。[②] (2)须有实施欺骗行为的主观故意,即行为人有实施违法或不当行为的心理状态。该故意由两个层面构成:①有使相对人陷于错误的故意;②有使相对人基于错误认识而做出意思表示的故意。

从相对人方面看:(1)须相对人因行为人的欺骗而陷于认识错误,即相对人陷于错误与行为人的欺骗行为具有因果关系。如果相对人虽受欺骗但未陷于错误,或其虽陷于错误但却并非基于行为人的欺骗行为而产生,都不能构成欺诈。(2)须相对人基于错误认识而做出不真实的意思表示,即不仅相对人作出意思表示,而且该意思表示与其受欺骗而形成的错误认识之间具有因果关系。[③]

从法律效果看,相对人受欺诈而作出的错误意思表示,是一种不真实的意思表示。根据我国合同法之规定,相对人可行使撤销权,使之自始无效。

---

① 江平主编:《中华人民共和国合同法精解》,中国政法大学出版社1999年版,第43页。

② 李永军:《合同法》,法律出版社2005年版,第389页。

③ 张俊浩主编:《民法学原理》,中国政法大学出版社1991年版,第257页。

2. 何为错误行为？即基于不符合事实的认识而实施的意思表示[①]

错误亦应具备如下要件：1. 行为人须有与事实不相符的表示行为；2. 行为人并无主观故意，即其并不知晓其表示与事实不符；3. 须错误情节在交易中被认为重要，即会对相对人是否作出意思表示可能有影响，如属无关紧要的错误，不影响交易成立，则不构成此处的错误行为。

从法律效果看，相对人基于行为人的错误而作出的意思表示亦属不真实的意思表示，相对人亦可撤销。

错误的样态有：(1) 内容错误，即表示内容有错误。其情形有三种：①对相对人认识错误，此种错误在相对人系特定主体时意义重大；②对合同标的物本身认识错误，包括（但不限于）对物的种类、品质、数量、性质、型号等有错误理解；③对法律行为性质认识错误。(2) 表示行为错误，即行为人表示出的意思并非其想表示的真实意思。(3) 传达错误，即传达人在传达行为人的意思表示过程中发生错误，也称误传。

需要明确的是，虽然我国现行《合同法》中并未出现“错误行为”这一概念，其与《合同法》第 54 条规定的“重大误解”并非同一法律概念。错误是从行为人角度出发；而重大误解则强调相对人对行为人的意思表示产生重大认识偏差，行为人的意思表示是否真实则在所不论。尽管现行法律对错误未做明确规定，但在现实民事经济交往中，各种类型的错误行为还是存在的，而且经营者与消费者之间基于该错误行为发生纠纷的也层出不穷。

3. 区分欺诈与错误

欺诈行为与错误行为相同之处在于：一是相对人的意思表示均属不真实；二是从法律效果上看都是可撤销的法律行为。两者不同之处则在于：一是行为人的心理状态不同，行为人实施欺诈行为时存在主观故意，而行为人在实施错误行为时主观上并无故意的心理；二是对行为人实施的与事实不符的意思表示在交易中是否重大，要求不同。对于欺诈行为，与事实不符的情节是否重要并非欺诈的构成要件，即是否重要并非衡量是否构成欺诈的标准。而对于错误行为，则要求与事实不符的情节必须重大，才能构成错误，才具备可撤销条件。

根据上述分析，我们来看本案：双方争议起因是芬迪公司在出售给孙某的服装上悬挂的中文标签与服装自身的水洗标签中的产地标注不同。根据证据显示，导致此种情况的原因是芬迪公司从意大利芬迪公司接收的产品信息存在错误，而芬迪公司未能及时发现错误并依据错误的产品信息制作成中文标签。从

---

① 张俊浩主编：《民法学原理》，中国政法大学出版社 1991 年版，第 262 页。

行为人即芬廸公司主观心理来看,该错误产品信息来源于他人,芬廸公司并不存在自行篡改产品信息的主观故意,亦不存在意欲利用错误的产地信息误导消费者的主观故意。从其行为来看,芬廸公司在接收产品信息并委托合作企业制作中文标签过程中并未实施某种欺骗行为,也无证据显示芬廸公司销售人员在向孙某介绍产品过程中曾经在产地问题上故意隐瞒或虚假陈述。从相对人即孙某作出购买的意思表示全过程来看,现无证据表明芬廸公司在销售过程中故意欺骗孙某,自然也无法认定孙某基于欺骗行为而陷于认识错误;而且,孙某认可其作出购买的意思表示是基于对芬廸品牌的认可及其朋友对芬廸产品质量的认可,而非基于芬廸产品的产地是否是意大利。根据上述分析,本案中芬廸公司对其出售产品的产地信息标注错误问题,不具备构成欺诈的主客观要件,因此不能认定构成欺诈。

那么,芬廸公司将产品产地信息标注错误并出售给消费者的行为是何性质呢? 笔者认为应当属于错误的法律行为。根据构成要件分析:芬廸公司在产品产地问题上作出了与事实不符的陈述(即对产地问题其中文标签与英文水洗标标注不一致);芬廸公司自身对该不符的陈述并无主观故意;而对于高档消费品来说,产地不同可能导致产品成本构成差异、质量差异或消费者的信任度差异,该问题确可能影响消费者是否决定购买,因此单纯从芬廸公司角度看,该不相符的表述在交易中可谓重要。虽然本案中的相对人孙某并非是基于行为人芬廸公司这种与事实不符的意思表示而作出购买决定,但并不影响从行为人角度认定错误行为的构成。因此,笔者认为该行为应当属于民法中可撤销的错误行为。

在相对人基于行为人的错误行为作出意思表示后,虽然可通过行使撤销权使之恢复到交易前的状态对相对人进行救济,但是不可否认,该错误是行为人加以注意可以避免的。很多错误的形成就是因行为人的疏忽大意未能发现,给相对人带来不必要的交易麻烦。因此,笔者认为,相对人行使撤销权时,不仅应恢复到交易前的状态,行为人还应当分担相对人因此产生的损失。为何说是分担而不是全部承担呢? 笔者认为,相对人在交易中亦应秉承善良交易人之标准对行为人的表示进行合理判断,对及时能够发现的错误亦应审慎注意。因此,在相对人能够即时发现错误而未发现或应当发现但并未提出异议的情况下,相对人对因该交易产生损失亦负有一定责任,故在此情况下,行为人仅在一定范围内承担赔偿责任。而且,相对人需要对其主张的损失承担证明责任。

(责任编辑:欧彦峰)

对用人单位的单方调岗行为应当如何进行审查

——张某诉甲公司劳动争议案相关法律问题研究

赵　霞*

一、据以研究的案例

张某系甲公司员工,双方劳动合同中约定张某担任辅助类岗位,其实际担任物流经理职务,工资标准每月 5400 元。2008 年其因休病假问题与甲公司产生纠纷,2008 年 11 月甲公司以其严重违纪为由作出了辞退决定,后经生效判决撤销甲公司的辞退决定,但张某自 2008 年 11 月即一直停止工作。2011 年 7 月 20 日,甲公司向张某邮寄岗位安排及报到通知书,通知将其岗位调整为辅助岗位的人力资源经理,具体工作职责包括安排物流培训等,原有工资标准不变,工作地点由原海淀区苏州街调整为海淀区上地,不定时仍在原工作地点即海淀区苏州街履行职务,并要求张某到公司上岗报到。张某收到通知后,不满甲公司对其岗位调整,拒绝到岗。此后甲公司又先后两次向张某邮寄通知书,向其解释对其岗位调整的原因,并承诺在入职初期对其进行培训,但张某仍未到岗工作。2011 年 10 月 18 日甲公司作出了《辞退通知》,以张某不履行劳动纪律、不服从公司管理为由与其解除劳动关系。张某起诉要求撤销上述《辞退通知》。

仲裁委员会经审理认定张某原工作岗位为物流经理,甲公司如需对双方所履行的工作岗位进行变更,应遵循协商一致原则,其单方面作出的调整张某工作岗位后要求返岗的通知在程序中存在瑕疵,其据此对张某作出的解除劳动合同处理不当,故撤销其作出的《辞退通知》,要求双方继续履行劳动合同。

甲公司不服仲裁裁决向人民法院提起诉讼,要求确认其于 2011 年 10 月 18 日与张某解除劳动关系的行为有效。一审法院经审理认为,甲公司对张某工作

---

* 北京市海淀区人民法院劳动争议庭法官。

岗位的调整符合双方劳动合同的约定,且未对其构成不利变更;而张某在长达3个月时间里,经多次通知并明确告知不按时到岗的法律后果的情形下,仍拒绝到岗工作,甲公司以其不服从管理、违反劳动纪律为由与其解除劳动合同并无不当。故依法判决如下:

确认甲公司于对张某作出的《辞退通知》有效。

本案宣判后,张某不服判决提出上诉。二审维持原判。

二、相关法律问题研究

本案涉及劳动纠纷中普遍存在的因用人单位单方调岗行为所引发的争议。此类争议直接关系到用人单位及劳动者双方的权利。一方面,用人单位作为具有自主经营权的独立商事主体,在国家法律、法规规定的范围内,有权依据经营管理的需要和劳动者各方面的表现情况,自主地决定用工形式、工作岗位、工资报酬等,即其享有用工自主权。对劳动者工作岗位的调整作为企业自主经营的手段,体现了用人单位用工自主权。另一方面,因工作岗位作为劳动者选择用人单位的重要条件,其调整直接关涉到劳动者的择业权等劳动权利及依据劳动合同所享有的合同权利,为防止用人单位滥用用工自主权,其上述权利的行使应以不违背法律、法规的规定以及不损失劳动者的合法权益为前提。对此类争议的处理既需维护用人单位的自主经营权,又要防止其滥用权利侵害劳动者的合法权益,因而如何兼顾和平衡双方的合法权益是首要应当解决的问题。此问题集中体现于如何确定用人单位调岗行为的合法性,对此笔者认为应分别从实体及程序两个方面进行考量。

(一)实体上考量因素

1. 是否与劳动合同中关于岗位的约定相符

用人单位与劳动者各自作为理智的社会人,在订立劳动合同时对工作岗位的约定反映了其各自的需求,在不违反法律、法规的强制性规定的前提下,上述约定即应成为调整双方权利义务的"法律",对双方具有约束力。因此,在对用人单位单方调岗行为进行审查时,是否符合合同的约定是首要的考察因素。如劳动合同中对劳动者的工作岗位做出了明确具体的约定,依据劳动合同法的规定,在通常情形下非因双方协商一致用人单位不得擅自变更原约定岗位,实践中,对于双方是否对此协商一致认定,除存在书面协议的情形外,如劳动者未及时就用人单位的调岗决定提出异议,且已实际到新的岗位报到、提供劳动、接受新的岗位考核等,则应认定其以实际行为表明接受上述调整,从而认定双方已就此达成合意。如劳动合同对劳动者工作岗位仅作出"管理类"或"辅助类"、"技术类"等宽泛的约定,或劳动合同中约定企业可根据经营管理的需要对员工岗位进行调整等条款，则上述约定赋予了用人单位在工作岗位上一定程度的单方调整权，但其并不意味着用人单位享有对劳动者工作岗位享有任意调整的权利。除上文所述可认定双方协商一致或可视为协商一致的岗位调整情形外，对调岗的合理性、是否符合程序要求等还需予以进一步审查，对此将在下文予以阐述。

本案中，张某与甲公司签订的《劳动合同书》中约定了张某担任辅助类岗位工作，同时约定张某同意甲公司在合同期内可根据工作的需要和其表现、工作能力等对其工作和岗位予以调整。张某原担任物流经理职务，甲公司将其工作岗位调整为人力资源经理，依据甲公司的职位序列，该岗位与物流经理属同一级别的辅助类岗位，故上述调整应属双方约定范围之内，张某在劳动合同订立之初即对此应当有所预见，甲公司的调岗行为未违反双方劳动合同的约定。

2. 调岗目的是否具有合理性

排除因劳动者不能胜任本职工作的调岗情形外，用人单位的对劳动者岗位进行调整目的应出于生产经营所需，符合双方缔结劳动合同的合同目的，而非出于恶意目的。就此问题可分别从用人单位及劳动者两个方面进行考察：

就用人单位角度而言，经济利益的最大化的要求决定了其在选择和使用劳动者过程中会追求最大效能的发挥，即人尽其才、物尽其用，这也是理智的市场经营者应当作出的选择，正基于此，使判断用人单位调整劳动者工作岗位目的成为可能。以本案为例，甲公司的调岗理由在于张某原物流经理岗位编制已满，鉴于该岗位属经营性岗位，而张某长期未在岗工作，甲公司安排其他员工从事该岗位工作符合一般经营常识，并无不当之处。从岗位权重、岗位职责、专业发挥、升职前景等方面对所涉两处岗位即物流经理和人力资源经理进行考量：其一，众所周知，在现代企业内部人力资源经理岗位普遍存在，且在招工用工管理、劳资矛盾处理、人才发掘培训等各方面均发挥着重要的作用，且依据甲公司职位序列该岗位与物流经理属同一级别，即其在企业内部所对应的权重并不弱于物流经理。其二，鉴于甲公司的经营项目特点，本案出现的物流经理属于技术性或经营性工作，而甲公司另行安排的人力资源经理一岗属于管理或行政性岗位。从专业划分的层面看，虽然存在专门的行政管理或人力资源专业，但能够与其他专业背景相结合无疑更符合用人单位的追求，即可从技术专业的角度对人力资源和行政管理工作作进一步的审视。因而站在用人单位的角度，在支付相同薪酬的情况下，拥有专业知识且同时能够从事管理或行政性工作的劳动者显然优于仅能从事特定工作的劳动者。其三，一般而言人力资源经理属行政管理岗位，该职位仍存在明确的向上发展空间，与劳动者追求的个人前途发展亦不存在矛盾。综合上述因素考虑，甲公司对张某的调岗符合其生产经营的需要，并未体现出不符合合同目的的恶意。

从劳动者角度而言，签订劳动合同的目的无非是获取报酬、实现自身的提升，如价值的实现、职位的提升、工作经验的积累等。本案中张某原从事物流经理的工作岗位虽与调整后的人力资源经理的工作岗位在工作内容有所差异，但甲公司在通知书中特别说明其主要职责是开发物流上岗培训课件及培训，这一工作是其熟悉的物流工作，可以发挥其原有业务专长，应为张某工作经验及资历可以胜任的工作，且甲公司亦承诺即便返岗初期可能会有不适应，该公司可以提供相关培训，帮助其胜任岗位。此外，上文已论述该岗位亦仍有升职的空间。前述情况表明甲公司为张某所调整的岗位与原岗位间并不存在难以逾越的专业跨度，且根据人力资源经理工作性质和在工作岗位调整之初已预见了张某可能存在的不适应，且承诺给予进一步培训的机会和时间，与劳动者认立劳动合同目的亦不相违背。

3. 从调岗结果而言，是否构成对劳动者不利变更

首先，应当考察是否对劳动者的薪酬水平构成不利变更。实践中工作岗位的调整往往伴随着薪资标准的调整。依据劳动合同法规定精神，非经双方协商一致用人单位不得擅自降低劳动者的工资待遇。本案中，如上文所述，张某调岗后工资及职位等级并未发生变化，并无不符合法律规定之处。

其次，应当结合劳动者的年龄、身体状况、学历、工作经历等因素考查其所调整的岗位劳动者是否可以胜任、劳动者体能及技能是否能及。同时，如劳动者在调岗初期对调整岗位不适应，用人单位还应提供相应的培训以协助其适应新岗位工作。劳动者本案中张某虽年近五十，且多年从事物流工作，但甲公司明示该人力资源经理岗位将从事物流培训工作的情况下，应当认为甲公司所作岗位调整能够与张某的有关背景相符，与其原从事工作岗位具有关联性，且未出现用人单位超越劳动者工作背景因素加重劳动者责任的情形。

最后，应考察变更岗位后的工作地点是否对劳动者生活和工作造成重大不便。本案中，甲公司对张某工作岗位的调整直接导致了其由海淀区的一处工作地点变更至另一工作地点，但两处工作地点均处于北京市海淀区行政区域内，工作地点变更所产生的空间距离相对于北京市行政区域来说并未对张某的工作和生活产生直接和严重不便，不存在生活、语言环境的重大改变，亦不构成对张某家庭生活的重大影响。至于道路交通是否方便、是否因交通因素导致了在途时间的延长并不属于甲公司单方能够控制的范畴，不能据以作出甲公司存在恶意调整的认定。

诚然，工作岗位的调整对劳动者原有的工作和生活秩序必然会存在一定影响，但用工自主权是法律赋予用人单位的天然的权利，也是用人单位生存、发展所必需，在不存在过度或明显不利影响的情况下，应当对用人单位的自主权给予

保护和支持。否则,将致使企业无法实现对人力资源的优化配置以及内部的有效管理,阻碍其劳动生产率的提高,导致其无从在激烈的市场竞争中立足与发展,无异于构成对企业用工自主权的不当干涉。

(二)程序上的考量因素

主要审查用人单位是否履行事先通知义务、合理解释的义务,此为程序上的要求,即要求用人单位应就调整理由及调整岗位的性质、工作内容等事先对劳动者进行告知,在劳动者提供异议的情形下,给予合理的解释。本案中,如上文所述,甲公司已先后三次送达了通知,并就调岗事实进行告知,并就调岗的原因、调整后岗位性质、工作内容以及协助张某适应新的工作岗位等问题进行了较为充分的解释,在程序上尽到了用人单位的义务。

结合上述原则进行审查,甲公司对张某的调岗行为未违反劳动合同的约定,对其并无明显不合理之处,且事先进行了告知,并且尽到了合理解释的义务,故上述调岗行为具有合法性,而张某经多次通知长期拒绝到岗工作,甲公司视其行为为旷工并依据劳动合同规定及法律规定与其解除劳动合同关系是合法有效的。

(责任编辑:刘书星)

艺术品买卖索赔相关法律问题研究

——刘某诉北京某百货公司买卖合同纠纷案相关法律问题研究

贾　愚[*]　　万红玉[**]

一、据以研究的案例

原告刘某在被告北京某百货公司处购得紫砂壶一把，壶盖落款为“道洪”，售价为319,998元（标价为380,000元），售货人员告知刘某该壶为江苏宜兴何道洪所做的一把获奖作品，名为“神竹壶”。百货公司向刘某出具了购物小票和发票，票据上均写明商品名称为“茶艺乐园何道洪紫砂壶”。后经何道洪本人核实，刘某所购紫砂壶并非真品，是仿造的其早期作品。原告认为，被告卖售假货的行为已经构成欺诈，故起诉要求：1. 判令被告允许原告退货并退还货款319,998元；2. 判令被告赔偿原告所退紫砂壶价款一倍的赔偿金319,998元；3. 判令被告赔偿原告其他损失，包括交通费、住宿费共计7436.5元；4. 判令被告承担本案诉讼费用。

被告辩称：1. 本案争议紫砂壶属于特殊商品，已经脱离了普通日常消费品的使用价值；本案原告不是为了生活消费，不具有消费者权益保护法所规定的主体资格，因此本案应当适用合同法来规范，赔偿范围应以原告实际损失为基础，不应适用消费者权益保护法的规定给予原告双倍赔偿。2. 被告百货公司在客观上没有欺诈的行为，主观上没有欺诈的故意，故原告不符合双倍赔偿的条件。3. 何道洪本人的证人证言存在很多疑点，其所述不足以作为证言使用。故被告只同意退货并赔偿原告的交通费及住宿费损失，不同意原告的其他诉讼请求。

* 北京市东城区人民法院民四庭法官，中央财经大学法学硕士。

** 北京市东城区人民法院民四庭书记员，中国政法大学法学硕士。

一审法院经审理认为:依法成立的合同受法律保护。原告在被告处购买涉案商品并支付了对价,双方形成了买卖合同关系。被告作为一家知名企业,明确告知原告其购买的紫砂壶为何道洪作品,被告应当保证销售商品与提供的商品信息情况相符。现何道洪已然否认该壶是其本人作品,故被告的行为损害了消费者对被告的信赖利益,其行为已构成对原告的欺诈。经营者在向消费者提供商品时,如果销售冒用他人姓名的商品,且不能证明其确非欺骗、误导消费者而实施此种行为的,应当承担欺诈消费者行为的法律责任。现原告根据《消费者权益保护法》的规定要求退货、返还价款并支付一倍价款的赔偿金的诉讼请求,于法有据,理由正当,对此予以支持。对被告提出的其有理由坚信涉案紫砂壶系何道洪早期作品,因此不存在所谓对原告的"欺诈"的抗辩意见及被告提出的原告不具有消费者权益保护法所规定的主体资格一节,因缺乏事实与法律依据,不予采纳。被告对何道洪的证言提出存在疑点,认为不能作为证据使用,但被告对其抗辩没有提供相应证据予以支持,故对被告该项主张不予采纳。鉴于被告同意给原告退货并退货款,对此不持异议。针对原告主张的交通费和住宿费损失,被告予以认可,不持异议。综上一审法院依据《合同法》第 97 条,《消费者权益保护法》第 4 条、第 49 条之规定判决支持原告的诉讼请求。后被告不服提起上诉,二审法院判决驳回上诉,维持原判。

二、相关法律问题研究

本案中,原告购买的紫砂壶售价为 319,998 元,显然与日常用于喝茶的普通紫砂壶不同,应认定为具有一定美学价值、文化价值及收藏价值的艺术品。近年来,国内艺术品市场真伪纠纷不断,从 1993 年的"吴冠中诉朵云轩案"、1995 年的"张大千仿石溪山水图案",到最近各地发生的几起艺术品买假索赔案,桩桩官司与卖假有关。然而类似的纠纷常因为依据的法律不同,判决结果大相径庭。此类纠纷的争议焦点主要集中在艺术品交易所适用的法律问题以及艺术品真伪的鉴定问题上,对此笔者将结合本案逐一做出分析。

(一)艺术品交易能否适用《消费者权益保护法》

一种观点认为,不能适用《消费者权益保护法》,理由是艺术品不属于生活必需的消费品。《消费者权益保护法》第 2 条规定:"消费者为生活消费需要购买、使用商品或者接受服务,其权益受本法保护。"该观点认为艺术品与生活必需消费品的区别主要体现在三个方面:一是艺术品由艺术家构思、创作,是艺术家的脑力劳动产品或工艺产品,具有单独性、创造性,而生活消费品主要由机械、模具生产或制造,多数为批量生产。二是艺术品的价格具有不确定性,通常由创作人的知名度及市场供需状况来决定,而生活消费品的价格比较明确、稳定,受政府管理部门的调控。三是从功能和购买群体分析，艺术品通常具有历史、文化和观赏、收藏价值，主要用于满足精神享受，而生活消费品主要用于满足日常生活必需，在功能上强调实用性；艺术品是国际市场认同的投资品种，具有增值功能，生活消费品则无此功能；艺术品的购买群体主要是社会富裕阶层及艺术品商人，数量很少，而生活消费品的购买者是社会大众。因此购买艺术品不是消费行为，不能适用《消费者权益保护法》，而应该适用《合同法》或《拍卖法》的相关规定。

另一种观点认为，消费者的生活消费包括两类：一是物质资料的消费，二是精神消费。衣食住行等方面的生活消费属于物质资料的消费。而购买艺术品或接受与艺术品相关的服务则属于精神消费。因此，购买艺术品适用《消费者权益保护法》。

笔者同意第二种观点。随着市场经济的发展，商品及服务的种类在不断增加，人们的消费水平也在不断提高。金融、保险、电信、互联网、医疗、交通、教育、旅游、购房装饰装修等新兴领域的消费者群体进一步扩大。从近几年的相关案件中不难看出，法院受理的诉讼请求双倍返还的案件当中，既包括诸如商品房、汽车、名贵首饰等高价值的商品，也包括移动电话通信费、银行小额账户管理费、出租车费等服务消费。种类各异的商品及服务均具有各自的特殊性，其中很多是立法之初并没有预料到的。因此，不能把消费者的生活消费狭义地理解为仅仅为了满足吃穿住行等的生存型消费，还应该包括发展型消费及享受型消费，要囊括人们文化生活、精神生活、教育生活、体育生活，甚至卫生生活等多方面的消费。笔者认为，《消费者权益保护法》的适用对艺术品经营中的欺诈行为可以起到有力的制约作用，对于维护艺术品消费者的权益具有强大的保障作用。但是笔者同时认为，并不是所有购买艺术品的行为都适用《消费者权益保护法》，只有非以生产经营目的进行的艺术品购买行为适用《消费者权益保护法》，但在拍卖会上竞拍购得的艺术品则应该根据“特别法优于普通法”的原则适用《拍卖法》的规定。

综上所述，本案中原告从被告百货公司处购买的具有艺术价值的紫砂壶虽不属于日常生活必需消费，但属于为满足精神文化需要而进行的享受型消费，且并非为生产经营目的而进行的消费，应受《消费者权益保护法》的调整。

(二)艺术家自我鉴定意见在法律上如何认定

艺术品的真实性鉴定主要包括某件作品是不是原作以及是不是某位艺术家的作品两个方面。目前，由于我国艺术品市场上并没有权威的、法定的鉴定机构和鉴定人员，因此对于艺术品真伪的鉴定往往要求助于艺术家本人。然而对于艺术家对自身作品做出的鉴定意见在法律上该如何认定，理论及实务界存在一定的争议。

在许多人眼里,艺术家对自己作品的真伪拥有绝对的发言权,原因在于没有人比艺术家本人更了解自己的作品。然而,著名收藏家、观复博物馆馆长马未都持相反的观点。马未都指出,由艺术家自己鉴定或其亲属鉴定作品真伪存在诸多弊端:一方面,某些艺术家成名后,觉得当初默默无闻时的作品水平一般,不愿承认是自己的作品;还有些人因为当初作品卖得便宜,某种阴暗心理作祟,不想让别的投资者拿到似乎本该属于自己的巨额财富,从而咬定别人手里的是赝品。另一方面,在艺术品市场中,只要关系过硬,鉴定费够高,艺术家或其亲属将赝品鉴定成为真品的现象屡有发生,甚至有些艺术家亲属受高额利益驱使,参与协同作假。

从公开的判决来看,对于艺术家(含其近亲属)的鉴定意见,由于案情的不同,结果各异:有采信的,理由是艺术家本人对自己的作品最有评判能力和发言权;也有不予认可的,理由是专家们的意见与画家本人的意见不同,采纳多数人的意见。

诉讼实践中,艺术家对自身作品的鉴定意见主要分为两种:一种是艺术家直接作为诉讼一方当事人,对拍卖公司或者作为卖家的作品持有人出售仿造自己作品的赝品行为提起诉讼;另一种是在买卖双方对于作品的真伪产生分歧时,艺术家以证人身份就作品的真伪提出意见。本案中,紫砂制作大师何道洪对于涉案紫砂壶的鉴定意见就属于第二种情况。笔者认为,审判实践中对于上述两种鉴定意见应加以区别对待。

对于艺术家作为案件当事人时,对自身作品所做的鉴定意见不能作为证据予以采纳。因为从法律形式上看,对作品真伪的评判意见属于证据中的“鉴定结论”,出具意见的人是鉴定人。但是鉴定机构、鉴定人必须独立于案件,与案件、当事人没有法律上的利害关系,只有这样,才能确保鉴定人不受干扰地、客观地以其专业技能完成鉴定。我国《民事诉讼法》第45条规定:“鉴定人是本案当事人或者当事人的近亲属;或者与本案有利害关系,必须回避。”因此,当艺术家或其近亲属作为案件当事人时,艺术家不具有鉴定人资格。

对于艺术家单纯以证人身份就作品的真伪出具的鉴定意见,笔者认为应该予以采纳,除非有充分的相反证据予以否定。首先,从技术上看,艺术家本人对自己的作品具有相对较强的判断能力,其意见相对于一般鉴定机构具有相对的权威性和较强的证明力。其次,从现实情况来看,我国在艺术品鉴定方面尚处于起步阶段,目前还没有针对美术作品、紫砂作品、红木作品等艺术品的权威鉴定机构或鉴定人员,对鉴定人的专业资格条件、法律资格条件和道德品质条件都没有明确的法律规定,鉴定人执业证书制、登记名册制、执业资格审查与撤销制、诚信等级评估制以及考试制度等都没有建立起来。此外,由于艺术品自身的特点以及不同艺术家的不同风格,导致艺术品鉴定具有主观性强、弹性大的特点,不同的鉴定专家对同一件艺术品往往会得出不同的结论。因此就目前而言艺术家本人对其作品真伪的鉴别具有较强的权威性,相关鉴定机构的鉴定意见并不具有高于艺术家本人鉴别意见的效力。对于有人担心的艺术家可能囿于对早期或某一低水平作品的否定、减少存世量以提升身价或对赠送作品流入市场的不满等导致对自身作品的鉴定存在一定道德风险的问题,笔者认为根据民事诉讼证据的高度盖然性原则,除非有充分的证据证明艺术家作伪证,否则应认定艺术家如实进行鉴定。

当然解决上述争议最好的办法就是尽快建立切实可行的艺术品司法鉴定体系保证艺术品鉴定的客观公正,或是建立艺术品交易登记制度从源头上杜绝赝品的流通。

(责任编辑:刘书星)

公证债权文书不予执行案件的审查
——孙某与车某借款合同纠纷案相关法律问题研究

赵立新* 王志鹏**

一、据以研究的案例

2010年9月25日,孙某、车某与北京华创联合担保有限公司(以下简称华创担保公司)签订《借款合同》,约定孙某借给车某100万元,借款期限自2010年9月25日起至2010年12月24日,利息按月计算,月息为1.5%,借款到期不能还款的,应支付违约金,违约金为借款总额的40%,华创担保公司为此借款承担连带责任保证。同时约定,如车某到期不能依约还款,孙某有权向北京市方正公证处申请执行证书并凭执行证书向有管辖权的人民法院申请执行。2010年10月8日,孙某、车某、华创担保公司在北京市方正公证处办理了(2010)京方正内民证字第12305号公证书,确认上述借款合同符合有关法律规定,并具有强制执行效力。2011年5月30日,孙某向北京市方正公证处提出书面申请,以车某未能依约履行还款义务为由要求公证处出具执行证书,申请总金额为1,523,000元,其中本金100万元,借款利息为123,000元,逾期还款违约金400,000元。同年7月13日,北京市方正公证处作出第17号执行证书,执行标的为本金100万元、截至执行之日的利息和违约金。同年8月14日,孙某依据该执行证书向北京市东城区人民法院提出强制执行申请,范围包括本金、利息、违约金及双倍迟延履行利息。执行过程中,车某将借款本金100万元交至东城法院,该款已发还孙某。

2011年9月31日,车某向东城区人民法院提出不予执行申请,并称:一、双

* 北京市第二中级人民法院执行二庭法官。

** 北京市第二中级人民法院执行二庭法官。

方约定的违约金数额为借款本金的40%,已经严重违反了民间借贷不得高于同期银行贷款利率4倍的强制性规定,也违反了合同法有关违约金不得过高的解释,属于无效条款;二、借款合同签订后,我方积极还款,但是由于担保人和借款人故意造成我方违约,造成我方承担违约损失;三、孙某在借款合同与申请执行证书上的签名不一致,执行依据无效。东城区人民法院审查后认为,依据相关法律规定,约定的违约金过分高于造成的损失的,当事人可以请求法院予以适当减少;约定的违约金超过造成损失的30%的,一般认定为违约金过高。车某认为违约金为借款总额的40%过高,孙某未提供因车某违约所造成损失的证据。鉴于执行证书所确定的借款本金已经履行完毕,且双方对此无争议。故东城区人民法院于同年12月20日作出(2011)东执异字第4200号执行裁定,对(2011)京方正字第17号执行证书确定的利息和违约金不予执行。

一审裁定作出后,孙某不服,于2012年1月4日向北京市第二中级人民法院提出复议申请称,据以执行的公正债权文书不存在任何错误,一旦生效,法院必须依法执行,利息及违约金问题不属于执行阶段应当审查的问题,且执行法院人为将生效法律文书分为"可以执行的部分"与"不予执行的部分",自相矛盾,严重割裂了执行依据的完整性,故要求撤销一审裁定,继续执行剩余债权部分。

北京市第二中级人民法院经审查后认为,双方当事人自愿签订了《借款合同》,该合同内容明确、具体,双方在公证机关均确认知晓此份公证债权文书的效力及法律后果,在公证机关出具执行证书时车某亦未提出异议,故公证机关就双方所签订的《借款合同》制作的公证书及执行证书合法、有效,双方均应按照合同约定切实履行各自义务。车某提出双方在利息及违约金等方面的约定过高,不应执行公证债权文书的抗辩理由,不属公证债权文书确有错误的法律情形,执行法院裁定该公证债权文书部分不予执行不妥,故该院不予支持。2012年4月24日,北京市第二中级人民法院作出(2012)二中执复字第00203号终审裁定,撤销一审裁定,恢复原执行。

二、相关法律问题分析

(一)关于公证债权文书的性质

公证债权文书是公证机关对当事人之间的债权债务关系的真实性、合法性予以确认,并将其格式化的一种证明文件。根据最高人民法院、司法部《关于公证机关赋予强制执行效力的债权文书执行有关问题的联合通知》规定,以给付货币等为内容的债权文书,如果债务人承诺自己不履行或不完全履行合同义务时无需经过法院诉讼程序直接接受法院的强制执行,公证机构可对双方所签订的债权文书赋予强制执行效力。最高人民法院《关于人民法院执行工作若干问题的规定》第2条也确认"公证机关依法赋予强制执行效力的关于追偿债款、物品的债权文书”属于执行机构负责执行的生效法律文书。

公证债权文书并不直接产生可以据之提出强制执行申请的效果,根据法律规定,债权人必须满足一个前置性条件,即向公证机关申请执行证书。公证机关在签发执行证书前,需要进行审查,以确认不履行债务的事实是否确实发生,以及债务人是否对文书规定的义务有异议等。公证机关签发的执行证书,需要注明被执行人、执行标的和申请执行的期限。债务人已经履行的部分,在执行证书中应予扣除。因债务人不履行债务或者不完全履行债务而发生的违约金、利息、滞纳金等,可以列入执行标的。执行证书签发后,债权人凭借公证债权文书、执行证书可以向有管辖权的人民法院依法申请执行。

随着我国司法体制改革的不断深入,公证职能逐渐从政府剥离,公证机构开始以市场服务者的身份出现。基于利益的驱动,使公证机关“公证”职能的发挥难以得到高质量的程序保证,特别是债务人承诺于特定情形发生之时放弃诉权及相关抗辩权利,无条件、直接地接受人民法院强制执行,该公证债权文书就一定可以直接通过人民法院予以强制执行,这种做法非常容易存在法律风险,给当事人的合法权益带来损害。因此,理论、实践上也不乏要求对公证加强监督的呼声。

因此,法院对公证债权文书的合法性进行审查是必要的。但是,在审查公证债权文书合法性的过程中,法院必须要在支持与监督这两个方面进行衡平,对公证债权文书法律效力的否定必须局限在必要的几种例外情形之下。

(二)关于公证债权文书不予执行的审查

《民事诉讼法》并未对公证债权文书的不予执行规定具体情形,仅在第 214 条第 2 款规定:“公证债权文书确有错误的,人民法院裁定不予执行,并将裁定送达双方当事人和公正机关”。我们认为,考虑到公证债权文书的特点,不予执行案件的审查范围不能仅停留在程序问题上,包括实体问题、社会效果等方面均应纳入执行法院司法监督的范围之内。

参考《民事诉讼法》第 213 条对仲裁裁决不予执行的认定标准,北京市第三次执行局(庭)长会议对执行法院在审查公证债权文书是否“确有错误”时应当注意的问题,作了如下规定,即:1. 公证债权文书属于依法不得赋予强制执行效力的债权文书的;2. 公证债权文书当事人未就债务人在其不履行义务或者不完全履行义务时由债权人向人民法院申请强制执行达成合意的;3. 公证债权文书和执行证书的制作严重违反法定程序的;4. 公证债权文书和执行证书的内容违背事实或者违反法律规定的;5. 其他确有错误的情形。上述情况下,执行法院可以裁定不予执行。针对本案:

1. 当事人约定的借款利息不违反法律强制性规定

本案中,车某在提出不予执行申请时,虽然提出当事人的签名不一致、对方怠于履行配合义务等问题,但是没有证据支持,对方亦不予认可,双方当事人争议的焦点主要集中在约定的借款利息、违约金数额是否违反法律规定上。对于车某提出约定利率超过贷款基准利率4倍的问题,最高人民法院《关于人民法院审理借贷案件的若干意见》规定,民间借贷的利率可以适当高于银行的利率,各地人民法院可根据本地区的实际情况具体掌握,但最高不得超过银行同类贷款利率的4倍(包含利率本数)。中国人民银行《关于取缔地下钱庄及打击高利贷行为的通知》也规定,民间个人借贷约定利率超过同档次贷款利率4倍的,应界定为高利贷行为。但是,中国人民银行2010年6月期的基准贷款利率是月息4.25‰或者年息5.1%,而当事人之间的约定为月息1.5%,并未违反法律的强制性规定,因此,车某的这一不予执行申请主张是不能得到支持的。

2. 当事人之间约定的违约金是否过分高于实际损失无法认定

车某同时主张,借款合同约定的违约金过高。就此问题,《合同法》第114条规定,约定的违约金低于造成的损失的,当事人可以请求人民法院或者仲裁机构予以增加;约定的违约金过分高于造成的损失的,当事人可以请求人民法院或者仲裁机构予以适当减少。《合同法解释二》第29条进一步规定,约定违约金大于造成实际损失30%的,可以视为过分高于造成损失。而问题在于,实际损失到底是多少无法认定,无论是车某还是孙某,均不能提出相关证据。根据"谁主张,谁举证"的基本原则,车某应当负有举证责任,而执行法院认为"孙某未提供因车某违约所造成损失的证据",在责任分配上值得商榷,加上车某并未提出其他可据以否认双方就违约金进行约定的强制性规定,故东城法院据此认定公证债权文书确有错误,裁定公正债权文书不予执行不妥,应当予以纠正。

3. 原审法院不存在割裂执行依据完整性问题

目前,关于不予执行案件的具体裁定方式,没有"改判"、"酌减"等裁定方法存在。最常见的情况是,一旦出现实体上、程序上存在"确有错误"情况的,法院就全案裁定不予执行,未免有些僵化。实际上,我们认为,法院可以结合案件实际情况,在可明确区分的前提下,作出不予执行其中一部分,而承认其合法部分有效性的裁定。特别是相关法律和司法解释规定,超过贷款基准利率4倍的利率不予支持;违约金过分高于实际损失的,当事人可以请求法院予以适当减少。我们认为,法院在对公证债权文书进行合法性审查时应当具有必要的弹性,如果仅因为利息过高或者损失计算不当而裁定对全部公证债权文书不予执行,未免司法成本过高。因此,尽管本案上级法院最终未完全认可执行法院的审查思路,其将执行依据区分不同部分个别进行审查这一思路总体上是值得肯定的,并不存在割裂执行依据的问题。

(责任编辑:刘书星)

网络环境下出卖亲生子女行为的认定

——王某、刘某拐卖儿童案相关法律问题研究

张济坤*

一、据以研究的案例

被告人王某与女友鞠某于2008年3月5日生有一子王某某。2010年1月,被告人刘某在互联网上看到一收养孩子的信息后,即与发信息的人(以下称收养人)取得联系称可以为其介绍,随后便在网上搜集相关信息。其间,被告人王某在网上发信息称"送养北京男孩",被告人刘某看到后就与被告人王某取得联系,并假称自己的表弟夫妇想收养该男孩。经与收养方商议后,被告人刘某代表收养方通过电话与被告人王某商定,由收养方支付被告人王某人民币6.6万元。同时,被告人刘某在被告人王某不知情的情况下和收养方商定,由收养方在事成后支付被告人刘某人民币2万元作为报酬。2010年1月29日17时许,在北京市朝阳区某餐厅内,二被告人带着王某某欲和收养方见面时,被告人王某被民警当场抓获。被告人刘某逃跑,后于2010年2月9日在山东临沂被抓获归案。

公诉机关指控被告人王某、刘某的行为触犯了《刑法》第240条之规定,构成拐卖儿童罪。同时,认定被告人王某系累犯,依法应当从重处罚;被告人王某、刘某系犯罪未遂,可以从轻或者减轻处罚,提请法院依法予以惩处。

二被告人及其辩护人均以送养儿童、不具有拐卖儿童的故意为由进行了无罪辩护。

法院经审理认为,被告人王某、刘某无视国法,以出卖为目的,共同向他人贩卖儿童,其行为侵犯了他人的人身权利,已构成拐卖儿童罪。二被告人共同故意贩卖儿童,系共同犯罪,且作用相当。被告人王某曾因犯盗窃罪被判处有期徒

---

* 北京市朝阳区人民法院法官,中国政法大学法学硕士。

刑,在刑罚执行完毕后5年内再次犯应当判处有期徒刑以上刑罚之罪,系累犯,依法应予从重处罚。鉴于二被告人已着手实施的犯罪行为因意志以外原因未得逞,系未遂,故对二被告人所犯罪行依法予以减轻处罚。综上,依照《刑法》第240条、第25条第1款、第61条、第65条第1款、第23条、第52条、第53条之规定,判决被告人王某犯拐卖儿童罪,判处有期徒刑二年三个月,罚金人民币三千元;被告人刘某犯拐卖儿童罪,判处有期徒刑二年,罚金人民币两千元。

二、相关法律问题分析

(一)关于网络环境下出卖亲生子女行为的定性

本案争议的焦点在于被告人王某出卖亲生子女的行为以及被告人刘某的帮助行为应当如何定性,对此,在审理中有两种不同意见:

第一种意见认为,被告人王某以出卖为目的,将亲生子女贩卖他人,构成拐卖儿童罪;被告人刘某居间介绍属帮助行为,系共同犯罪,亦应当构成拐卖儿童罪。

第二种意见认为,被告人王某以生活困难为由,将没有独立生活能力的亲生子女贩卖他人,系拒绝承担自己应当承担的抚养义务,情节恶劣,构成遗弃罪;被告人刘某居间介绍属帮助行为,系共同犯罪,亦应当构成遗弃罪。

笔者同意第一种意见。具体理由如下:

拐卖儿童罪,是指以出卖为目的,拐骗、绑架、收买、贩卖、接送或者中转儿童的行为。凡以出卖为目的,具有其中行为之一的,即构成拐卖儿童罪。我国《刑法》第240条对拐卖儿童罪做了具体规定,该条规定并没有对出卖亲生子女的行为作出例外规定,因此,从法律解释的角度讲,父母贩卖亲生子女的行为并非不能构成拐卖儿童罪。

关于出卖亲生子女的行为如何定性,我国在立法上有一个演变的过程:1. 1998年《收养法》第31条第3款规定:“出卖亲生子女的,由公安部门没收非法所得,并处以罚款;构成犯罪的,依法追究刑事责任。”2. 1999年最高人民法院《关于全国法院维护农村稳定刑事审判工作座谈会纪要》第二部分第6条:“……对那些迫于生活困难、受重男轻女思想影响而出卖亲生子女或收养子女的,可不作为犯罪处理;对于出卖子女确属情节恶劣的,可按遗弃罪处罚……”3. 2000年3月20日最高人民法院等六部门《关于打击拐卖妇女儿童犯罪有关问题的通知》第4条:“出卖亲生子女的,由公安机关依法没收非法所得,并处以罚款;以营利为目的,出卖不满十四周岁子女,情节恶劣的,借收养名义拐卖儿童的,以及出卖捡拾的儿童的,均应以拐卖儿童罪追究刑事责任……”4. 2000年3月24日公安部《关于打击拐卖妇女儿童犯罪适用法律和政策有关问题的意见》

第2条第(6)项:"出卖亲生子女的,由公安机关依法没收非法所得,并处以罚款;以营利为目的,出卖不满十四周岁子女,情节恶劣的,以拐卖儿童罪立案侦查。"5. 2010年3月15日最高人民法院等四部门《关于依法惩治拐卖妇女儿童犯罪的意见》:"16. 以非法获利为目的,出卖亲生子女的,应当以拐卖妇女、儿童罪论处。17. 要严格区分借送养之名出卖亲生子女与民间送养行为的界限。区分的关键在于行为人是否具有非法获利的目的。应当通过审查将子女'送'人的背景和原因、有无收取钱财及收取钱财的多少、对方是否具有抚养目的及有无抚养能力等事实,综合判断行为人是否具有非法获利的目的。具有下列情形之一的,可以认定属于出卖亲生子女,应当以拐卖妇女、儿童罪论处:(1)将生育作为非法获利手段,生育后即出卖子女的;(2)明知对方不具有抚养目的,或者根本不考虑对方是否具有抚养目的,为收取钱财将子女'送'给他人的;(3)为收取明显不属于'营养费'、'感谢费'的巨额钱财将子女'送'给他人的;(4)其他足以反映行为人具有非法获利目的的'送养'行为的。不是出于非法获利目的,而是迫于生活困难,或者受重男轻女思想影响,私自将没有独立生活能力的子女送给他人抚养,包括收取少量'营养费'、'感谢费'的,属于民间送养行为,不能以拐卖妇女、儿童罪论处。对私自送养导致子女身心健康受到严重损害,或者具有其他恶劣情节,符合遗弃罪特征的,可以遗弃罪论处;情节显著轻微危害不大的,可由公安机关依法予以行政处罚。"从立法的演变看,对出卖亲生子女行为定性的关键还是如何认定"以出卖为目的"。无论是"以营利为目的",还是"以非法获利为目的",法律解释机关都试图对"以出卖为目的"的认定作出可操作性的解释,特别是最近的一次解释,更是对可认定情形进行了列举式解释。具体到本案而言,最近的这次规定虽然比较详细,但是考虑法不溯及既往的原则和其本身的法律位阶,我们只能将其作为一个参考。因此,就本案而言,定罪的根本还是我国《刑法》第240条的规定。

1. 二被告人的行为系以出卖为目的,且均系六种行为之一

根据我国《刑法》的规定,拐卖儿童是以出卖为目的,有拐骗、绑架、收买、贩卖、接送、中转儿童的行为之一的。被告人王某以6.6万元补偿费的价格向他人"送养"儿童的行为,综合考虑收取费用的数额、送养方的情况(不认识收养方)及送养方式(网络发布信息),笔者认为可以认定为是以出卖为目的贩卖儿童。被告人刘某居中介绍并收取2万元好处费的行为,表面上看不属于六种行为之一,但被告人刘某居中积极联系,并进行先期考察,进而联系双方见面进行交易,从实质上看,刘某的行为可以认定为是一种不经手的中转行为,可以认定为帮助行为。

2. 二被告人存在共同的犯罪故意

共同犯罪故意要求各共犯人都明知共同犯罪行为的性质、危害社会的结果,

并且希望或者放任危害结果的发生;同时,也要求各共犯人主观上具有意思联络,都认识到自己不是在孤立的实施犯罪,而是在和他人一起共同犯罪。

就本案而言,根据现有证据,被告人王某并不知道被告人刘某从收养方收取好处费的情况,王某也没有和刘某约定好处费的问题。但是我认为,好处费的问题并不能否认共同故意的存在;作为具有完全行为能力的自然人,被告人王某在刘某积极与其联系"送养"时,应当知道被告人刘某不会无缘无故中间介绍,一定会从自己或从对方处收取一定的好处费;被告人刘某通过网络接触不认识的双方进行居中介绍,应当认识到被告人王某可能系在出卖儿童,通过被告人刘某主动向王某提出补偿费用,也可以佐证刘某对王某出卖儿童可能性的确认,因此,二人虽然不存在事前、有预谋的共同故意,但是二人可以认定为事中的、无预谋的共同故意。

3. 被告人的行为不符合遗弃罪的构成要件

根据我国《刑法》的规定,遗弃罪是指对于年老、年幼、患病或者其他没有生活能力的人,负有扶养义务而拒绝扶养,情节恶劣的行为。遗弃罪侵犯的客体是法律所规定的抚养义务,客观方面表现为对没有独立生活能力或者不能独立生活的家庭成员,有抚养义务而拒绝抚养,主体是法律上负有抚养义务的人,主观方面是故意。从客观方面讲,关键是"拒绝抚养"的认定,一般来讲,"拒绝抚养"的结果是使他人生命、身体产生危险,以及在他人生命、身体处于危险状态时不予救助。

本案中,被告人王某作为孩子的父亲,虽具有法定抚养义务,但从案件事实看,被告人王某是一种非法获利的目的;从客观上讲,被告人王某将孩子出卖后并不能使孩子的生命、身体产生危险。因此,综合全案证据,被告人王某的行为不能认定为遗弃罪,应当认定为拐卖儿童罪。

综上,笔者认为被告人王某和刘某的行为符合拐卖儿童罪的构成要件,依法应当以拐卖儿童罪定罪处罚。

(二)关于二被告人拐卖儿童罪的犯罪形态

目前理论界对于本罪的既遂、未遂的认定标准问题存有不同的观点,笔者比较倾向于认定本罪是行为犯。根据行为犯的理论,无论是单独犯罪,还是共同犯罪,也不论该犯罪由哪几个法定的实行行为组成的,拐卖妇女、儿童犯罪的既遂与未遂的区分标准都是统一的,只能以行为人是否实施完毕法律规定的实行行为方式之一为标准。犯罪分子无论实施完毕哪个阶段的行为都构成犯罪,但实施不同阶段行为其既遂与未遂的具体标准却不同。在单独犯罪和简单共同犯罪中,实施手段行为的,只要将被害人置于行为人自己控制之下即达到既遂;结果行为应以行为人将被害人贩卖出手,转移给收买人为既遂成立。在复杂的共同犯罪中，则应以被害人被实际控制，也即手段行为的实际完成为标准，至于中间行为如接送、中转，其本身并不是拐卖妇女、儿童犯罪的实行行为，本身无所谓既遂未遂。

本案中，笔者认为被告人刘某在实施犯罪过程中系对被告人王某贩卖儿童的帮助行为，因此，二被告人实施的犯罪行为属于共同贩卖行为。在认定二被告人犯罪行为既遂、未遂时，关键在于是否已着手实施犯罪和儿童是否被卖出，本案中二被告人将儿童带往约定的地点，在等待买主时即被公安机关抓捕，属已着手实施犯罪，但因犯罪意志以外的原因未能得逞，故可以认定犯罪未遂，且系未实行终了的未遂。

同时，笔者认为拐卖儿童罪的量刑起点为5年有期徒刑，认定未遂更符合罪刑相适用的原则。

（三）关于二被告人主从犯的认定

本案中二被告人系共同犯罪，被告人刘某居中介绍的行为是否可以认定为从犯。笔者认为，关于主从犯的认定，最高人民法院、最高人民检察院、公安部、司法部《关于依法惩治拐卖妇女儿童犯罪的意见》第23条做了明确规定："对于拐卖妇女、儿童犯罪的共犯，应当根据各被告人在共同犯罪中的分工、地位、作用，参与拐卖的人数、次数，以及分赃数额等，准确区分主从犯。对于组织、领导、指挥拐卖妇女、儿童的某一个或者某几个犯罪环节，或者积极参与实施拐骗、绑架、收买、贩卖、接送、中转妇女、儿童等犯罪行为，起主要作用的，应当认定为主犯。对于仅提供被拐卖妇女、儿童信息或者相关证明文件，或者进行居间介绍，起辅助或者次要作用，没有获利或者获利较少的，一般可认定为从犯。各被告人在共同犯罪中的地位、作用区别不明显的，可以不区分主从犯。"虽然根据法不溯及既往的原则和其本身的法律位阶，不能直接适用于本案，但是我们可以从其立法精神出发来考量本案二被告主从犯的问题。结合刑法的规定，本条对于主从犯的认定根本还是在于作用的大小，即本罪认定主从犯的关键还是在于参照实施行为和获利等方面的因素，对是否起辅助或者次要作用做出判断，不能简单的以行为是居间介绍就直接认定为从犯。本案中被告人刘某的行为系居间介绍，但是从其对于案件的进展来看，其并非起次要或者是辅助作用，而是对本案有着积极的推动作用，因此，本案不宜区分主从犯。

（责任编辑：刘书星）

爆炸案在司法实践中的认定
——杜某爆炸案相关法律问题研究

林梅梅[*]　白　宇[**]

一、据以研究的案例

2012年3月5日，被告人杜某为达到解决个人问题的目的，携带自制的爆炸装置4个及一次性打火机等物，乘坐安徽省临泉县至北京的长途客车来到北京。2012年3月7日8时许，其在北京某广场花坛附近，遇民警盘查时大喊："我有冤，我有雷管，要炸死在广场！"民警发现杜某的右手紧握1个一次性打火机，一边喊，一边把右手往左侧胸前举，欲点燃爆炸物，民警迅速控制住杜某，爆炸装置及打火机等物被当场起获。此前，杜某共制作了5个爆炸装置，为了检验爆炸威力，其在家中空地进行了试验，爆炸成功，将空地炸了一个坑。关于爆炸装置的检验报告，证实爆炸装置由烟火药、药捻、钢珠和纸筒构成，为火引爆爆炸装置。4个爆炸物中共装有烟火药96.4克，钢珠24枚。

法院经审理认为，杜某自制爆炸装置并欲在公共场所引爆，其行为危害了公共安全，已构成爆炸罪，依法应予刑罚处罚。公诉机关对杜某指控的事实成立，但罪名有误，予以更正。杜某已经着手实行犯罪，由于意志以外的原因而未得逞，系犯罪未遂，可对其从轻处罚。故根据《刑法》第114条、第23条的规定，判决：杜某犯爆炸罪，判处有期徒刑三年。

一审宣判后，杜某没有上诉，公诉机关亦没有抗诉，该判决生效。

二、相关法律问题研究

本案中，对被告人杜某的行为如何定罪存在较大争议。主要存在三种不同

---

* 北京市东城区人民法院刑二庭副庭长。

** 北京市东城区人民法院刑二庭书记员，中国人民公安大学刑法学硕士。

意见。

第一种意见,认为杜某构成以危险方法危害公共安全罪。原因在于,被告人使用的爆炸物系自制,鉴定机构无法出具杀伤力报告,如果对于爆炸装置无法确定杀伤力,在爆炸物未引爆的情况下,不宜认定为爆炸罪(未遂)。

第二种意见,认为杜某构成非法携带危险物品危及公共安全罪。原因在于,被告人携带自制的爆炸装置,乘坐公共交通工具,从安徽省临泉县来到北京,其行为已经对途中不特定多数人的生命、健康及重大公私财产安全构成威胁,符合非法携带危险物品危及公共安全罪的特征。

第三种意见,认为杜某构成爆炸罪(未遂)。原因在于,被告人主观上具有实施爆炸行为的故意,其目的就是点燃爆炸物,制造爆炸,客观上实施了企图点燃爆炸装置的行为,由于意志以外的原因尚未点燃爆炸装置,没有造成危害公共安全的危险状态,因而构成爆炸罪(未遂)。

笔者赞同第三种意见,即被告人杜某的行为构成爆炸罪(未遂)。该案不同于重大恶性爆炸案,在爆炸物的特性和被告人的行为方式上都存在自身的特点。因此,该案在案件定性及犯罪形态等方面有着可探讨的空间与价值。笔者将从爆炸罪的犯罪构成,爆炸罪的犯罪形态,爆炸罪、以危险方法危害公共安全罪、非法携带危险物品危及公共安全罪的司法适用三个方面阐述理由。

第一,被告人杜某的行为符合爆炸罪的犯罪构成。

我国《刑法》第 114 条规定的爆炸罪,是指故意用爆炸方法杀伤不特定多数人或者破坏公私财产,危害公共安全的行为。[①] 本罪的犯罪客体是公共安全,即不特定多数人的生命、健康或者重大公私财产的安全。判断爆炸行为是否危害公共安全,不能以行为人事先有无特定的侵害对象为依据,而应以行为人实施爆炸行为时的具体情况,如侵害对象的特点、犯罪的地点、犯罪的环境和条件等综合认定。爆炸罪的犯罪对象为工厂、矿场、油田、仓库、住宅、重要管道、公共建筑等公私财物,以及不特定的多数人。爆炸罪的客观方面表现为行为人实施各种方式引发爆炸,危害公共安全。既包括积极引燃爆炸物,引发爆炸的作为方式;也包括负有防止物品发生爆炸的特定义务的人,能履行义务而不履行,引起爆炸的不作为方式。主观方面必须是出于故意,明知自己的行为会引起爆炸,危害公共安全,而希望或者放任这种危害结果的发生。本罪的成立并不以行为人具有危害公共安全的主观意图为构成要件,只要其为达到犯罪目的而使用爆炸方法,客观上又危害到公共安全的,便构成爆炸罪。[②] 司法实践中,行为人在主观和客

---

① 高铭暄:《刑法学》,北京大学出版社 2000 年第 2 版,第 244 页。

② 高铭暄:《新编中国刑法学》,中国人民大学出版社 1998 年版,第 516 页。

观上可能指向某一具体目标,但其实际造成的结果危害公共安全,应该认定为爆炸罪。爆炸罪的主体为一般主体,根据《刑法》第17条的规定,已满14周岁未满16周岁的人犯本罪,应当负刑事责任。

该案中,杜某明知其自制的爆炸装置会引发爆炸,并且企图通过引发爆炸来达到解决个人问题的目的,其主观意图及行为方式明确、具体。杜某手握打火机,欲点燃其随身携带的爆炸物,虽然尚未引发爆炸装置即被制服,但其行为发生在某广场,侵害的对象和可能造成的危害结果具有不特定性,难以控制。危害公共安全既包括对公共安全的实际危害,也包括足以危害公共安全的情况。杜某自制的爆炸装置虽无法进行杀伤力鉴定,但从爆炸物的构成及其先前进行的爆炸实验来看,该爆炸装置具有引爆并造成人员伤亡及财产破坏的能力,属于社会一般观念及科学鉴定标准意义上的爆炸物。因此,杜某的行为成立爆炸罪。

第二,被告人杜某的行为系犯罪未遂。

危害公共安全的犯罪属于危险犯。所谓危险犯,是指以行为人实施的危害行为足以造成法定危险状态作为既遂标志的犯罪。① 危险犯同样存在着既遂与未遂两种形态。危险犯是以出现法定的危险状态作为成立犯罪既遂的标志,这是与结果犯和行为犯的根本区别。大陆法系将危险犯分为具体危险犯和抽象危险犯。具体危险犯,是指实施法定实行行为并不必然表明法定危险状态的出现,法定危险状态的出现与否还需司法人员根据具体情况来认定;抽象危险犯,是指只要行为人实施法定的实行行为,就表明法定危险状态的出现,无须司法人员再具体认定。② 抽象危险犯是指行为本身就包含着发生某种危险的可能,只要认定行为人实施的行为的危险性,就认定刑法保护的法益处于危险状态之下。

爆炸罪属于危险犯,以发生法定的危险状态作为犯罪既遂的标志。爆炸罪的既遂,应该是指发生足以危害不特定多数人的生命、健康或重大公私财产安全的危险状态。爆炸罪作为具体危险犯,就是说实行行为本身并不必然导致危险状态的出现,实行行为的着手或终了也不必然标志着法定危险状态的存在。法定危险状态的判断,则需要法官既考虑一般人的常识,又参考专家的鉴定结论,将社会一般观念的标准与科学标准相结合。因此,爆炸罪的未遂仍然分为实行终了的未遂与未实行终了的未遂。

此外,我国《刑法》第114条规定的是爆炸罪的危险犯,行为人采取各种方法实施了引爆爆炸物,制造爆炸的行为,足以危害公共安全,表明危害公共安全的危险状态已经出现,完全具备了爆炸罪的构成要件,成立爆炸罪的既遂。有危

---

① 叶高峰:《危害公共安全最的定罪与量刑》,人民法院出版社2000年版,第30页。

② 马卫东:"爆炸罪研究",硕士学位论文,2009年3月,第18页。

险状态,便存在与之相对应的实害结果,即任由法定危险状态继续存在,很可能会造成某种实害结果,在危害公共安全的犯罪中,这种实害结果具有不特定性,难以控制。如果爆炸行为造成了致人重伤、死亡或者重大公私财产损失的严重后果,则成立我国《刑法》第115条规定的爆炸罪的结果加重犯。

该案中,杜某右手握着一次性打火机,正在点燃藏在怀内的爆炸物,由于意志以外的原因未能得逞。很显然,杜某已经开始着手爆炸罪的实行行为,但由于引线尚未点燃,很难说公共安全已经处于危险之中,本着客观、公正的原则,在认定杜某的行为构成爆炸罪的前提下,认定杜某的行为成立爆炸罪未遂更为恰当。

第三,爆炸罪、以危险方法危害公共安全罪、非法携带危险物品危及公共安全罪的司法适用。

以危险方法危害公共安全罪,是指使用与放火、决水、爆炸、投放危险物质等危险性相当的其他危险方法,危害公共安全的行为。本罪的犯罪主体是一般主体,但从《刑法》第19条的规定来看,已满14周岁、未满16周岁的人犯本罪的,不负刑事责任。本罪的行为方式表现为使用放火、决水、爆炸、投放危险物质以外的其他危险方法,并且要求这些危险方法与放火、决水、爆炸、投放危险物质的社会危险性相当。可见,其他危险方法有其特定的含义,不能随便扩大,关键在于这种危险方法是否危及公共安全。实践中,常见的其他危险方法有私设电网、向公共场所的人群开枪、使用放射性物质以及医务人员制、输次血、病害血等危险方法。

以危险方法危害公共安全罪属于开放性的犯罪构成,很难以列举的方式囊括所有犯罪类型,对于何种犯罪行为属于该罪,法官须根据社会一般法律观念及自身的价值标准予以判断。我国法律虽然未对爆炸罪中行为人所使用的爆炸物种类做明确规定,爆炸行为本身亦属于一种危害公共安全的危险方法。但是,本罪与放火罪、决水罪、爆炸罪、投放危险物质罪之间是补充犯与基本犯的关系。本罪作为放火罪、决水罪、投放危险物质罪的补充犯,其功能在于囊括与放火罪、决水罪、爆炸罪、投放危险物质罪社会危险性相当的全部犯罪形式,弥补基本犯规范的不足。① 因此,在司法适用中,凡以放火、决水、爆炸、投放危险物质等手段危害公共安全的,应当分别定放火罪、决水罪、爆炸罪、投放危险物质罪等具体罪名。

非法携带危险物品危及公共安全罪,是指违反有关规定,私自携带爆炸性、易燃性、放射性、毒害性、腐蚀性物品进入公共场所或公共交通工具,危及公共安

---

① 高铭暄:《新编中国刑法学》,中国人民大学出版社1998年版,第520页。

全,情节严重的行为。"非法携带"是指除法律规定的特定人员可以在一定情况下携带危险物品外,其他人员则不能携带,否则便构成非法携带。本罪的直接客体为危险物品的管理制度,进而妨碍国家对公共场所、公共交通工具的正常管理。主观方面较为复杂,就违反规定携带危险物品的行为而言,行为人表现为故意,而对可能造成的危害公共安全的后果而言,则一般为过失或者间接故意。笔者认为,本罪中"携带"的主观目的类似于刑法中的"持有型"犯罪的主观目的,行为人没有或者无法查明行为人具有为实施其他犯罪而携带危险物品危及公共安全的,则认定为本罪。若行为人有着明确的实施其他犯罪的目的或者动机,"携带"行为只是手段行为,则应按照牵连犯的理论,属于手段行为与目的行为的牵连,从一重罪处断。此外,本罪要求达到情节严重才构成犯罪,"情节严重"要根据携带危险物品的数量、危险物品的性质、公共场所的具体情况等因素综合判断。本罪为危险犯,行为足以危害公共安全即成立既遂。

该案中,杜某使用的4个爆炸装置中,共装有烟火药96.4克,钢珠24枚,并有自制引信,遇火点燃可发生爆炸,能够成为爆炸物。并且杜某一边大喊"要炸死在广场",一边企图用打火机点燃引信,因此杜某具有明确的实施爆炸的主观意图及客观行为,其行为应认定为爆炸罪(未遂),而非以危险方法危害公共安全罪。此外,杜某的携带危险物品的行为是为其在某广场实施爆炸行为而服务的手段行为,其并不是"为了携带而携带",该案中的证据能够证实其具有实施爆炸行为的目的。因而,携带危险物品的行为与实施爆炸的行为属于手段行为与目的行为的牵连,应当按照刑法中牵连犯的理论,择一重罪论处。从法定刑来看,爆炸罪相对于非法携带危险物品危及公共安全罪显然是重罪。因此,杜某的行为构成爆炸罪(未遂)。

(责任编辑:张新平)

【疑案探讨】

中介机构违反信息如实报告义务应负赔偿责任
——马某诉某中介机构居间合同案相关法律问题探讨

张英周*

一、据以研究的案例

某区重聚园8号楼10层1003号房屋原为李某所购得,李某于2005年4月22日交纳了该房屋契税。2010年2月28日,马某与某中介公司作为甲、乙方签订《房屋购买居间委托协议》,约定马某拟购买位于某区重聚园8号楼10层1003号房屋,某中介公司提供居间服务,居间服务具体包括以下内容:"1.提供房屋出售信息,为甲方寻找并确定意向房屋;2.提供与购买该房屋相关的法律法规、政策、市场行情咨询;3.协助甲方对该房屋进行实地查验;4.协助并撮合甲方与房屋出售人签订房屋买卖合同。"就居间服务报酬,双方约定:"根据《中华人民共和国合同法》第426条'居间人促成合同成立的,委托人应当按照约定支付报酬'之规定,甲方在同乙方提供的房屋出售人签订房屋买卖合同时,应向乙方支付居间服务报酬。"双方约定的居间服务报酬金额为人民币27,750元。双方约定乙方违约责任为:"1.乙方居间服务存在瑕疵,致使甲方未能取得房屋产权的,乙方收取的居间服务报酬应予以退还;2.乙方应秉承诚实信用原则为甲方提供居间服务,乙方不能有欺骗、隐瞒等行为。"马某于当日向某中介公司支付了上述居间服务报酬,还另行支付了过户服务费3000元及贷款服务费3000元,某中介公司据此为马某提供包括协助办理税费缴纳事务在内的过户服务,以及协助购房抵押贷款手续的贷款服务。

同日,马某与李某在某中介公司居间下签订《北京市存量房屋买卖合同》,

---

* 北京市石景山区人民法院民二庭法官,中国人民大学法律硕士。

约定由李某将其位于某区重聚园8号楼10层1003号房屋出卖给马某,成交价格为人民币1,110,000元,其中700,000元由马某通过申请商业银行贷款方式支付。双方同时约定:由马某承担本次交易税费;马某于缔约当日向李某支付定金30,000元,并于2010年3月10日向李某支付首付款380,000元,双方共同办理贷款手续。批贷后,双方于2010年4月23日后办理过户、交税手续。

2010年4月19日,某中介公司业务人员刘某电话通知买卖双方,称由于"新国十条"出台,银行马上要执行新的贷款政策,必须于4月19日下午办理过户。此外,某中介公司又给马某发出了相应内容的电子邮件。因相信某中介公司提供信息的真实性,马某故与李某提前办理了过户手续,支付了相应税费,包括:契税8750元、教育费附加税876.83元、个人所得税8750元、营业税29,227.75元、城市维护建设税2,045.94元。

马某提起诉讼,称根据现行税收政策,二手房屋买卖过程中,如果出卖人购买房屋缴纳契税满五年之后再将房屋出卖的,过户时只需交纳契税。由于某中介公司的错误信息,致使马某提前办理房屋过户手续,导致税费的额外支出。故诉请判令某中介公司赔偿因工作失误造成原告提前办理过户的经济损失40,900元,并退还居间收取费用27,750元,合计68,650元。

一审法院经审理认为:根据现有证据,能够认定马某所述与出卖人李某约定于2010年4月23日办理房屋过户手续且相关税费由马某实际负担一事属实。而双方作此约定,系因根据现行税收政策,可以减少相应税费的负担。上述约定系双方真实意思表示,且系由某中介公司在场居间而成,某中介公司对此应当知晓。而马某与李某于2010年4月19日实际办理过户手续,则导致马某因无法享受税收政策的优惠而额外缴纳了相应税费。上述税费虽系国家按有关规定收取,但马某与李某上述约定并不违反国家有关税收法规政策,属于合理行为。因此,马某实际缴纳的教育费附加税、营业税、城市维护建设税超出其订立合同时的预见范围,属于额外增加的交易成本,应当视为其因提前办理过户手续而产生的损失;因马某未能举证证明存在可以免除个人所得税之情形,故该笔税费能否作为马某的损失,本院无法认定。

根据双方约定,某中介公司提供居间服务的范围包括提供对于与房屋交易有关的法律法规、政策及市场行情的咨询。此外,某中介公司亦提供协助办理贷款、过户及税费缴纳等服务。根据诚实信用原则,某中介公司应当保证其提供信息的真实性与准确性。根据现有证据,能够认定某中介公司业务人员于2010年4月19日通知马某及出卖人,如不在当日办理过户手续,相关银行贷款政策将会调整。而事实上,在原定过户日期,银行贷款政策并未实际调整。故马某提前办理过户手续,系因某中介公司的通知行为所致。某中介公司虽辩称其只是转述担保公司的通知,属于善意提醒,最终提前过户是马某的选择。但应当指出,作为提供房屋买卖中介服务的专业性机构,较之一般社会公众,对于交易运作各环节更为熟知,对于交易相关资源掌握亦更加充分,因此在从事居间服务过程中应当负有更高的注意义务,亦有能力采取更加规范和严谨的履行方式。而买卖双方在交易过程中也必然更多地信赖其专业判断。本案中,针对银行贷款政策调整这一重大情况,且事发紧急,马某及出卖人一方有充分理由相信某中介公司提供信息的真实性。某中介公司并无证据证实马某事前就此信息进行了核实,而且针对本案特定情况,赋予马某更高审核义务,既有失公平,亦不符合通常交易惯例。同时,某中介公司未能证明其对所提供的信息进行了必要审核,亦无证据证明其采取了更为恰当的处理方式。据此,法院认定,马某因提前办理过户手续而产生的上述税费损失应当归责于某中介公司的不恰当履行行为,某中介公司应当承担违约责任,赔偿马某上述损失。

某中介公司已履行了其居间义务,促成马某与出卖人成功缔约,实现了所购房屋的所有权转移。虽然某中介公司存在瑕疵履行行为,但本院已确认由其就马某因此受到的损失承担责任,马某的权利已获得救济。因此,现马某主张退还居间服务费,理由不能成立,本院对此不予支持。依照《合同法》第107条之规定,作出如下判决:被告赔偿马某经济损失人民币32,150.52元,驳回马某的其他诉讼请求。

一审判决后,双方均未提起上诉,现判决已发生法律效力。

二、相关法律问题研究

本案争议的焦点问题是被告中介公司是否违反了如实报告信息的义务以及如何确定居间人违约赔偿责任范围。

近年来,以提供信息服务作为主要合同义务的现象在当今商业社会大量存在,尤其是随着房地产市场及二手房交易市场的活跃,以履行委托合同、居间合同等如实报告信息服务为主要内容的诉讼纠纷频发。违反信息提供义务,即未向委托人或者客户提供必要的信息或者提供虚假的信息造成委托人或者客户损失的,构成违约责任,应当依据合同法的规定赔偿损失。

(一)关于居间人如实报告信息义务范围的界定问题

根据民法上的公平和诚实信用原则,居间人的如实报告义务应以善良行业人的合理注意标准作为义务履行的判断依据。《合同法》第425条第2款规定,居间人故意隐瞒与订立合同有关的重要事实或者提供虚假情况,损害委托人利益的,不得要求支付报酬并应当承担损害赔偿责任。受托居间人在履行居间合同时,负有如实报告和诚信义务。居间人应将所知道的有关订立合同的情况或商业信息如实报告给委托人。居间人对于居间介绍中涉及的订约主要事项,如第三人的信用情况、相对人的信用状况、财产情况、标的物的数量、质量、市场行情以及与交易相关的重要信息,应如实、公正地报告给委托人。对于居间合同约定的居间人应履行报告义务的相关事项,居间人虽不可能都具体掌握,但须就其所知道的情况如实报告。但居间人应当尽可能掌握更多情况,提供给委托人,以供其选择。但是,对于房地产经纪公司等特属行业的中介机构,由于法律、法规对该行业及相关人员经营资质和从业资格具有严格要求及限定,根据通常交易惯例,这些中介机构从业人员在如实报告信息义务时,应尽到比普通人更高的注意标准。

本案中,被告公司居间服务的具体内容包括提供房屋出售信息,寻找并确定意向房屋,提供与购买该房屋相关的法律法规、政策、市场行情咨询,协助对该房屋进行实地查验;协助并撮合签订房屋买卖合同。根据被告居间服务的内容可以看出,被告不仅为原告报告订立合同的机会,而且也提供订立合同的媒介服务。根据诚实信用原则,被告公司应当保证其提供信息的真实性与准确性。在居间义务履行过程中,针对银行贷款政策调整这一重大情况,被告公司业务人员在未审核相关房贷政策信息真实性的前提下,便草率通知委托人,致使原告提前办理了过户手续。可以说,被告公司提供信息存在重大瑕疵,未尽到合理的注意义务,在主观上存过错。作为提供房屋买卖中介服务的专业性机构,较之一般社会公众,对于交易运作各环节更为熟知,对于交易相关资源掌握亦更加充分,在从事居间服务过程中应当负有更高的注意义务,亦有能力采取更加规范和严谨的履行方式,而委托人在交易过程中也必然更多地信赖其专业判断。因此,被告公司基于其违约行为承担损失赔偿责任是有事实和法律依据的。

(二)关于居间人违约赔偿责任范围的确定问题

我国《合同法》第107条规定,当事人一方不履行合同义务或者履行合同义务不符合约定的,应当承担继续履行、采取补救措施或者赔偿损失等违约责任。一般情况下,依据诚实信用原则,居间人仅须将其所知道的情况向委托人或相对人如实报告,对其不知道的情况则无尽力调查的义务。而且,居间人对相对人的信用并不负保证义务,委托人与相对人订立合同后,居间人对因相对人不履行合同受到的损失不负赔偿责任。从各国情况看,居间人向委托人承担的居间信息义务,大致可分为三个层次,即如实报告、合理审查和积极调查。可以看出,如实报告属于最低层次的义务,即居间人应将所知道的居间信息如实告知给委托人;而合理审查和积极调查则是最高层次的注意义务。鉴于我国立法只规定了居间人的如实报告义务。如此,在居间活动中,居间人因一般过失,向委托人报告的信息不真实,造成委托人损失的,丧失报酬的请求权,已取得报酬的,负有返还保守并赔偿委托人为订立合同造成的损失。居间人赔偿的范围仅限于委托人为订立合同而支出的费用,对超出该费用的损失,居间人不负赔偿责任。但若居间人故意隐瞒事实真相、提供虚假情况或因重大过错提供不真实信息,非委托人造成财产损失的,不仅丧失报酬及费用的请求权,还应赔偿委托人签订合同所支出的费用,亦应赔偿因此给委托人直接造成的其他经济损失。

本案中,马某实际缴纳的教育费附加税、个人所得税、营业税及城市维护建设税能否归于被告违约所造成的直接损失。根据案件查明的事实,马某与出卖人李某约定于2010年4月23日办理房屋过户手续且相关税费由马某实际负担。该约定系双方真实意思表示,且系由被告公司在场居间而成,被告对此应当知晓。由于马某提前办理过户手续,导致因无法享受税收政策的优惠而额外缴纳了相应税费,系因某中介公司的通知行为所致。因此,马某实际缴纳的教育费附加税、营业税、城市维护建设税超出其订立合同时的预见范围,属于额外增加的交易成本,应当视为其因提前办理过户手续而产生的直接损失;马某因提前办理过户手续而产生的上述税费损失应当归责于某中介公司的不恰当履行行为,某中介公司应当承担违约责任,赔偿马某上述损失。

(三)关于被告公司是否有权利主张居间服务费问题

我国《合同法》第426条规定,居间人促成合同成立的,委托人应当按照约定支付报酬;第427条规定,居间人未促成合同成立的,不得要求支付报酬,但可以要求委托人支付居间活动支付的必要费用。因此,支付居间报酬或居间给用,是委托人的主要义务。根据本案查明的事实,某中介公司已履行了其居间义务,促成马某与出卖人成功缔约,实现了所购房屋的所有权转移。虽然某中介公司存在瑕疵履行行为,但马某因此受到的损失通过被告公司的违约赔偿责任获得救济。根据利益衡量和公平的原则,被告公司因促成合同成立有权利主张居间服务费用。

(责任编辑:于　晔)

合同约定解除权之行使方式的限度探讨

——A 学院诉 B 公司租赁合同纠纷案相关法律问题探讨

隋秋红*

一、据以研究的案例

原告 A 学院(甲方)与被告 B 公司(乙方)于 2000 年 12 月 15 日签订了两份租赁协议,分别将 A 学院所有的两处房屋出租给 B 公司使用,其中东侧房屋建筑面积为 2700 平方米的房屋、西侧建筑面积为 4174 平方米,租期均为 14 年。两侧房屋每年租金均分别在 12 月 15 日和 6 月 15 日前分两次提前付清。其中,东侧房屋租赁协议第 2 条"乙方的权利和义务"第(2)项约定:按甲方规定的付款方式、递增指数交纳租金,逾期不交甲方有权终止执行协议;西侧房屋租金协议第 4 条约定:乙方要按时交纳房租,按时交纳水、电、暖、气费(国家标准),逾期不交,同意甲方处理措施。B 公司认可未交齐 2010 年上半年度房屋租金。

2010 年 6 月 16 日,A 学院向 B 公司发出解除合同通知,通知内容为:根据协议、合同及相关规定,A 学院 2010 年 5 月 27 日告知贵公司通知,欠我学院房租最终期限已到,东侧 2700 平方米、西侧 4174 平方米,终止执行协议及合同,欠我学院上半年房租 914,044.41 元早日补交,希望贵公司协助我学院做好租赁商户的移交工作。B 公司的法定代表人李某于 2010 年 6 月 17 日签收了该通知。

B 公司主张李某在签收该通知时已被该公司的股东大会罢免,且 A 学院也已知晓该公司法定代表人变更,故李某无权再代表该公司行使法定代表人的权利,故 A 学院解除合同的形式违法。A 学院表示其在发出解除通知时,并不知晓 B 公司内部法定代表人变更的情况,且当时工商登记的法定代表人仍是李

* 北京市海淀区人民法院东升法庭法官,法学硕士。

某。B 公司认可 2010 年 6 月 17 日李某仍是该公司工商登记备案的法定代表人,也未就其所述 A 学院已知晓其公司内部法定代表人变更情况,向法庭提供证据证明。另外,B 公司还主张不能确认解除通知上的签字是否是李某本人所写,但未就此向法庭申请进行笔迹鉴定。

一审法院审理认为,当事人可以约定一方解除合同的条件。解除合同的条件成就时,解除权人可以解除合同。双方还在两份房屋租赁协议书中约定,如 B 公司逾期不交东侧房屋租金,A 学院有权终止执行协议;B 公司逾期不交西侧房屋租金,该公司同意 A 学院处理措施。现 B 公司认可该中心未足额支付东西两侧房屋 2010 年 1 月至 6 月的房屋租金,且认可欠付的租金数额为 914,044.41 元。对于 B 公司逾期未交纳房屋租金的行为,A 学院按照约定解除双方间的两份房屋租赁协议书及补充协议,并于 2010 年 6 月 16 日向 B 公司发出解除通知。

当事人一方依照解除权主张解除合同的,应当通知对方,合同自通知到达对方时解除。对方有异议的,可以请求人民法院或者仲裁机构确认解除合同的效力。由于 B 公司未按时交纳房屋租金,即未履行协议约定的主要债务,A 学院向其发出解除合同通知,且 B 公司的法定代表人李某也签收了解除通知。B 公司虽主张李某在签收解除通知时,已被该公司股东大会罢免,无权行使法定代表人的权利。但在李某签收解除通知时,其仍是 B 公司工商登记的法定代表人,A 学院根据工商登记确认李某为 B 公司的法定代表人并向其发出解除合同通知并无不当。B 公司虽主张 A 学院在发出解除通知时已知晓该公司法定代表人的变动情况,但就此未向法庭举证,A 学院对此也不予认可。加之 B 公司也未在法定期限内请求人民法院或仲裁机关确认解除合同的效力。

综上,法院判决,A 学院向 B 公司发出解除通知形式合法,双方的两份租赁协议及一份补充协议在李某签收解除通知之日,即 2010 年 6 月 17 日解除,B 公司应向 A 学院支付合同解除前,即 2010 年 1 月至 6 月期间欠付的房屋租金。因双方均认可此期间欠付的房屋租金数额为 914,044.41 元,法院对此不持异议。

宣判后,被告方不服判决提起上诉。二审法院经审理认定,当事人可以约定一方解除合同的条件。解除合同的条件成就时,解除权人可以解除合同。A 学院以通知方式行使单方解除权,有法律依据,现 A 学院起诉要求确认其与 B 公司签订的两份租赁协议及补充协议已于 2010 年 6 月 17 日解除,有事实和法律依据,一审法院判决支持 A 学院的该项诉讼请求正确,二审法院予以确认。B 公司应支付拖欠的租金,一审法院判决 B 公司向 A 学院支付租金 914,044.41 元正确,二审法院亦予以确认。B 公司有关李某无权代表 B 公司签署文件的上诉理由,依据不足,二审法院不予支持。据此,驳回上诉,维持原判。

二、相关法律问题分析

本案的争议焦点主要集中在以下两个方面:一是约定解除权的解除条件是否成就,二是约定解除权行使的形式要件是否完备。

合同是平等主体的自然人、法庭、其他组织之间设立、变更和中止民事权利义务的协议。订立合同是市场主体之间从事交易行为时采取的方式。从维护正常的市场交易秩序、鼓励商品交换的目的出发,合同法规定当事人应当依约履行合同,不容许随意变更和解除,以保护交易的安全。同时,合同法也对合同解除做了严格的规定,区分并规定了法定解除、协议解除及约定解除的情形。法定解除是指合同有效成立后,基于法定事由而使合同对双方的约束力归于消灭。一般来说,只有在一方根本违约,或是合同目的不能实现的情形下,才能解除合同。协议解除是指依法成立的合同,双方当事人就合同的解除达成一致的合意,可以解除合同。约定解除即是本案涉及的问题,即当事人在合同中约定解除合同的条件,当解除条件成就时,解除权人可以解除合同。民事行为尊重当事人的意思自治,约定解除属于意思自治的范畴。约定解除权的行使,法律对其有明确的规定,解除权人一方在解除合同条件成就时主张解除合同的,应当通知对方。合同自通知到达对方时解除。对方有异议的,可以请求人民法院或者仲裁机构确认解除合同的效力。

(一)约定解除权的解除条件是否成就

本案中,在A学院与B公司签订两份租赁协议中,双方作出如下约定:东侧房屋租赁协议第2条"乙方(B公司)的权利和义务"第(2)项约定,按甲方(A学院)规定的付款方式、递增指数交纳租金,逾期不交甲方有权终止执行协议;西侧房屋租金协议第四条约定,乙方(B公司)要按时交纳房租,按时交纳水、电、暖、气费(国家标准),逾期不交,同意甲方(A学院)处理措施。对于上述约定即是双方当事人对于解除条件的约定,A学院与B公司均未提出异议。双方争议的焦点在于,本案中约定解除权行使的条件是否成就。

一方观点认为,合同约定的解除条件是B公司逾期未交纳租金,双方虽在租赁协议中约定租金支付方式为半年先付,但在实际履行过程中,双方租金实际交付的履行情况并不如合同约定的方式给付,B公司一直未按照合同约定履行,A学院也均给予该公司展期,故双方已经以实际履行方式变更了合同约定的租金支付方式。故B公司虽未按时交纳2010年上半年的租金,但并未构成违约。

另一方观点认为,虽然双方在实际履行过程中一直未按照合同约定的方式支付租金,但A学院从未作出明确的意思表示接受B公司的支付方式,且其在发出的解除通知中也明确表示不接受这种支付方式。

法院在审理过程中采纳了第二种观点,合同法的立法原旨在于保护合同当事人的合法权益,维护社会经济秩序。因此合同法鼓励守约,并依法维护守约方的合法权益。本案中,虽然B公司在履约过程中一直未按照合同约定的支付方式给付租金,但如以此即认定A学院接受了这种支付方式变相鼓励了不按照合同约定履行的行为,对于守约方也不公平。而且在合同法中,对于变更合同也有明确规定,即只有在当事人协商一致的情况下,可以变更合同,如果当事人对合同变更的内容约定不明确的,推定为未变更。这一规定旨在保护依法成立生效的合同的效力,维护交易秩序的安定。因此,一审法院经审理认为,B公司虽主张双方在协议履行过程中,以实际履行行为变更了协议约定的租金支付方式,但就此未能提供双方协商一致的证据,且A学院也明确表示未接受这种租金支付方式,故认定B公司未支付东西两侧房屋2010年1月至6月房屋租金的行为,已符合合同约定的逾期未支付租金的解除条件,即本案中东西两侧房屋租赁合同中约定解除权的解除条件已经成就。二审法院对于B公司提出的有关双方已经变更租金支付方式的上诉理由,也以没有证据支持,未予采信。

(二)约定解除权行使的形式是否合法

约定解除权从权利属性上来说,属于形成权。形成权"赋予了权利主体以单方面干预他人之法律关系的法律权利",①是一种单方法律行为。作为一种单方法律行为,其行使只要当事人一方作出意思表示即可,无须再有他方当事人同意就可成立。合同法对于约定解除权的行使,就以通知为形式要件,合同自通知到达对方时解除。同时,由于约定解除权的行使会产生合同解除的后果,为了防止解除权一方错误行使解除权导致不公平的结果,合同法也设置了相应的救济机制,即解除权人行使解除权,对方有异议的,可以请求人民法院或者仲裁机构确认解除合同的效力。本案中,双方当事人就约定解除权形式是否合法产生争议,即解除权人是否将解除通知送达对方。

一方观点认为,B公司的法定代表人李某已经由公司股东大会选举更换,且李某在通知上只写了"收到",因此B公司并不知道A学院要解除租赁合同的事情,其解除权行使的形式违法。

另一方观点认为,B公司股东大会选举更换法定代表人只能对内发生效力,A学院并不知情,且B公司工商登记的法定代表人仍是李某,故李某在解除合同通知上签收即可产生送达的法律效力,A学院送达解除通知的形式合法。

一审法院在审理过程中采纳了第二种观点,合同法对于约定解除权行使采

① 迪特尔·梅迪库思:《德国民法总论》。

用的是通知到达主义(也称受信主义),即解除权人的解除通知到达对方时,合同解除。本案中,A 学院行使约定解除权的形式是否合法之争,即李某在解除通知上签收这一行为效力之争。公司法设立法定代表人制度,其功能一是为公司对外开展活动提供可能,另外,也为交易相对方辨识公司有权交易之人提供便利。根据公司法的规定,公司法定代表人依照公司章程的规定,由董事长、执行董事或者经理担任,并依法登记。公司法定代表人变更,应当办理变更登记。经过工商登记机关核准登记的法定代表人,取得法定代表人的资格。交易相对人可以善意的相信经工商核准登记的法定代表人,有公司日常经营的交易权,对外有权代表公司开展活动。即便公司内部决议或是公司章程对法定代表人的交易权限作出限制,一般也只能产生对内效力,对外不可对抗善意的交易相对人。我国还出台了专门的《企业法人法定代表人登记管理规定》,对于企业法人法定代表人的登记管理作出明确规定。因此,在本案中,B 公司虽召开股东大会,将法定代表人李某罢免,但并未变更工商登记,李某在签收解除通知时仍是经工商核准登记的法定代表人。而 B 公司也未能就 A 学院在发出解除通知时已知晓该公司法定代表人变更情况,向法庭提出任何证据证明,故该公司不能以其公司内部股东大会的决议来对抗工商登记备案的效力。A 学院在发出解除通知时,有理由相信工商登记本案的李某即 B 公司的法定代表人,李某有权代表 B 公司签收解除通知。同时,约定解除权作为一种单方法律行为,其行使不以对方同意为要件,故 B 公司主张李某仅在解除通知上签署"收到"的行为并不代表该公司同意解除合同的抗辩理由,并不成立。且 B 公司也未在法定期限内请求人民法院或仲裁机关确认解除合同的效力。综上,A 学院向 B 公司送达解除通知的形式合法,双方的租赁合同在李某签收解除通知之日解除。

综上,一二审法院认定双方租赁合同已解除,B 公司应向 A 学院支付欠付的房屋租金,符合合同法对于约定解除权的规定,适用法律正确。

(责任编辑:刘书星)

手机定位等动态信息属于公民个人信息

——谢某出售公民个人信息案相关法律问题探讨

罗 灿*

一、据以研究的案例

被告人谢某系北京京驰无限通信技术有限公司运维部经理。2009 年 3 月至 12 月案发期间，谢某利用中国移动通信集团北京有限公司授予其所在公司进行手机定位业务的权限，先后多次为被告人刘某、程某、张某及他人提供的 90 余个手机号码进行定位，非法获利人民币 9 万元。被告人谢某作案后于 2009 年 12 月 11 日被公安机关查获归案。被告人刘某于 2009 年 3 月至 12 月案发期间，从被告人谢某处非法获取公民手机定位 40 余个，其中部分转卖给被告人程某。刘某还从程某处非法获取通话清单等公民个人信息近 10 条。被告人程某于 2009 年 3 月至 12 月案发期间，通过被告人刘某从被告人谢某处做手机定位 30 余个，后转卖给被告人刘某等人或用于公司调查。程某还从刘某处非法获取座机名址、移动手机名址等公民个人信息近 10 条，后转卖给被告人刘某。被告人张某于 2009 年 3 月至 12 月案发期间，从被告人谢某处非法获取公民手机定位 10 余个。

北京市第二中级人民法院认为，被告人谢某作为电信单位工作人员，违反国家规定，将本单位在履行职责或者提供服务过程中获得的公民个人信息，出售给他人，情节严重，其行为已构成出售公民个人信息罪；被告人刘某、程某、张某以买卖等方法非法获取公民个人信息，情节严重，其行为已构成非法获取公民个人信息罪。刘某与程某的部分行为构成共同犯罪。鉴于各被告人归案后能如实供述自己罪行，故对各被告人从轻处罚。鉴于张某的犯罪情节较轻，均有悔罪表

---

* 北京市第二中级人民法院刑一庭法官。

现,没有再犯罪的危险,可对其宣告缓刑,遂判决被告人谢某犯出售公民个人信息罪,判处有期徒刑二年两个月,并处罚金人民币二万六千元。被告人刘某犯非法获取公民个人信息罪,判处有期徒刑一年九个月,并处罚金人民币二万一千元。被告人程某犯非法获取公民个人信息罪,判处有期徒刑一年九个月,并处罚金人民币二万一千元。被告人张某犯非法获取公民个人信息罪,判处有期徒刑一年五个月,缓刑一年五个月,并处罚金人民币一万七千元。

一审宣判后,谢某认为原判量刑过重,提出上诉。

二审维持原判。

二、相关法律问题分析

随着社会的不断发展,个人信息买卖逐渐形成了巨大的市场。而电信部门在提供服务过程中,可以掌握大量的公民个人信息,如他人的通话详单、手机号码、机主资料等,因此,电信行业容易成为公民个人信息受到侵犯的重要行业。刑法修正案(七)增加了出售、非法提供公民个人信息罪和非法获取公民个人信息罪。谢某是刑法修正案(七)实施以来北京首例因提供非法手机定位被以出售公民个人信息罪定罪处罚的人。

(一)手机定位属于动态的公民个人信息

对于什么是公民个人信息,目前法律上尚无明确的界定。但是,一般认为,公民个人信息包括姓名、职业、职务、年龄、婚姻状况、学历、专业资格、工作经历、家庭住址、电话号码、信用卡号码、指纹、网上登录账号和密码等能够识别公民个人身份的信息。从具体形式来看,上述信息都是静态的,而非动态的。

手机定位是指通过特定的定位技术来获取移动手机或终端用户的位置信息(经纬度坐标),在电子地图上标出被定位对象的位置的技术或服务。手机定位分为卫星定位和基站定位。通过对手机号码进行定位,定位人能够知道被定为人的大概位置,而且这个位置可能是变化的。手机定位是电信业务中非常特殊的一种业务,这种业务的办理有严格的要求。如中国移动北京分公司有一项“单位通”手机定位业务,需持单位营业执照、介绍信才能办理。在这种业务中,单位可以对员工的位置实现手机定位,从而查询到机主所处的大概方位,但这种业务只面向单位,并且是单位对个人的单向定位。因此,手机定位信息与公民个人隐私密切相关,显然是公民不希望一般人知晓的,如果被侵害必然造成对公民个人生活和社会生活的影响,应属于刑法所保护的动态的公民信息。

对于手机定位信息的数量计算方式,在本案中,谢某出售的手机定位的方式是一个手机号码授权定位一个月,可使用50次,每次都能查到被定位人5米到50米的大概位置。因此,手机定位信息是对不同手机号码以月为单位以固定次数计价出售，虽然一个手机号码意味着一个月内多次定位，但是仍然可以计算为一条信息，而非多条信息。

(二)谢某的行为构成出售公民个人信息罪

出售公民个人信息罪是指国家机关或者金融、电信、交通、教育、医疗等单位的工作人员，违反国家规定，将本单位在履行职责或者提供服务过程中获得的公民个人信息，出售或者非法提供给他人，情节严重的行为。

电信单位包括电信部门和电信营业机构。目前，在我国电信运营单位主要包括中国联通、中国移动、中国电信以及其他一些小的电信公司。本案中，北京京驰无限通信技术有限公司经中国移动公司授权开展从事手机定位业务，主要包括对企业外勤人员的考勤，智障人员、老人、儿童的监护，但是不包括对有语音服务的 SIM 卡进行定位。而且中国移动公司要求申请定位人必须是企业用户，且被定位人要知情。谢某作为北京京驰无限通信技术有限公司运维部经理，能够合法接触到中国移动公司在提供服务工程中掌握到的大量手机定位信息，属于电信单位的工作人员。

2000 年 9 月 20 日国务院常务会议通过了《中华人民共和国电信条例》，该行政法规中有多个条文涉及公民个人信息。例如，第 6 条："电信网络和信息的安全受法律保护。任何组织或者个人不得利用电信网络从事危害国家安全、社会公共利益或者他人合法权益的活动。"第 58 条："任何组织或者个人不得有下列危害电信网络安全和信息安全的行为：……(二)利用电信网从事窃取或者破坏他人信息、损害他人合法权益的活动……(四)危害电信网络安全和信息安全的其他行为。"第 66 条："电信用户依法使用电信的自由和通信秘密受法律保护。除因国家安全或者追查刑事犯罪的需要，由公安机关、国家安全机关或者人民检察院依照法律规定的程序对电信内容进行检查外，任何组织或者个人不得以任何理由对电信内容进行检查。电信业务经营者及其工作人员不得擅自向他人提供电信用户使用电信网络所传输信息的内容。"出售手机定位信息的行为违反了《中华人民共和国电信条例》上述规定。

同时，电信等单位的工作人员负有保密义务，对出售公民个人信息的行为具有违法性认识。本案中，谢某在案发前曾经与中国移动公司签订保密合同，具有保密义务，不得泄露在履行职务过程中获取的公民个人信息，因此，谢某明知自己出售公民个人信息的行为是违法的。

对于出售公民个人信息情节严重的判断，应该以客观危害为主，以主观恶性为辅，根据具体案情综合分析。一般来说，这里的情节严重可能包括：出售公民个人信息获利较大的；出售多人信息的；多次出售公民个人信息的；给公民造成严重经济损失或者严重影响到公民个人的正常生活的；造成恶劣的社会影响；对国家安全以及社会民生造成影响的；将公民个人信息流出售给境外机构或者个人的；公民个人信息被用于违法犯罪活动的等情形。

谢某为了获利，把应该有的手续，如签字、公章、身份证复印件、营业执照复印件等，都省略了。只要别人给提供电话号码、姓名、身份证号码，谢某就给他们进行手机定位。具体手法是，谢某把定位软件发给申请定位人，对方把要定位的手机号码给谢某后，谢再把号码报给移动公司，移动对这些号码开放权限后，谢某再在自己的定位系统内给申请定位人的用户名开放权限，对方就可以用自己电脑定位操作。谢某给调查公司定位和给正常用户定位收费不同，正常用户定位一个号码收费 100 元，3 个月定位权限，而调查公司定位一个号码收费 1000 元，1 个月定位权限。同时，在北京京驰无限通信技术有限公司内部，出售手机定位信息业务是谢某个人承揽的，收入都汇到谢个人账户，与公司正常业务无关，公司也没有从中获利。谢某以这种方式先后为刘某、程某、张某等人进行手机定位 90 余个，非法获利人民币 9 万元，属于多次向多人出售公民个人信息，构成情节严重。

因此，谢某的行为构成出售公民个人信息罪。

（三）刘某、程某、张某的行为构成非法获取公民个人信息罪

非法获取公民个人信息罪是指通过窃取或者以其他方法非法获取上述公民个人信息，情节严重的行为。

非法获取的方法首先包括窃取，对“其他方法”的理解，应该遵守同质性的限制，即这些方法与窃取具有大致相同的危害性，包括骗取、利诱、胁迫、抢夺、抢劫、恐吓、收买、收受等法律明文禁止的方法。因此，捡到公民个人信息等合法方法获得的不属于非法获取。

对于“上述信息”的理解，从体系解释的角度来说，应该是国家机关金融、电信、交通、教育、医疗等单位在履行职责或者提供服务过程中获得的公民个人信息。有的信息经过多次转手之后，可能无法查清来源，不能确定系从电信等单位或单位人员处获得，但是可以推定行为人是直接或间接从电信等单位或单位人员处非法方式获得。这是因为：首先，只有电信等单位或单位人员才有权掌握或获取这些信息，如只有电信机关才能将一个电话号码与一个特定自然人具体联系起来形成机主信息。其次，只有电信等单位或单位人员掌握或获取的信息才最有公信力，因而产生利用价值，带来经济利益。最后，从格式和内容上的特征可以识别这些信息的只有电信等单位或单位人员。

非法获取公民个人信息情节严重具体包括获取多人信息的；多次获取公民个人信息的；给公民造成严重经济损失或者严重影响到公民个人的正常生活的；造成恶劣的社会影响；对国家安全以及社会民生造成影响的；获取的公民个人信

息被用于违法犯罪活动的等情形。

本案中，刘某、程某、张某明知手机定位信息来源于电信单位的谢某处，而通过买卖方式直接获取。刘某非法获取手机定位信息40余个，其中30个左右系程某通过刘某向谢某获得，刘某与程某的部分行为构成非法获取公民个人信息罪的共同犯罪；程某非法获取手机定位信息30余个；张某非法获取公民手机定位10余个；三被告人的行为均属于多次非法获取公民个人信息，构成情节严重。

因此，刘某、程某、张某的行为构成非法获取公民个人信息罪。

（责任编辑：张新平）

【案例分析】

犯罪后的投案动机不影响自首的认定
——张某某故意伤害案相关法律问题分析

刘珍君*

一、据以研究的案例

被告人张某某于2010年5月3日18时许,在北京市密云县檀营华云建筑工地因卖小凉菜问题与陈某某发生口角并互相厮打,后用拳头将陈某某头部打伤,造成陈某某牙齿缺损,鼻骨粉碎性骨折,经法医鉴定为轻伤。后陈某某的大儿子将张某某打成轻伤(另案处理)。案发后,被告人张某某在自身受伤的情况下,委托经过邻居报警,但报警目的在于追究被害人大儿子的刑事责任。

法庭审理中,被告人张某某对公诉机关指控的犯罪事实无异议。张某某的辩护人认为,被告人张某某案发后因受伤不能自行报案,但委托邻居用自己的手机报案,到案后也能如实供述自己的行为,系自首,张某某是初犯,认罪悔罪态度好,且积极赔偿被害人经济损失,并已取得被害人谅解,建议对其从轻处罚并宣告缓刑。

一审法院审理后认为,被告人张某某无视国法,故意伤害他人身体,造成轻伤后果,其行为已构成故意伤害罪,依法应予惩处。鉴于被告人张某某案发后自动向公安机关投案,如实供述犯罪事实,是自首,且积极赔偿被害人经济损失,并得到被害人的谅解,对被告人张某某依法从轻处罚,但根据被告人张某某犯罪的事实、犯罪的性质、情节和对社会的危害程度,不宜适用缓刑,故判处拘役三个月。一审判决后,被告人张某某未上诉,公诉机关未提出抗诉,判决发生法律效力。

---

* 北京市密云县人民法院研究室法官,中国人民大学法学硕士。

二、相关法律问题研究

本案的争议焦点在于被告人张某某犯罪后报警要求追究他人刑事责任的投案动机是否影响自首的成立。

一种观点认为,被告人张某某与陈某某发生口角并互相厮打,造成陈某某轻伤。后陈某某的大儿子将张某某打成轻伤(另案处理)。张某某在自身受伤的情况下,委托经过邻居报警,但其报警目的在于追究陈某某大儿子的刑事责任,而非交代自身的犯罪事实,故其行为不构成自首。另一种观点认为,被告人张某某案发后因受伤不能自行报案,遂委托邻居用自己的手机报案,并在报案后原地等待公安机关处理,到案后又如实供述事实经过,构成自首。

笔者同意第二种观点。《刑法》第67条第1款规定:“犯罪以后自动投案,如实供述自己的罪行的,是自首。”自首制度的设立旨在通过鼓励犯罪人自动投案并如实供述自己的罪行,一方面促使犯罪人悔过自新,不再继续作案;另一方面使案件得到及时侦破和审判,节约国家司法资源。自首有两个构成要件,即“自动投案”和“如实供述自己的罪行”,本案被告人张某某到案后对自己的犯罪事实供认不讳,符合“如实供述自己罪行”的要件,因此本案的关键在于张某某是否属于“自动投案”。根据刑法条文与司法解释的规定以及学界的理论学说,一般将“自动投案”分为四个要素:即投案时间、投案对象、投案意志和投案方式。笔者认为被告人张某某在案发后委托他人报警并原地等待公安民警的行为符合“自动投案”的四个要素,构成“自动投案”,理由如下:

(一)委托他人报警并原地等待的行为是在犯罪行为实施后但未被司法机关发觉以前

要想认定“自动投案”,投案的时间必须是在犯罪后到被有关司法机关实际掌握情况之前投案,这是对自动投案时限的要求,具体来说,成立自动投案的时间包括五种情形:一是犯罪事实和犯罪嫌疑人均未被司法机关发觉以前投案;二是犯罪事实虽已被司法机关发觉,但犯罪嫌疑人尚未被司法机关发觉以前投案;三是犯罪事实和犯罪嫌疑人均被司法机关发觉,但犯罪嫌疑人尚未受到讯问或者未被采取强制措施或未被群众扭送以前投案;四是经查实确已准备去投案或正在投案途中被公安机关捕获;五是犯罪后逃跑,在被通缉、追捕过程中主动投案。本案的投案时间无争议,张某某在案发后委托他人报警时,犯罪事实尚未被有关司法机关实际掌握,符合“自动投案”的投案时间要求。

(二)委托他人报警的对象是公安机关,符合“自动投案”的投案对象要求

犯罪嫌疑人一般应向公、检、法机关投案,但也可以向其所在单位、城乡基层组织或者其他有关负责人员投案。司法实践中,自动投案通常是指向有关机关

投案。这些机关既包括对犯罪负有侦查、起诉、审判职能的公安机关、检察院和人民法院及其派出单位，也包括公、检、法以外的其他国家机关。如国家权力机关、国家行政机关、国家军事机关以及犯罪人所属的国家企事业单位和人民团体。犯罪人向所在单位、城乡基层组织或者其他有关负责人员投案时，这些单位、组织或人员由于不是司法机关或司法工作人员，实际上充当的是犯罪人与司法机关的中介，其作用是对犯罪人采取暂时控制措施并及时将犯罪人移交司法机关处理。本案中，张某某在受伤的情况下，委托邻居代为报警，投案对象是公安机关，符合“自动投案”的对象要求。

（三）委托他人报警并原地等待的行为体现了自愿将自己置于有关机关控制之下的意愿

自首的本质在于犯罪人出于自己的意志将自己交付国家追诉，这与违背犯罪人意志被动归案后的坦白有明显的区别。因此，理解“自动投案”的关键是，行为人是否出于本人意志自愿置于有关机关或个人的控制之下等待处理。根据最高人民法院《关于处理自首和立功具体应用法律若干问题的解释》规定，明知他人报案而在现场等待，抓捕时无拒捕行为，供认犯罪事实的，应当视为自动投案。本案被告人张某某在案发后因受伤无法自行报警，遂委托过往邻居代为拨打110，并在没有外力强制的情况下主动留在现场，虽然其报警目的在于追究对方的刑事责任，但作为一名成年人，其应该清楚双方互殴情况下的责任分担，即公安民警到达后自己很可能会承担相应的法律责任，在此情形下仍然选择报案，说明其具有主动将自己交付给国家机关的意思表示，属于自愿将自己置于有关机关控制之下等待处理，其行为符合自首的本质。

（四）委托他人报警并原地等待的行为符合“自动投案”关于投案方式的要求

自动投案一般应由犯罪分子本人直接向有关部门投案，但也不能排除犯罪分子因某些客观原因不能亲自投案。最高人民法院《关于处理自首和立功具体应用法律若干问题的解释》对投案方式做了宽泛的规定，包括因病、伤或者为了减轻犯罪后果，委托他人先代为投案，或者先以信电投案的；并非出于犯罪嫌疑人主动，而是经亲友规劝、陪同投案的；公安机关通知犯罪嫌疑人的亲友，或者亲友主动报案后，将犯罪嫌疑人送去投案的，也应当视为自动投案。可见，司法解释规定了亲首、代首、送首和陪首等投案方式。实践中，出于真心悔悟、为了争取宽大处理、因为亲友劝说、由于潜逃后生活所迫等，都可能成为自动投案的动机与目的，投案的动机和目的差异不会影响自首的成立。本案中，被告人张某某因伤委托他人报警并在原地等待，同时在接受司法机关询问时如实供述自己的犯罪事实，符合自动投案的投案方式。

除了符合“自动投案”的以上四个要素外，张某某在等待抓捕期间还具有犯罪行为的停止性和被抓捕时的服从性。犯罪行为人在等待抓捕期间应当停止犯罪行为，以体现交付国家机关制裁的主动性。等待抓捕能够构成自动投案的前提，是行为人留在现场的目的是等待抓捕，如行为人仍继续实施犯罪，则可以从法律上推定行为人没有接受刑罚制裁的主动性，其行为属于犯罪过程中被当场抓获，当然不能构成自首。本案被告人张某某在等待抓捕期间未继续实施伤害行为，且在公安机关到场抓捕时表现为不抗拒、不逃避，顺从、配合抓捕，体现了被抓捕时的服从性。

综上，本案被告人张某某在犯罪后，犯罪事实尚未被司法机关发现以前，基于本人的意志，而主动向公安机关报案。其虽是以受害人的身份报案，但其自愿等待公安机关的处理，实际上产生了自动归案的法律效果，属于“自动投案”。到案后张某某又能如实供述自己的犯罪事实，完全合自首的构成要件，应当认定为自首。

（责任编辑：张新平）

窃取他人保险单后欺骗保险公司取得他人财物的行为定性

——马某诈骗案相关法律问题分析

吴小军*

一、据以研究的案例

马某与被害人张某(女)原系朋友关系,共同租住在北京市朝阳区金盏乡楼梓庄村。2009年9月16日,马某冒充张某的丈夫,利用事先在暂住地窃取的张某的身份证、新华人寿保险股份有限公司(以下简称新华保险公司)吉庆有余两全保险(分红型)保险单(投保人暨被保险人为张某)等资料,通过新华保险公司业务员为张某办理退保手续。新华保险公司经审核确认后于次日将退保款人民币42,501元打入马某事先开立的邮政储蓄账户(户名为张某)内。2009年9月18日,被告人马某分三次从该账户内取款人民币42,500元。2009年11月26日,马某被查获归案。

一审法院经审理认为,马某以非法占有为目的,虚构事实,骗取他人财物,数额较大,其行为侵犯了公民的财产权,已构成诈骗罪,依法应予惩处。故以诈骗罪,判处其有期徒刑2年6个月,罚金人民币3000元。

一审宣判后,马某表示服判,没有上诉,公诉机关亦未抗诉,判决已生效。

二、相关法律问题研究

本案中,马某构成犯罪的事实比较清楚,没有争议,但对马某行为的定性即法律适用问题产生了分歧。一种意见认为,马某窃取被害人的个人资料和保险

* 北京市朝阳区人民法院刑一庭副庭长,中国政法大学法学硕士。

单，并通过保险公司取得被害人财物，符合盗窃罪的犯罪构成，应认定为盗窃罪；另一种意见则认为，马某利用窃取的被害人个人资料和保险单，欺骗保险公司职员进而支取钱款，其行为符合诈骗罪的犯罪构成，应认定为诈骗罪。

诈骗罪与盗窃罪的关键区别在于：被害人是否基于认识错误而处分财产。通常的诈骗行为只有行为人与被害人，被害人因被欺骗而产生认识错误，进而处分自己的财产。在这种情况下，被害人与被骗人是同一的。但诈骗罪中可能存在被害人与被骗人不同一的情况。如保姆甲在乙家中做家务，丙乘乙上班之机，骗甲说乙让其上门取西服去干洗，甲信以为真，遂将乙的西服交与丙。乙回家后得知甲被骗。甲为被骗人，亦是财产处分人，但非被害人；乙是被害人，但没有被骗。这种财产处分人与被害人不同一的情况，称为三角诈骗（如冒用他人的汇票、本票、支票，冒用他人信用卡）。在三角诈骗中，虽然被骗人与被害人不同一，但被骗人与财产处分人必须是同一的，且被骗人必须具有处分被害人财产的权限或处于可以处分被害人财产的地位。

对于利用债权凭证取得他人财物的行为，关键是认定被骗人是否具有处分行为。债权凭证包括一切据以取得金钱、其他财产或进行消费的凭证。如票据、有价证券、信用卡、存折、邮政取款存单、保险单等。盗窃他人的债权凭证，使用各种欺骗手段欺骗具有处分权之人，进而支取存款，该行为该如何定性？根据最高人民法院《关于审理盗窃案件具体应用法律若干问题的解释》第5条的规定，有价支付凭证、有价证券、有价票证，按下列方法计算：(1)不记名、不挂失的有价支付凭证、有价证券、有价票证，不论能否即时兑现，均按票面数额和案发时应得的孳息、奖金或者奖品等可得收益一并计算。股票按被盗当日证券交易所公布的该种股票成交的平均价格计算；(2)记名的有价支付凭证、有价证券、有价票证，如果票面价值已定并能即时兑现的，如活期存折、已到期的定期存折和已填上金额的支票，以及不需要证明手续即可提取货物的提货单等，按票面数额和案发时应得的利息或可提货物的价值计算。如果票面价值未定，但已经兑现的，按实际兑现的货物价值计算；尚未兑现的，可作为定罪量刑的情节。不能即时兑现的有价支付凭证、有价证券、有价票证或者能即时兑现的有价支付凭证、有价证券、有价票证已被销毁、丢弃，而失主可以通过挂失、补领、补办手续等方式避免实际损失的，票面数额不作为定罪量刑的标准，但可作为定罪量刑的情节。据此，盗窃可以即时兑现的活期存折、已到期的定期存折后，即使没有支取存款，也应按存折上的数额认定为盗窃罪。但对于盗窃未到期的定期存折或者其他不能即时兑现的存折，使用欺骗手段通过银行职员支取存款的行为，上述司法解释没有论及。笔者认为，这种行为属于三角诈骗，应认定为诈骗罪。

《储蓄管理条例》第29条规定："未到期的定期储蓄存款，储蓄提前支取的，必须持存单和存款人的身份证明办理;代储户支取的,代支取人还必须持其身份证明。"《中国人民银行关于执行〈储蓄管理条例〉的若干规定》第38条规定:"储蓄机构发现有伪造、涂改存单和冒领存单者,应扣留存单(折),并报有关部门进行处理",这表明原则上只能由本人支取存款,当某人代存款人支取存款时,必须征得存款人同意,并具备相应的证件和委托手续,否则即属于冒领存款。因此,盗窃他人未到期的定期存折而支取存款的,必然欺骗银行职员,导致银行职员基于认识错误处分将被害人的存款处分给行为人;又由于银行职员具有依据存折支付被害人存款的权限和地位,因而形成三角诈骗。基于同样的道理,盗窃他人的其他不能即时兑现的存折,欺骗银行职员支取他人存款的,也属于三角诈骗。

本案涉及的是保险单。保险单简称为保单,是保险人与被保险人订立保险合同的正式书面证明。保险单完整地记载保险合同双方当事人的权利义务及责任。保险单记载的内容是合同双方履行的依据,保险单是保险合同成立的证明。根据新华保险公司吉庆有余两全保险(分红型)条款规定,投保人于本合同生效后,可以书面通知要求解除本合同。投保人要求解除合同时,应提供下列证明和资料:1. 保险单及其他保险凭证;2. 最近一期交费凭证;3. 解除合同申请书;4. 投保人身份证明。投保人要求解除合同的,该合同自公司接到解除合同申请书之日起,保险责任终止。已交足二年保险费的,公司于收到上述证明和资料30日内退还本合同有效保险金额对应的现金价值;未交足二年保险费的,公司退还本合同有效保险金额对应的现金价值与扣除手续费后保险费两者中之较大者。据此可知,保险单是投保人退保时据以取得一定财产的债权凭证。投保人提供相应的证明和材料,随时可以退保以兑现。

本案中,马某利用事先窃取的被害人张某的保单和身份证等资料,通过欺骗保险公司员工,最终获取了张某的退保费。保险公司在投保人提出退保时,须履行审慎而完备的程序性审核义务,并据此对保单进行妥帖的处理。本案中,被害人是张某,被骗人和财产处分人是保险公司业务员,被骗人具有处分被害人财产的权限或处于可以处分被害人财产的地位。本案貌似符合盗窃罪的特征,但确是三角诈骗的一个典型案例,故马某的行为认定诈骗罪更为妥当。

(责任编辑:张新平)

判决撤销举报《答复》之后是否需要判决重作

——周某诉被告北京市工商行政管理局某分局撤销行政答复案相关法律问题分析

黄　嫱[*]　孟　群[**]

一、据以研究的案例

2011年5月27日,原告周某在朝内菜市场购买圣果沙棘汁一瓶,该产品外包装上标有"低糖型"字样,但没有标明糖的含量。原告周某认为该行为违反了《预包装食品标签通则》及《食品安全法》的规定,于2011年5月31日以邮寄方式向被告某工商分局书面举报。被告某工商分局于2011年6月4日接到举报后,于2011年6月8日对朝内菜市场进行了现场检查,并制作现场检查笔录。经调查,被告某工商分局认为原告举报的事实确实存在,但国家相关标准对"低糖型"商品是否需要标注糖含量并无明确规定,故于2011年6月14日作出被诉《答复》,对原告周某的举报答复不予立案,并于当日送达原告周某。原告周某不服,于2011年7月6日向本院提起行政诉讼。

原告周某诉称,原告于2011年5月31日向被告举报北京奥士凯物美商业有限公司朝内菜市场(以下简称朝内菜市场)内销售的"圣果沙棘汁"外包装标识不符合《食品安全法》的相关规定,要求被告依法查处。被告于2011年6月14日作出被诉《答复》称涉案商品外包装确标有"低糖型"字样,但针对"低糖型"是否需标注糖含量国家标准没有明确定义,故不予立案。原告认为该《答复》已构成行政不作为,故起诉要求予以撤销。

被告某工商分局辩称,我局于2011年6月4日接到原告周某举报后,对被

* 北京市东城区人民法院行政庭法官,中国政法大学法学硕士。

** 北京市东城区人民法院行政庭法官。

举报的朝内菜市场进行了现场调查并令其暂停对涉案商品的销售。后经调查核实,相关国家标准对“低糖型”是否必须标注糖含量没有明确规定,故作出对原告举报不予立案的答复。我局对原告的举报已履行检查核实和答复的法定职责,请求法院依法驳回原告周某的诉讼请求。

一审法院经审理认为,依据《食品安全法》的有关规定,工商行政管理机关对流通环节食品安全进行监督管理;县级以上工商行政管理部门在接到相关咨询、投诉、举报后,对属于本部门职责的,应当受理,并及时进行答复、核实、处理。根据上述规定,被告某工商分局具有针对举报事项进行查处的行政职责。本案中,被告某工商分局在接到原告周某的举报后,履行了调查、核实的法定职责。被告依据《预包装特殊膳食用食品标签通则》,认为在此通则中仅对“无糖”食品进行了糖含量鉴定,没有对“低糖”食品进行糖含量的界定,故认为原告的举报没有相关规定,作出了不予立案的决定。但 GB13432－2004《预包装特殊膳食用食品标签通则》是针对特殊膳食用食品规定的特定规定。特殊膳食食品在GB13432－2004《预包装特殊膳食用食品标签通则》的规定为:“3.1 为满足某些特殊人群的生理需要,或某些疾病患病的营养需要,按照特殊配方而专门加工的食品。”其对“无糖”食品的糖含量最高限在 0.5G/100G(100ML)以下。由此可见,无糖属于特殊膳食,而低糖既没有在此通则的规定范围之内,又不能属于“为满足某些特殊人群的生理需要,或某些疾病患病的营养需要,按照特殊配方而专门加工的食品”。所以,对“低糖”适用 GB13432－2004《预包装特殊膳食用食品标签通则》的规定是不适当的。以此为判断作出“没有国家标准,不予立案”的答复是错误的,属于适用法律错误,应予以撤销。

对原告周某要求撤销该答复的诉讼请求,本院应予支持。综上所述,依据《中华人民共和国行政诉讼法》第 54 条第(2)项之规定,判决如下:

一、撤销北京市工商行政管理局东城分局于二〇一一年六月十四日作出的《关于周某举报北京奥士凯物美商业有限公司朝内菜市场销售“圣果沙棘汁”违反〈食品安全法〉的答复》;

二、北京市工商行政管理局某分局就原告周某的举报重新作出答复。

一审判决后,原被告双方均没有上诉。

二、相关法律问题研究

本案主要涉及两个法律适用问题:一是判决撤销之后是否应该同时判决重新作出答复,二是判决重作是否应限定重作的期限。

(一)对行政行为撤销之后是否应判决重新作出行政行为

《最高人民法院关于执行〈中华人民共和国行政诉讼法〉若干问题的解释》

(以下简称《若干解释》)第59条规定:“根据行政诉讼法第54条第(2)项规定判决撤销违法的被诉具体行政行为,将会给国家利益、公共利益或者他人合法权益造成损失的,人民法院在判决撤销的同时,可以分别采取以下方式处理:(一)判决被告重新作出具体行政行为。”由此可见,判决重作的前提是对“国家利益、公共利益或者他人合法权益造成损失”,但具体什么叫对“国家利益、公共利益或者他人合法权益造成损失”,法律规定的并不明确,在实践中也有出现在当事人对判决撤销后没有判决重作而不满的情形。例如,在本案中,如果判决撤销被告作出的《答复》,而不责令重作,就出现了原告对被告提出了举报,被告的《答复》被撤销进而视为自始没有答复。如果行政机关以法院没有责令其重作为由而不主动进行答复,结果就使原告的举报行为成为悬而未决的权利,原告可能还需要通过诉讼来再一次实现自己的权利,达到自己的诉讼目的。针对这种情况,本案判决原告重作具体行为时是正确的。本案是因为行政机关的行政行为适用法律错误而被撤销的,同时,实体上也存在错误,如果仅仅是适用法律错误而实体上没有错误,对当事人实体权力也没有实际影响的情况,是不是也应该判定重作呢?笔者认为,只要可以判定行政机关重作,都应该在撤销之诉的同时责令行政机关重新作出具体行政行为。因为只有这样才能保证行政行为的实效性和连续性,实现行政相对人最根本的诉讼目的,避免出现司法与行政互相推诿的现象,保证行政相对人的合法权益。但是也有在撤销判决之后不需要作出重作判决的情况,如当事人要求撤销房屋产权证的案件,因为行政机关没有权力主动进行颁发许可证的行为,所以不但不需要判决重作而且也不能进行如此的判决。因此,是否判决重作,应当由法官结果当事人诉讼的实际目的在审理案件时进行甄别,但一定要把握当事人的根本诉讼目的,保证当事人的权益能通过一次判决得到保护或者实现。

(二)判决重作后是否要限定重做期限

《若干解释》第60条规定:“人民法院判决被告重新作出具体行政行为,如不重新作出具体行政行为,将会给国家利益、公共利益或者他人合法权益造成损失的,可以限定重新作出具体行政行为的期限。”由此可见,法院在作出重作判决的时候,一般不应当限定期限,但是将会给国家利益、公共利益或者他人合法权益造成损失的除外,而且这种情况限定期限也不是必须,是“可以”,即不限定期限为原则,限定期限为例外。本案中,法院在责令被告重新作出具体行政行为的时候就没有限定期限,就是应用的这一原则。有一种观点认为,如果不给行政机关限定期限,会出现行政机关对法院的判决拖延而不执行的情况。并且在案件审理的过程中,随着案件审理的深入和庭审的进行,就行政行为是否存在违法、为什么违法、应该如何依法行政,实际上已经非常清晰明确,行政机关并不需要更多时间再来审查这件涉诉行政行为本身。所以为了保证当事人诉求的实现，及时纠正行政执法中的失当之处，应当对撤销判决之后的重作行为进行必要的期限限制。对此笔者认为，本案不限定重作期限的判决处理是正确的，因为在责令重做已经对行政机关的行为进行了限定、相应的权益已经有保障的情况下、在没有相关利益受损的前提下，应该让行政机关有一定的自行处理期限，这是出于行政管理专业性的考虑，法院并不应当过深地介入行政机关行政行为的运转中。并且现实中，通过开庭审查以及判决，行政机关拒不执行法院判决的情况微乎其微，所以相比较行政机关拖延执行的风险与保护行政权力的独立性和行政管理的专业性，还是应当在判决重作的情况下，以不设定期限为原则，设定期限为例外。

综上，法院的判决是正确的。

（责任编辑：刘书星）

合伙人在第三人不知情的情况下退伙的，对其退伙后的合伙债务仍应当负连带赔偿责任

——张C诉张A、张B、吕某雇员受害赔偿案相关法律问题分析

陈汉东[*]　齐　松[**]

一、据以研究的案例

被告张A与被告张B系叔侄关系。被告吕某系北京市通州区某咖啡厅的业主。2010年12月16日，吕某将其咖啡厅的装修业务承包给张A，二人为此签订了《精装协议书》。当时张B也在场，并在该协议张A处签名，并留下联系方式。原告张C称其系张A、张B找来干活的。2011年1月12日下午5时许，张C在搬运石膏板时，被堆放在咖啡厅室内的石膏板砸伤。后张C被送往医院，经诊断为右小腿右侧胫腓骨粉碎性骨折，住院治疗42天，经鉴定张C的伤情为十级伤残。张C诉至法院，要求三被告连带赔偿各项损失费用共计104,237.14元。张B称其与咖啡厅装修工程无关，并提供了其与张A于2010年12月17日签订的《协议书》予以证明，《协议书》载明：张A同意张B退出合作装修咖啡厅的工程，协议签订后张B不再参与任何的装修事宜，因工程而引起的任何纠纷也与张B无关，该工程的盈利或亏损都由张A来承担。张A对此协议表示认可；但张C对此协议不予认可，认为协议可能是后签的；吕某认为该协议与其无关。张A和张B均无相关装修资质。吕某已给付装修款22万元，尚有2万元未付清。

* 北京市通州区人民法院民二庭副庭长。

** 北京市通州区人民法院民二庭法官助理，中国政法大学法律硕士。

法院审理后认为:个人之间形成劳务关系,提供劳务一方因劳务自己受到损害的,应当根据双方各自的过错承担相应的责任;发包人、分包人知道或者应当知道接受发包或者分包业务的雇主没有相应资质或者安全生产条件的,应当与雇主承担连带赔偿责任。就本案查明的事实,可以认定被告张A与张B系合作关系,至于张A后来是否退出并不能对抗第三人。原告张C为张A和张B提供劳务服务,并获取报酬,可以认定张C与张A、张B之间形成了个人之间的劳务关系。张C是在给A、张B提供劳务的过程中被石膏板砸伤,张C本身对受伤并不存在过错,故张A、张B应赔偿张C的合理损失。被告吕某将某咖啡厅装修业务承包给没有相应资质的张A和张B,且在案件审理终结前尚有工程款项未结清,因此应当与雇主张A、张B承担连带赔偿责任。法院最终判决张A、张B、吕某连带赔偿张C各项损失共计62,409.54元。

二、相关法律问题分析

所谓个人合伙是指两个以上的公民按照协议,各自提供资金、实物、技术等,合伙经营、共同劳动的民事主体。本案中张A与张B之间虽然没有书面的协议,但是张A在与发包人吕某签订了《精装协议书》时,张B在场,并且张B在该协议书中承包人张A签名处也签了名字,并留下联系方式。这已经可以充分的说明,张B与张A共同作为承包人承包了咖啡厅的装修工程,至少就此项工程而言,张A与张B系合伙关系,构成个人合伙。现行法律规定合伙人退伙后对退伙前的债务承担连带责任,言外之意对于退伙后的债务原则上不再承担责任。但是笔者认为此规定适用的前提应当是合伙人退伙行为产生了对外的法律效力,即与合伙人存在权利义务关系的第三人知道该合伙人退伙,或者第三人与该合伙产生权利义务关系时该合伙人就已经退伙。

如果在与第三人产生权利义务关系后,合伙人在第三人不知情的情况下退伙,笔者认为该合伙人对其退伙后该合伙与该第三人产生的债务关系仍应当承担连带责任。

(一)从合同的相对性角度分析

合同相对性是指合同主要在特定的合同当事人之间发生法律拘束力,除法律、合同另有规定以外,只有合同当事人才能享有某个合同所规定的权利义务,并承担该合同规定的义务,除合同当事人以外的任何第三人不能主张合同上的权利、也无需承担合同义务,不受合同内容的制约。从合同关系内容的相对性原理中,可以具体引出如下几项规则:第一,合同规定由当事人享有的权利,原则上并不及于第三人,合同规定由当事人承担的义务,一般也不能对第三人产生拘束力;第二,合同当事人无权为他人设定合同上的义务,因而,如果合同当事人约定了此种义务条款,此义务条款是无效的,但是如果征得第三人同意之后,该义务方可生效;合同当事人为第三人设定权利,法律可以推定,此种设定是符合第三人意愿的;第三,合同权利与义务只对合同当事人产生约束力,这种约束力是一种内部效力。

在本案中,张A、张B作为一方共同与吕某签订了装修合同,张A与张B之间的退伙协议仅在张A与张B之间产生合同约束力,对协议之外的第三人吕某并不天然地产生效力,只有将退伙协议内容告知吕某,才产生对吕某的效力。虽然合伙人的退伙不受合伙之外的第三人的限制,无需第三人同意,但是由于个人合伙强烈的人身属性和合伙人之间对债务承担无限连带责任,个人合伙的合伙人出现变动的情况下,与该个人合伙存在合同关系的第三人应该有权利选择解除与该合伙的合同或者选择继续履行合同,因此履行必要的告知义务退伙才对该第三人产生效力,这样才更为合理。

同样道理,对于合伙雇用的雇员而言,全体合伙人系其雇主,任何一个合伙人的退出都导致了雇佣关系中作为雇主的主体发生了变更,有人退伙后的个人合伙已经不再是之前的个人合伙,承担连带责任的主体发生了变化,因此雇员在雇佣关系的主体变更时有权利选择是否继续维系与新雇主的雇佣关系。如果作为雇主的个人合伙中有人退伙而不告诉其雇员,势必使得雇员的利益风险加大。因此雇主内部的各个个体之间的协议约定,不应当直接对雇员产生约束力,出于利益公平保护的角度出发,承担无限连带责任的个人合伙的合伙人退伙应当告知该个人合伙的雇员。

(二)从债权债务转移的角度分析

《合同法》第80条规定:“债权人转让权利的,应当通知债务人。未经通知,该转让对债务人不发生效力。”《合同法》第84条规定:“债务人将合同的义务全部或者部分转移给第三人的,应当经债权人同意。”对于合伙人退伙,从债权债务的角度分析,合伙人退伙必然涉及债务的转移,例如本案中,在与吕某的装饰装修合同关系及与张C的雇佣关系中,张B均是债权债务关系的当事人,既享有一定的债权,也承担一定的义务,因此,其退伙时不能将这两项债权债务关系留给其他合伙人而一走了之。债权的转移尚且通过通知的方式告知第三人时方产生效力,更何况是债务的转移。虽然对于张B的退伙行为本身第三人无权限制,退伙人也无需经过第三人的同意,但是合伙人在退伙之前已经与第三人形成权利义务关系,如果合伙人在退伙时未将退伙事宜告知该第三人,那么该合伙人退伙但不必然退出与该第三人的权利义务关系,退伙人既要对退伙前该合伙在该权利义务关系债务承担责任,也应当对退伙后该权利义务关系中产生的债务承担责任。

（三）从保护善意第三人的角度分析

个人合伙的合伙人对对其退伙后的合伙债务负连带赔偿责任必须是在第三人不知情的情况下退伙的情形。如果第三人知悉退伙的事实，仍然在与剩余的合伙人维系原来的权利义务关系，则表明该第三人已经认可了权利义务关系主体变更的事实，因此该第三人就无权再向已经退伙的合伙人就退伙后产生的债务主张连带责任。

综上，张 B 是否退出其与张 A 的合伙关系，不能对抗不知情的吕某和张 C，张 B 仍应当对吕某和张 C 承担连带责任。

因此，法院的判决是正确的。

（责任编辑：刘书星）

不属于保险合同中约定的保险事故保险公司不应承担责任

——李某与某保险公司保险合同纠纷案相关法律问题评析

王　玲*　郑林涛**

一、据以研究的案例

2010年1月，李某向某保险公司投保机动车交通事故责任强制险、机动车损失保险、第三者责任保险、车上人员责任险（司）、车上人员责任险（乘）等险种。保险期间均为2010年1月7日0时至2011年1月6日24时。

2010年5月14日3时5分，李某驾驶保险车辆，行使至北京市朝阳区东三环主路潘家园桥北人行过街天桥处临时停车，其车内乘车人张某下车进入机动车道，适有案外人杨某驾驶车辆由南向北行驶，杨某所驾驶车辆将张某撞出，造成张某受伤，案外人杨某的车辆损坏，李某驾驶的保险车辆未发生损坏。李某于当日向某保险公司报案。事故发生后，张某被送至医院抢救无效于当日死亡。

2010年6月12日，李某与张某之父签订损害赔偿协议书，写明：由李某一次性赔偿张父各项损失共计20万元，李某履行完毕赔偿款后，双方解除事故关系，张某父母不得以任何形式向李某提出赔偿，不再追究李某任何责任。

2010年6月26日，朝阳交通支队作出交通事故认定书，认定张某步行进入机动车专用道是事故形成的主要原因，李某驾驶机动车在道路上未按规定临时停车，杨某驾驶机动车在道路上未保障安全行驶是此事故形成的次要原因。

---

* 北京市朝阳区人民法院民二庭副庭长。

** 北京市朝阳区人民法院民二庭书记员。

李某在某保险公司投保了交强险和第三者责任险，某保险公司至今未向李某理赔，故李某诉至法院，要求某保险公司支付保险赔偿金20万元并承担本案诉讼费。

一审法院经审理认为，张某的死亡是杨某驾驶车辆撞伤所造成的，是杨某驾驶的车辆发生意外事故造成张某死亡，李某驾驶的车辆并非是致使张某死亡的直接原因，故张某死亡所发生的损失不属于李某驾驶的被保险车辆第三者责任险和交强险的赔偿范围。李某投保的车辆在使用过程中并未发生意外事故，张某发生意外事故不构成李某与某保险公司签订保险合同中所约定的保险事故，故李某以第三者责任险、交强险要求某保险公司理赔缺乏合同依据，判决驳回原告李某的全部诉讼请求。

一审判决后，李某、某保险公司均未提出上诉，该判决现已生效。

二、相关法律问题分析

本案处理重点主要是保险事故的认定以及张某死亡所发生的损失是否属于李某车辆保险的赔偿范围。

（一）保险事故的立法界定

保险，是指投保人根据合同约定，向保险人支付保险费，保险人对于合同约定的可能发生的事故因其发生所造成的财产损失承担赔偿保险金责任，或者当被保险人死亡、伤残、疾病或者达到合同约定的年龄、期限等条件时承担给付保险金责任的商业保险行为。什么是保险事故？我国《保险法》第16条第5款规定："保险事故是指保险合同约定的保险责任范围内的事故。"然而，保险事故之"事故"性质为何？各国家或地区保险法上之界定并不一致，主要有两种立法例。

第一种立法例是从保险事故的"后果"来界定保险事故的性质，为少数国家保险立法所采。例如，意大利《民法典》第1882条将保险事故定性于"灾害事故"。该规定是从保险事故发生的"后果"来界定保险事故之性质，在一定程度上揭示了保险事故尤其是财产保险事故之性质。

第二种立法例是从保险事故的"原因"入手揭示和界定其性质，并为多数国家保险立法所采，但具体界定上却不一致。例如，韩国《商法典》第638条将其定位于"不确定性事故"；我国《保险法》第2条及澳门地区《商法典》第962条将其定位于"可能性事件"。我国台湾地区"保险法"第2条规定为"不可预料或不可抗力之事故"。上述国家或地区的立法规定从不同侧面揭示了保险事故之本质，即客观上可能存在的偶发事故或称不可确性事件。

（二）保险事故的认定

保险事故的认定，需要把握如下几个方面：一是保险事故是客观上可能存在的偶然事故，具有不可预料性；二是保险事故须是包括在保险合同的范围内；三是需要明确保险公司不予赔偿的情形。

1. 保险事故是客观上可能存在的偶然事故，具有不可预料性

首先，保险事故本质上以具有偶发性者为限，所谓“偶然”，系指危险之发生，出于意料之外而言，因此偶然事故又可称为“意外事故”；从保险之技术性角度来理解，保险契约以保险事故之或然率为基础，而据以收付保险费，其对价为保险人承担危险，因此“偶然事故”又可称为“或然性事故”或“不确定性事故”，即保险事故为一种在发生的原因或时间上具有或然性的不确定性，不能由被保险人所左右。其次，保险事故之范围所以被限定在“偶然性或意外性事故范围”内，其目的在于排除被保险人通过自己的意志或行为所引致的保险事故。

本案中，张某步行进入机动车专用道是事故形成的主要原因，李某驾驶机动车在道路上未按规定临时停车，杨某驾驶机动车在道路上未保障安全行驶是此事故形成的次要原因。可见，张某的死亡是客观上可能存在的偶然事故，具有不可预料性。

2. 保险事故须是包括在保险合同的范围内

任何保险合同，都必须尽可能明确保险灾害或保险事故的种类。但是，在保险合同中，对保险事故，一般以抽象的名词进行确定，当发生某一事故后，除了上述所论述的是偶然事故之外，还有根据或参考其他法规，如对该事故有特别定义，以及保险合同内容和诚实信用原则、保险合同目的解释原则等进行判断。特别是保险合同目的解释原则，其在保险事故并无定义，且无法规或合同明文规定可以判断时，须就保险合同所要保护被保险人的目的的范围进行确定。该目的可根据保险合同制定的过程、保费计算的基础的其他类保险合同的内容进行比较得出。例如，在德国，关于火灾、意外伤害、盗窃等并未在保险法中进行定义，而是在一般火灾保险条款、一般意外伤害保险条款、一般火灾盗窃保险条款中进行规定。我国《保险法》未明确界定意外事故的范围，以王利明教授为代表，认为意外事故（或称为意外事件）从主观上看意外事故的不可预见是指特定的当事人尽事合理的注意和谨慎也不可预见；从客观上看，意外事故虽然具有不可预见性，但它是能够避免和克服的。

本案中，李某投保所附交强险条款约定在中华人民共和国境内（不含港、澳、台地区），被保险人在使用被保险车辆过程中发生交通事故，致使受害人遭受人身伤亡或者财产损失，依法应当由被保险人承担的损害赔偿责任，保险人按照交强险合同的约定在责任限额内负责赔偿。第三者责任保险条款约定在保险期间内，被保险人或其允许的合法驾驶人在使用被保险机动车过程中发生意外事故，致使第三者遭受人身伤亡或财产直接损毁，依法应当由被保险人承担的损害赔

偿责任,保险人依照保险合同的约定,对于超过机动车交通事故责任强制保险各分项赔偿限额以上的部分负责赔偿,第三者责任险保险金额为20万元。

3. 需要明确保险公司不予赔偿的情形

在保险事故的认定上,除了根据保险合同及有关定义外,也可以从反面的方式即根据"不包括条款"或"除外条款"来确定保险事故的范围。每一个保险合同几乎都载有"不包括条款"或"除外条款",其目的在于补充确定保险合同所约定的保险事故的范围。

《机动车交通事故责任强制保险条例》第21条第2款规定:道路交通事故的损失是由受害人故意造成的,保险公司不予赔偿。第22条规定:有下列情形之一的,保险公司在机动车交通事故责任强制保险责任限额范围内垫付抢救费用,并有权向致害人追偿:(一)驾驶人未取得驾驶资格或者醉酒的;(二)被保险机动车被盗抢期间肇事的;(三)被保险人故意制造道路交通事故的。有前款所列情形之一,发生道路交通事故的,造成受害人的财产损失,保险公司不承担赔偿责任。

需要说明的是,若保险合同中"除外条款"的内容与基本承保保险事故有矛盾之处,应作出不利于保险人的解释,该除外条款应属无效。

本案中,交通事故的损失不是由受害人张某故意造成的;不存在《机动车交通事故责任强制保险条例》第22条规定的情形。

(三)张某死亡所发生的损失是否属于李某车辆保险的赔偿范围

李某与某保险公司之间签订的保险合同系双方意思表示真实,不违反法律行政法规的强制性规定,属合法有效。保险法规定保险事故是指保险合同约定的保险责任范围内的事故。双方保险合同中约定了第三者责任险保险的保险责任和交强险规定的保险责任。

因张某的死亡是杨某驾驶车辆撞伤所造成的,是杨某驾驶的车辆发生意外事故造成张某死亡,张某死亡所发生的损失属于杨某驾驶的被保险车辆第三者责任险和交强险的赔偿范围。因此法院作出的判决是正确的。

李某投保的车辆在使用过程中并未发生意外事故,李某驾驶的车辆并非是致使张某死亡的直接原因,张某发生意外事故不构成李某与某保险公司签订保险合同中所约定的保险事故。李某和死者家属协商的数额属于李某自愿在法律规定范围之外给予死者家属的赔偿,某保险公司不承担赔偿责任。

因此,法院对本案的判决是正确的。

(责任编辑:于　晔)

自行投保附加意外伤害医疗保险已向商业保险公司报销的医疗费仍可向侵权人主张赔偿

——程某诉刘某交通意外事故赔偿纠纷案相关法律问题分析

张维霞*

一、据以研究的案例

2009年10月27日,刘某骑电动车在某公园灯岗处由南向北行驶,程某骑自行车同向行驶,两车相撞,造成双方车辆损坏,程某受伤。经公安交通管理部门认定,被告刘某负事故全部责任。程某之伤被诊断为:L2椎体压缩骨折,在急诊留观、住院共计18天。程某自行支付医疗费8060.49元。刘某为程某支付医疗费1535.49元,给付住院押金480元,出院后给付现金300元,此外还支出了部分护理费及程某住院期间伙食费。程某在中国人寿保险股份有限公司北京市分公司(以下简称中国人寿保险公司),投保附加意外伤害医疗保险。程某于2010年5月5日向该保险公司报销医疗费8859.3元,报销费用总额中包括被告刘某支付的医疗费1999.58元。程某诉至法院要求刘某赔偿医疗费、住院伙食补助费、护理费、营养费、误工费、交通费等各项损失38,000余元。

被告刘某辩称,对发生交通事故的事实没有异议,但对程某已从中国人寿保险公司报销的医疗费不同意赔偿。程某已向商业保险公司报销大部分医疗费,其报销部分的损失已经得到了补偿,程某不能从意外事故中获得额外利益。程某称,自己投保的商业险是对自己风险的一种保障,且为获得保险保障自行支付了保险费,与刘某无关。

法院经审理认为,被告刘某应在其过错范围内对程某的损失承担赔偿责任。

* 北京市密云县人民法院民一庭法官,西南财经大学经济法硕士。

因程某在中国人寿保险公司自行购买的附加意外伤害医疗保险属商业保险中的人身保险，程某在向保险公司报销相应医疗费后，仍有权向被告刘某主张赔偿。但原告程某报销费用总额中包括被告刘某所支付的部分医疗费，应按相应报销比例予以扣除。故判决如下：被告刘某于本判决生效之日起十日内赔偿原告程某医疗费五千九百九十六元六角六分、护理费二千九百七十元、误工费六千元、营养费三百四十元、住院伙食补助费四百八十元、交通费五十元，共计一万五千八百三十六元六角六分。双方均未上诉，该判决已生效。

二、相关法律问题分析

本案的争议焦点在于当事人发生意外事故后，对于受害人已向商业保险公司报销的医疗费是否仍可以请求侵权人赔偿，即是否可以得到“双重赔偿”。对于此问题有两种截然不同的观点：一种观点认为传统民法坚持损失补偿原则，被保险人仅可以就从保险公司报销后剩余的费用向第三人主张赔偿；另一种观点则认为不能简单的适用损失补偿原则，应区分商业保险的性质而适用不同赔偿标准。那么被保险人是否可以得到“双重赔偿”呢？笔者从保险理论和法律规定两方面进行分析和解读。

（一）理论分析——附加意外伤害医疗保险的性质界定

1. 保险的分类。保险按照性质的不同可以分为商业保险、社会保险和政策保险。按照保险标的的不同可以分为人身保险和财产保险。财产保险是以财产及其有关利益为标的的保险，而人身保险则是以人的寿命和身体为保险标的的保险。财产保险又分为财产损失保险、责任保险、信用保险、保证保险等；人身保险分为人寿保险、健康保险和意外伤害保险等。健康保险是为人类健康提供保障的保险，是以人的身体作为保险标的，在被保险人因疾病或意外事故所致医疗费用支出或收入损失时，保险人承担赔偿责任的一种人身保险。此外，保险根据是否能单独投保分为主险和附加险。主险是指可以单独投保的保险险种，附加险是指不能单独投保，只能附加于主险投保的保险险种，附加险的存在是以主险存在为前提的，主险因失效、解约或满期等原因效力终止或中止时，附加险效力也随之终止或中止。附加意外伤害医疗保险合同是附加于各种意外伤害保险合同而存在的从合同。可见，本案中程某投保的附加意外伤害医疗保险，在性质上属于人身保险中的健康保险。

2. 人身保险与财产保险的区别。（1）保险金额[①]的确定方式不同。由于人

① 保险金额是保险合同约定的保险人承担保险责任的最高限额，也是投保人对保险标的的实际投保金额。

的身体和生命是无价的，无法用金钱衡量，投保人往往根据自己的需要和保险费缴付能力确定适合自己的保险金额。当合同约定的保险事故发生时，保险人只需按照保险合同约定的保险金额给付保险金即可，即人身保险合同属于定额保险合同。而财险保险合同是补偿性合同，保险金额不得超过投保标的的实际价值，超过部分无效。当保险事故发生后被保险人仅能就保险事故造成的实际损失主张赔偿，而不能得到损失之外的利益赔偿。此规定的目的旨在避免被保险人故意制造保险事故骗取钱财的道德风险。(2)是否适用代位求偿权存在不同。保险代位求偿权(又称保险代位权)是指因第三者对保险标的的损害而造成保险事故，保险人自向被保险人给付保险金后，在赔偿金额范围内享有的代位行使被保险人对第三者请求赔偿的权利。保险代位权仅适用于财产保险合同，即保险人在履行赔偿义务后，可以向第三方责任人追偿损失，被保险人不能再向第三方责任人索赔。在人身保险中，投保人或被保险人在遭受保险事故受到伤害后，既能从保险公司获得保险金，又可向侵权人主张赔偿，保险人给付保险金后不能向侵权人代位行使受害人对侵权人索赔的权利。这也充分体现了人的生命或身体无价的特点。(3)保险期限不同。大多数人身保险险种的保险期限较长，而财产保险的保险期限较短。在财产保险中，除工程保险和长期出口信用险外，多为1年及1年以下短期合同。(4)人身保险一般具有保障性和储蓄性两方面功能，而财产保险一般只具保障性功能。

本案中，程某投保的附加意外伤害医疗保险是程某与某商业保险公司订立的商业保险合同，保险金额是由投保人、保险人双方在合同中约定，并在保险单中载明，而不是在发生保险事故后，根据实际损失确定，在性质上属于人身保险中的健康保险。根据人身保险的性质，在被保险人因第三人行为发生保险事故时，被保险人在向商业保险公司理赔后，就因事故支出的医疗费仍可向侵权人主张赔偿。

(二)法律解读——现行《保险法》的相关规定

在2009年10月1日新施行的《保险法》，对人身保险和财产保险中相关追偿问题进行了明确规定。其中第46条对人身保险的追偿规定为：被保险人因第三者的行为而发生死亡、伤残或者疾病等保险事故的，保险人向被保险人或者受益人给付保险金后，不享有向第三者追偿的权利，但被保险人或者受益人仍有权向第三者请求赔偿。第60条财产保险的追偿规定为：因第三者对保险标的的损害而造成保险事故的，保险人自向被保险人赔偿保险金之日起，在赔偿金额范围内代位行使被保险人对第三者请求赔偿的权利。前款规定的保险事故发生后，被保险人已经从第三者取得损害赔偿的，保险人赔偿保险金时，可以相应扣减被保险人从第三者已取得的赔偿金额。保险人行使代位请求赔偿的权利，不影响被保险人就未取得赔偿的部分向第三者请求赔偿的权利。可见，我国《保险法》从保险理论出发，严格区分了人身保险和财产保险的不同性质，对因第三人行为造成保险标的损害后的追偿问题作出了截然不同的规定。这也正体现了人身保险与财产保险的不同价值取向。

本案中，程某于交通事故发生前，自行向商业保险公司投保的附加意外伤害医疗保险，其性质属于人身保险。根据上述保险理论和法律分析可见，一旦保险合同约定的保险事故发生，保险公司应依据保险合同约定的保险金额向程某赔付，保险公司赔付后，并不享有代位求偿权，即不能向侵权人刘某追偿。而因人的生命和身体无价的特点，程某仍可以就保险公司已赔付的医疗费数额向侵权人刘某主张赔偿。

通过从保险理论及我国《保险法》相关规定进行分析，我们发现因第三人原因致被保险人财产和人身受损，对于是否直接适用损失补偿原则不能一概而论。首先，应区分保险标的及保险合同的性质，如保险标的是财产及其有关利益，则应适用损失补偿原则，被保险人实际得到的补偿数额应等于实际损失，被保险人不能获得多于损失的赔偿，从而避免被保险人故意制造保险事故骗保的道德风险的发生；如保险标的是人的寿命和身体，因对人的寿命和身体造成的损害是无法用金钱衡量的，在被保险人报销相应保险后，应赋予其向侵权人主张赔偿损失的权利，不仅是对受害人因第三人侵权引发财产损失的弥补，同时也使其心灵得到慰藉和满足。

（责任编辑：于　晔）

人身保险合同中指定医院治疗条款的效力
——房某诉某健康保险公司保险合同索赔案相关法律问题分析

黄冠猛*

一、据以研究的案例

2008年5月21日,房某作为投保人,以其自己为被保险人,向某健康保险股份有限公司北京分公司(以下简称保险公司)投保健康保险。保险公司的保险责任为:被保险人因意外伤害或疾病经医院诊断必须住院治疗,保险公司从被保险人每次入住医院第四天开始给付一般住院日额保险金。2011年2月10日,房某因脑供血不足住院治疗21天。房某向保险公司提出给付保险金的请求后,被保险公司拒绝。房某认为,保险合同约定,被保险人因意外伤害或疾病经医院诊断必须住院治疗,保险公司从被保险人每次入院第四天开始给付一般住院日额保险金。房某与保险公司约定的保险金为每日50元,保险公司应当给付18天的住院日额保险金,共900元。房某起诉保险公司,要求保险公司给付保险金900元。

保险公司辩称,保险条款对"医院"的释义为:经保险公司指定的依法设立的医疗机构。因此,根据保险合同的约定,被保险人应当在保险公司指定的医院就医,否则保险公司不承担保险责任。同时,保险合同载明保险公司保留变更指定医院的权利。房某接受治疗的怀柔区中医院,在保险合同成立时虽然是保险公司指定的医院,但在保险合同成立后的2009年8月,保险公司取消了该医院的指定医院资格并且通知了房某。因此,房某在怀柔区中医院就诊并不属于保险公司的保险责任范围,保险公司不同意房某的诉讼请求。

---

* 北京市西城区人民法院民三庭法官,中国人民大学法律硕士。

一审法院经审理认为,保险责任条款并没有载明保险公司给付保险金的前提是需要在指定医院治疗。保险条款中对医院的释义“经保险公司指定的依法设立的医疗机构”,实质上减轻了保险公司的责任,属于免责条款。该条款不在保险条款“责任免除”部分,保险公司在订立合同时对免责条款的提示说明义务不能及于该条款,该条款对于房某来说不生效,保险公司不能以此拒绝给付保险金。保险公司在格式条款中设置的“保险公司保留变更指定医疗机构的权利”的条款,实质上为保险公司通过该条款为自己设置了单方变更合同内容的权利,排除了房某的权利,该条款无效。房某住院治疗属于保险合同约定的保险公司的保险责任,保险公司应按照合同约定给付保险金。据此一审法院判决:1.合同条款中“保险公司保留变更指定医疗机构的权利”的内容无效;2.保险公司给付原告房某保险金900元。房某与保险公司均未上诉,该判决现已生效。

二、相关法律问题分析

本案涉及的问题是,在部分人身保险合同中,根据保险条款的内容,被保险人到指定医院治疗保险公司方承担赔付保险金的责任,保险公司有权变更指定医院,该类条款的效力如何?

根据《保险法》第2条的规定,在人身保险合同中,保险责任是指当被保险人死亡、伤残、疾病或达到合同约定的年龄、期限等条件时保险公司承担的给付保险金的责任。规定保险责任的条款为保险责任条款。保险责任条款应视为投保人、保险人双方的合意。保险公司设计有不同保险责任的多种保险险种,投保人可以根据自身需求选择保险公司承担特定责任的险种。按照通常理解,投保人选择某种险种,应该是已经了解该险种中保险公司所承担的保险责任,知道该保险责任能够满足其投保需求。投保人填写投保书为要约行为、保险公司同意承保为承诺。投保人签写投保书,保险公司一旦同意承保,应视为双方对保险责任内容达成了合意。因此,如果“指定医院”规定在保险条款的保险责任部分,只要保险公司能够证明其在保险合同中明确了指定医院的范围,则该条款有效。

保险合同中的免责条款,是指保险公司对于本属于保险责任范围内的保险事故所造成的保险标的的损失,因某种原因不承担或者少承担保险责任的情形。免责条款的本质在于,保险责任范围内的保险事故发生之后,属于保险责任范围内的、保险公司本应当赔付的保险金,由于某种特定事由出现,保险公司赔付保险金的责任完全或者部分免除。判断一个合同条款是否属于免责条款,既不能仅依据其是否被置于保险合同条款中的“责任免除”这一部分,也不能仅依据其是否被冠以“责任免除”的名称,而要依据该条款所约定的权利义务具体内容来判断该合同条款是否具有免责条款的特征。如果该条款符合免责条款的本质,则属于《保险法》所规定的免责条款,如果不具有免责条款的特征,则不属于免责条款。

本案中,保险合同条款首先将保险责任约定为:被保险人因意外伤害或疾病经医院诊断必须住院治疗,保险公司从被保险人每次入住医院第四天开始给付一般住院日额保险金。随后,保险条款又将“医院”释义为:指经保险公司指定的依法设立的医疗机构。保险条款对于“医院”作出的上述释义,明显有别于普通公众对于“医院”的通常合理认知,即医院是经国家卫生行政主管机关批准设立的医疗机构。上述释义将导致被保险人在非经保险公司指定的医疗机构就诊,保险公司不承担保险责任的后果,虽然未被置于保险条款中的“责任免除”段落,但是明显具有限制、减轻保险人承担保险责任的功能,属于免责条款。

保险公司如果以免责条款抗辩,必须有证据证明对免责条款履行了提示说明义务。保险公司据以证明其履行了对免责条款提示说明义务的证据为投保书,但上述对“医院”释义的条款并不在保险条款的“责任免除”部分,保险公司不能证明在订立保险合同时已就“医院”的限制性释义向房某进行了明确说明。因此,保险条款中有关“医院”的释义对于房某不生效,房某有权任意选择依法设立的医院就诊,保险公司对于其住院治疗的行为应当承担保险责任。

《保险法》第22条第1款规定:“投保人和保险人可以协商变更合同内容”。根据上述规定可以得出:保险合同是投保人与保险人协商一致的结果,合同成立后除非双方协商一致,否则任何一方均不得单方变更合同。《合同法》第40条规定:“格式条款具有本法第五十二条和第五十三条规定情形的,或者提供格式条款一方免除其责任、加重对方责任、排除对方主要权利的,该条款无效。”本案争议所涉及的保险合同即为采用保险人提供的格式条款订立的合同,保险公司在格式条款中设置的“保险公司保留变更指定医疗机构的权利”的内容,实质为保险公司通过该条款赋予己方单方变更合同内容的权利。这不但违反了《保险法》有关当事人协商变更合同的规定,还排除了投保人以下两项权利:一是协商变更保险合同、合同未经协商一致即不得变更并且应当按照原约定履行的法定权利;二是在约定的医疗机构范围内就诊的合同权利。因此,保险合同上述内容具有《合同法》第40条所规定格式合同提供者利用格式合同排除对方主要权利的无效情形,应为无效。本案判决结果是正确的。

(责任编辑:于　晔)

如何认定农村房屋买卖合同的效力
——付某、李某诉蔡某房屋买卖合同纠纷案相关法律问题分析

代祖勇*

一、据以研究的案例

付某、李某系夫妻关系,同为北京市密云县新城子镇曹家路村村民。蔡某系河北省承德市兴隆县北水泉乡大安峪村村民。2004 年 5 月 30 日,付某与蔡某签订房屋买卖协议,将付某、李某所有的北京市密云县新城子镇曹家路村瓦房五间以 20,000 元的价格出售给蔡某。蔡某购得房屋后对房屋及院落进行了装修改建。现双方对房屋买卖合同效力问题发生争议。

原告(反诉被告)付某、李某诉称,我们与被告于 2004 年 4 月 12 日签订了房屋买卖合同,将我们所有的位于北京市密云县新城子镇曹家路村瓦房五间卖与蔡某。2010 年 4 月 10 日,我们得知与蔡某签订的房屋买卖合同系无效合同,且现在我们家里人口多,住房紧张,故诉至法院要求确认我们与蔡某签订的房屋买卖合同无效,并要求蔡某返还房屋,我们返还蔡某购房款 20,000 元。

被告蔡某(反诉原告)辩称并反诉称:我认可此房屋买卖合同无效,但在付某、李某对我进行合理补偿前,我不同意返还房屋。2004 年,付某将位于北京市密云县新城子镇曹家路村的五间瓦房及院落以 20,000 元出售给我。我依据合同向付某交付了房款,付某也将上述房屋及集体土地建设用地许可证交付给我。后我对房屋进行了翻建及装修,全家人一直居住至今。现付某、李某在房屋大幅升值和拆迁可获高额补偿利益的驱动下,置诚信于不顾,以买卖合同无效为由,要求我返还房屋,损害了我的合法权益,付某、李某应当对其有悖诚信的行为承

---

* 北京市密云县人民法院民一庭法官。

担法律责任,故反诉要求付某、李某返还购房款20,000元,并赔偿新增附属物、房屋增值及损失30万元。

付某、李某针对反诉辩称,我们与蔡某之间的房屋买卖合同违反了法律规定,现在要求其返还房屋,主要是我们现在没有地方居住。蔡某对房屋没有进行翻建,房屋也没有进行拆迁,也没有升值,同意返还购房款,同意适当补偿蔡某对房屋及院落添附的利益。

一审法院审理期间,一审法院委托鉴定机构对诉争院落内房屋及地上物进行了评估,评估结论为位于北京市密云县新城子镇曹家路村涉案房地产总价值为585,846元,其中宅基地区位补偿价533,200元,房屋重置成新价值42,500元,设备、其他装修及附属物价值10,146元。

一审法院经审理认为,宅基地属于农民集体所有,由村集体经济组织经营、管理,只有本集体经济组织成员才可以申请使用。农村房犀的买卖必然涉及宅基地使用权的转让。蔡某不具有密云县新城子镇曹家路村村民户口,故其与付某签订的房屋买卖协议应为无效合同。合同无效后,因该合同取得的利益应当各自返还。关于购房款的返还数额及房屋和院落的添附、改建费用补偿数额,因房屋现已升值,如仍按原价进行返还有悖公平原则,为了平衡买卖双方利益,法院按照评估所确定的现值认定。对于蔡某要求付某、李某赔偿土地区位补偿款30万元的反诉请求,因涉诉房屋尚未进入征用拆迁程序,区位补偿价只是期待利益,不具有现实性及确定性,故不予支持。据此法院判决:(1)付某、李某与蔡某于2004年5月30日签订的房屋买卖协议无效。(2)蔡某于本判决生效后60日内将位于北京市密云县新城子镇曹家路村的房屋及院落返还给付某、李某。(3)付某、李某于本判决生效之日起30日内返还蔡某购房款及房屋和院落的添附、改建费用补偿款共计52,646元。(4)驳回蔡某的其他反诉请求。

一审宣判后,被告蔡某(反诉原告)以原审法院对其损失未予支持有误为由提起上诉,要求撤销原判,依法改判付某、李某给付其损失25万元。

二审法院经审理后认为,宅基地使用权是农村集体经济组织成员享有的权利,与享有者特定的身份相联系,非本集体经济组织成员无权取得或变相取得。蔡某并非该集体经济组织成员,不具备取得该村宅基地上房屋的条件。因此,原审法院认定双方签订的房屋买卖协议无效是正确的。合同被确认无效后,因该合同取得的财产应当予以返还,不能返还或没有必要返还的,应当折价补偿。故原审法院判决蔡某将房屋及添附一并返还给付某、李某,并由付某、李某将房屋及添附部分的价值折价补偿蔡某的处理结果并无不当。在交易过程中,付某、李某应当知道其所出卖的房屋及宅基地属禁止流转范围,现其在多年后又以违法出售房屋为由主张合同无效,因此付某、李某应对合同无效承担主要责任,蔡某承担次要责任。现本案涉诉房屋及院落虽尚未进入征用拆迁程序，但相关交易行为完成已多年，涉诉房屋所在地周边商业环境、交通环境、文化环境等均已发生变化，房屋及土地价值提升。蔡某要求付某、李某对合同无效给其造成的经济损失进行赔偿，理由成立，应予支持。原审法院审理期间对涉案土地的价值进行了评估，本案中应根据双方过错责任责任，综合案件实际情况并参照评估价格确定赔偿金额。故依法判决如下：(1)维持原审法院民事判决第一、二、三项。(2)撤销原审法院民事判决第四项。(3)付某、李某于本判决生效之日起30日内赔偿蔡某经济损失人民币25万元。

二、相关法律问题研究

本案主要涉及以下两个法律问题：一是付某、李某与蔡某签订的房屋买卖协议是否有效；二是协议被确认为无效后的财产返还及买房人损失赔偿问题如何处理。

(一) 如何认定农村房屋买卖合同效力

随着社会经济和城镇建设的发展，农村房屋买卖现象较为普遍，而且买卖主体的范围也从同一集体经济组织成员之间，发展到跨村买卖，甚至城镇居民购买农村房屋的行为也时有发生。因土地价值不断增加、拆迁房屋后可获得高额补偿费用等原因使得房屋出让方发现其原有房屋存在巨大升值空间而反悔，卖房人多以买房人不具有房屋所在地集体经济组织成员资格等为由，要求确认合同无效，返还房屋。同村村民之间买卖房屋，因双方均系本集体经济组织成员，一般争议不大，进入诉讼程序解决争议的较少。目前主要争议和解决难点在于外村村民或城镇居民购买农村房屋的效力问题上。城镇居民根据继承等行为取得房屋一般不会发生争议。外村村民或城镇居民购买农村房屋的现象较为突出，由此引发诉讼的情况较为普遍，矛盾也较为突出。因现行法律法规对农村房屋及宅基地转让的规定不够完善，导致审判实践中存在较大争议。

从具体法律规定看，目前我国法律、法规及相关司法解释并没有明确禁止农村私有房屋买卖以及农村私有房屋买卖合同效力的明确规定。

《土地管理法》第43条规定："任何单位和个人进行建设，需要使用土地的，必须依法申请使用国有土地；但是，兴办乡镇企业和村民建设住宅经依法批准使用本集体经济组织农民集体所有的土地的，或者乡(镇)村公共设施和公益事业建设经依法批准使用农民集体所有的土地的除外。"《土地管理法》第63条规定："农民集体所有的土地的使用权不得出让、转让或者出租用于非农业建设；但是，符合土地利用总体规划并依法取得建设用地的企业，因破产、兼并等情形致使土地使用权依法发生转移的除外。"国务院办公厅1999年发布的《关于加强土地转让管理严禁土地炒卖的通知》第2条第2款规定:“农村的住宅不得向城市居民出售,也不得批准城市居民在农民集体土地建住宅,有关部门不得违法为建造和购买的住宅发放土地使用证和房产证。”2004年11月国土资源部《关于加强农村宅基地管理的意见》规定:“严禁城镇居民在农村购置宅基地,严禁为城镇居民在农村购买和违法建造的住宅发放土地使用证。”

从上述法律法规可以看出,集体经济组织成员可以使用本集体经济的土地办企业或建住房,但不得出让、转让或出租用于非农建设,因此集体建设用地流转在法律上是被禁止的。农民之间的宅基地上房屋转让应限于本集体经济组织内部,即使本集体经济组织内部成员之间的转让亦应经相应审批机关审批方为有效。综上,宅基地使用权是集体经济组织成员才享有的权利,与其特定的身份相联系,转让私有房屋往往导致宅基地使用权的流转,而这种流转是非法的。宅基地的流转必然带来宅基地需求的加大,造成住宅用地向耕地延伸,这明显不符合我国《土地管理法》等相关法规保护耕地的立法意图。

因此,涉及宅基地转让的农村房屋买卖合同原则上应为无效合同,同时以认定合同有效为例外。如双方都是同一集体经济组织的成员,经过了宅基地审批手续的,或诉讼时买受人已将户口迁入所购房屋所在地的集体经济组织等其他特殊情况,可以认定合同有效。

笔者认为,在处理此类农村房屋买卖合同纠纷时,应坚持尊重历史,照顾现实,严格限制转让宅基地行为,平等保护双方合法权益的原则,针对个案具体情况,重点查明以下影响合同效力的事实:买卖双方的身份情况,包括买房时的情况,尤其是买房方身份情况;出让方是否为宅基地和房屋的权利人,出让时是否经过审批,诉争房屋有无登记、建设审批手续;买房人购买房屋后对房屋有无装修、扩建、改建翻建等情形;现房屋使用人有无其他住所,是否具备腾房条件;土地所有权人(集体经济组织)对房屋买卖是否知情及对宅基地使用权持何种意见等。

具体到本案,买房人蔡某在签订房屋买卖协议时并非诉争房屋所在地集体经济组织成员,在交易行为完成后亦未取得该集体经济组织成员资格,蔡某不具备取得该村宅基地上房屋的条件,因此其与付某签订的房屋买卖协议应为无效合同。

(二)确认合同无效后的财产返还及损失赔偿问题

《合同法》第58条规定:“合同无效后,因该合同取得的财产应当予以返还,不能返还或者没有必要返还的,应当折价补偿。有过错的一方应当赔偿对方因此所受到的损失,双方都有过错的,应当各自承担相应的责任。”北京市法院系统也数次对农村房屋买卖纠纷进行调研,并形成初步一致意见:在确定合同无效时，应全面考虑出卖人因土地升值或拆迁、补偿所获利益，以及买受人因房屋现值和原买卖价格的差异造成损失两方面因素，平衡买卖双方的利益，避免认定合同无效后给当事人造成利益失衡。对于买受人已经翻建、扩建房屋的，应对其添附价值进行合理补偿；买受人确实无房居住的，应予以妥善安置。

本案中，蔡某与付某签订的房屋买卖协议被确认无效后，蔡某应根据《合同法》上述规定将房屋及院落返还给出卖人付某、李某，付某、李某也应将房款返还给蔡某。由于买房人蔡某在居住使用房屋过程中对房屋及院落进行了装修、改建，故付某、李某应对蔡某装修、改建部分的价值按照当时的价值给予合理补偿，因双方对此协商不成，故法院按照评估机构的评估意见确定。

由于卖房人毁约主要是基于房屋、院落及土地的价值已经远远高于双方签订协议时的市场价值，因此房屋及土地在签订买卖合同时的价值与确认合同无效时的差价应认定为买房人的信赖利益损失。对于差价的具体数额，如诉争房屋及院落已进入到拆迁程序，则可参照拆迁过程中确定的房屋及土地的价值扣除原房地价值后形成差价。如果诉争房屋尚未进入拆迁程序，则应委托有资质的评估机构对现有房地进行评估，扣减相应部分后形成差价，即区位补偿价。在确定差价损失后，应根据双方当事人的过错来确定卖房人应承担的赔偿责任。应指出的是，在此类案件审理过程中，法院应向买房人释明，如果房屋买卖协议被确认无效，买房人是否对其受到的经济损失向卖房人（毁约方）反诉赔偿损失。如买房人要求反诉的，应一并处理，如买房人经法院释明后坚持认为合同有效且不反诉的，关于其损失可另案处理。

就本案来说，卖房人付某、李某应当知道其所出卖的房屋及宅基地属禁止流转范围，国家法律法规亦不允许农村集体土地流转，付某、李某在交易多年后又以违法出售房屋为由主张合同无效，对此付某、李某应承担主要责任，因涉诉院落的土地性质为集体土地，作为买房人蔡某并非该集体经济组织成员，为此应对合同无效承担一定责任。因双方交易行为已完成多年，涉诉房屋所在地周边商业环境、交通环境、文化环境等均已发生变化，房屋及土地价值提升，除判令蔡某向李某、付某返还房屋、院落外，李某、付某也应赔偿蔡某因此受到的经济损失，故二审法院对于蔡某要求付某、李某对合同无效给其造成的经济损失进行赔偿的诉讼请求予以支持，根据评估机构对现有房地评估结果改判付某、李某赔偿蔡某经济损失 25 万元。

综上，二审法院的判决是正确的。

（责任编辑：唐　明）

民间借贷案件中利率标准的适用

——胡某诉白某借款纠纷案相关法律问题分析

张竞一*

一、据以研究的案例

原告胡某与被告白某系朋友关系,2008 年 4 月 17 日,白某向胡某借款人民币 35,000 元并出具了内容为“借胡某现金叁万伍仟元整”的借款收据一张,后白某偿还了 3500 元,但余款至今未偿还。2010 年 4 月 9 日,胡某诉至法院要求白某给付欠款 31,500 元,并按中国人民银行同期贷款利率的 4 倍给付自 2008 年 4 月 17 日起至还清借款之日止的利息。

一审法院经审理认为,借款人应当按照约定的期限返还借款,对借款期限没有约定或者约定不明确的,贷款人可以催告借款人在合理期限内返还。自然人之间的借款合同对支付利息没有约定或者约定不明确的,视为不支付利息,但借款人未按照约定的期限返还借款的,应当按照约定或者国家有关规定支付逾期利息。本案中,胡某以其持有的借款收据为依据要求白某给付欠款的诉讼请求,理由正当,证据充分,依法予以支持。对胡某要求白某支付借款利息的诉讼请求,由于其没有提供证据证明双方曾经约定还款期限和借款利息,故视为不支付利息,但白某应在胡某起诉之日,即 2010 年 4 月 9 日起给付胡某逾期还款利息,利率按照中国人民银行规定的同期贷款利率计算,对于胡某关于利息的请求中的过高部分,依法不予支持。最终,法院判决被告白某给付原告胡某欠款人民币 31,500元及该 31,500 元自 2010 年 4 月 9 日起计算至判决履行期限届满之日止的逾期利息(利率按照中国人民银行规定的同期一年期贷款利率计算)。一审判决后,双方均未上诉。

---

* 北京市通州区人民法院民二庭法官,中国人民大学法学硕士。

二、相关法律问题分析

本案中，胡某起诉要求白某支付欠款利息，且其主张的起算日期为借款之日、主张的利率标准为中国人民银行同期贷款利率的4倍，但是胡某与白某并未就借款利息做出约定，且没有约定还款期限，那么白某是否应当支付借款利息、利息起止时间及利率标准成为本案的三个争议焦点。

根据现行法律及司法解释的规定，借款利息存在两种类型：一是借款利息（本文所称借贷均特指自然人之间的借贷），二是逾期还款利息，在成立条件、起止时间、利率标准等方面均存在差异。

（一）借款利息的认定

借款利息是指借贷双方在借贷关系成立时及成立后就借款所约定的利息，按照《合同法》第211条和最高人民法院《关于审理借贷案件的若干问题的意见》（以下简称《审理借贷案件意见》）第6条的规定，借款利息具有以下几个特点：

1. 以借贷双方对借款利息进行明确约定为前提

自然人之间的借贷往往系基于借贷双方较为熟悉的私人关系，并不以盈利为目的，但法律并未禁止自然人之间以盈利为目的的借贷，实践中，确实存在高出银行同期贷款利率的自然人借贷，故出借方可以向借款方主张借款利息，但应以双方明确约定为前提，如果借贷双方关于借款利息没有约定或约定不明确的，则应当视为不支付借款利息。另外，对于借款利息的约定并不以借贷关系成立时为限，借贷双方可以在借贷事实发生后再对借款利息做出补充性的约定。

本案中，胡某与白某并未就借款利息做出约定，故对胡某要求按照中国人民银行同期贷款利率的4倍给付自2008年4月17日起至还清借款之日止的利息的诉讼请求，法院未予支持。

2. 利率标准不得高于同期银行贷款利率的四倍

虽然自然人之间的借贷可以约定利息，但为了避免民间高利贷的发生与蔓延，《审理借贷案件意见》第6条将民间借贷的利率限定为不得高于银行同类贷款利率的4倍，对于超过4倍的部分，法律不予保护。

（二）逾期还款利息的认定

逾期还款利息是指借款人未按照约定的期限返还借款的，应当按照约定或国家有关规定支付的利息。按照《合同法》第211条和《审理借贷案件意见》第6条的规定，逾期借款利息具有以下几个特点：

1. 一般需借贷双方对还款期限做出约定

顾名思义，所谓逾期还款是指超过了约定的还款期限而没有还款的行为，故逾期还款利息一般应以双方明确约定的还款期限为条件。

但该条件并不绝对,因为按照《合同法》的规定,当双方对还款期限没有明确约定,可以通过以下两种方法确定期限:第一,可依据合同有关条款或交易习惯来确定期限;第二,可以贷款人催告借款人还款的合理期限为依据。《合同法》关于借款合同的规定原则上包含了所有的借贷关系,不仅包括自然人之间借贷,还包括商业上的借贷,上述第一种方法在商业借贷领域比较容易适用,但自然人之间借贷领域却很难适用,因为自然人借贷并非商业行为,除借贷关系外,往往不存在其他基础法律关系,借贷的书面凭证往往只有一张借条,不存在其他合同条款,所以在司法审判中很难使用第一种方法确定还款期限;关于第二种方法,虽然可以在自然人借贷关系中适用,但贷款人往往很难对"催告"行为进行举证,所以只能把本次起诉之日理解为催告的合理期限届满之日,当然,如果贷款人可以就"催告"行为进行举证(如发快递、录音、前次起诉等方式),则可以将该日期作为还款期限届满之日。

本案中,因胡某与白某并未约定还款期限,而且胡某亦无法对"催告"行为做出证明,故法院将胡某起诉之日确定为还款期限届满之日。

2. 无需借贷双方明确约定

如果说借款利息具有典型的当事人意思自治的特征的话,那么逾期还款利息则具有典型的法律惩罚性。借贷关系在基本法律性质上属于合同关系,逾期还款行为属于违约行为,对该违约行为的惩罚不以借贷双方对借款利息和逾期还款利息做出明确约定为前提条件,即使借贷双方没有约定借款利息和逾期还款利息,贷款人同样可以向借款人主张逾期还款利息。

本案中,胡某与白某并未约定逾期还款利息,但胡某依然可以向白某主张逾期还款利息。

3. 逾期还款利息的利率标准

正如前文所述,逾期还款行为属于违约行为,既然《合同法》规定当事人可以就违约金做出约定,则在自然人借贷案件中,借贷双方同样可以就逾期还款利率作为约定,但利率标准同样应当符合不得高于银行同类贷款利率的四倍的限制;如果借贷双方对逾期还款利率没有做出约定,即相当于当事人没有就违约金做出约定,则可以按照实际损失来估量违约金的数额,就借贷而言,贷款人的损失可以理解为本金的贷款利息,故此时可按照银行同类贷款利率来计算逾期还款利息。

(三)给付利息的终止时间

无论是借款利息或者逾期还款利息,都应当计算至生效判决书确定的履行期限届满之日止,因为《民事诉讼法》第229条规定:被执行人未按照判决、裁定和其他法律文书指定的期间履行给付金钱义务的,应当加倍支付迟延履行期间的债务利息(司法实践中一般称执行罚)。如果在生效判决书确定的履行期限届满之日后仍然继续计算利息的话,就会产生利息与执行罚重复计算的问题。

(四)关于"银行同类贷款利率"的理解

《审理借贷案件意见》出台于1991年,距今已有20年的时间,现在国内银行众多,如何理解"银行同类贷款利率"便成为问题。司法实践中,一般将"银行同类贷款利率"理解为基准利率,即中国人民银行同期贷款利率。

如何认定"同期",说法不一,有些人认为应当以借贷关系发生时的利率为标准,有些人认为应当以判决时的利率为标准,有些人认为应当以判决实际履行时的利率为标准,有些人认为应当按照利率标准的变化分段计算。

笔者认为应当首先区分是借款利息还是逾期还款利息,就借款利息而言,应当尊重当事人的意思表示,以借贷双方约定借款利息时为准;就逾期还款利息而言,如果借贷双方就逾期还款利息做出了约定,则应当以双方约定逾期还款利息时为准,如果双方没有约定逾期还款利息,则应当按照利率标准的变化分段计算。

(责任编辑:于 晔)

环境侵权纠纷数个污染者之责任判定

——周某诉辉成公司、彩色公司环境污染责任纠纷案相关法律问题分析

陈明山*

一、据以研究的案例

周某于2008年12月30日出生,系河南省农业家庭户口。2009年,周某父亲入职北京市辉成公司(以下简称辉成公司)。辉成公司生产乳胶制品、橡塑制品、塑料薄膜、塑料包装等橡塑制品。与辉成公司共同使用一个大院的还有北京市彩色公司(以下简称彩色公司)。彩色公司生产塑料包装制品、纸制品。辉成公司与彩色公司共用一个露天垃圾池,该垃圾池内堆放废弃橡胶、化工原料桶、破布等。辉成公司和彩色公司并非每天清理垃圾池,而是待垃圾堆满后若干天清理一次。2009年年底至2010年6月,周某父母带周某入住辉成公司提供的职工宿舍。该宿舍位于辉成公司生产车间与彩色公司生产车间之间,距离该两个公司共同使用的露天垃圾池12米。2010年6月,周某无明显诱因出现发热、面色苍黄,经北京军区总医院附属八一儿童医院确诊为急性淋巴细胞白血病,临床危险度分型为中危。自2010年6月28日至2011年4月28日,周某共计住院治疗216天。2010年12月31日的诊断证明载明:白血病至今病因尚未完全明了,可能与病毒感染、化学因素如接触苯、放射因素及遗传因素有关。2011年3月28日的诊断证明载明:下一步继续巩固治疗,需治疗费用约20万元。如治疗过程中,本病复发,须进行造血干细胞移植治疗,需治疗费约20~30万元。

原告周某以辉成公司和彩色公司环境污染侵权为由诉至法院,要求二被告赔偿医疗费、住院伙食补助费、营养费、护理费等损失共计12余万元。

---

* 北京市通州区人民法院宋庄法庭法官助理,中国人民公安大学法学硕士。

一审法院经审理认为:两个以上污染者污染环境,污染者承担责任的大小,根据污染物的种类、排放量等因素确定。周某在辉成公司提供给其父亲的宿舍居住半年多时间,该宿舍距离堆放废弃橡胶、化工原料桶、破布等的垃圾池和堆放大量废弃的化工原料桶的厕所夹墙较近,且宿舍北侧是彩色公司的生产车间,宿舍南侧是辉成公司的生产车间,彩色公司和辉成公司在生产中均使用化工原料,从生活常识角度来看,上述垃圾和化工原料无疑会对人体健康带来不利影响。从科学的角度来讲,世界卫生组织在一份报告中指出苯可以使人致癌,尤其是导致白血病的高发,极其微小的数量就会产生危害,没有任何暴露安全水平可以被推荐。辉成公司和彩色厂否认其生产环境(包括原材料及废弃物)与周某患白血病存在因果关系,但未能充分举证,故对辉成公司和彩色厂的辩解意见,不予采信。虽然没有明确的鉴定结论可以确认周某患白血病与辉成公司和彩色厂存在必然的联系,但是,综合上述分析,辉成公司和彩色厂应当对周某承担环境污染的侵权责任,但周某入住宿舍并非辉成公司要求或者强迫,而是周某父亲带入宿舍居住,故辉成公司和彩色厂应负次要责任。由于辉成公司和彩色厂均向垃圾池内堆放垃圾,难以分清数量多少,故辉成公司和彩色厂应负连带赔偿责任。周某父母作为完全民事行为能力人,明知辉成公司和彩色厂在宿舍附近的垃圾池堆放废弃橡胶、化工原料桶、破布等,在厕所夹墙内堆放废弃化工原料桶,且清理垃圾不及时,仍然将其一岁左右的女儿周某带入宿舍内居住达半年多时间,周某父母对此负有主要责任,周某应自行负担主要损失。依据《中华人民共和国侵权责任法》第 16 条、第 65 条、第 66 条、第 67 条之规定,法院判决被告辉成公司和被告彩色厂连带赔偿原告周某医疗费(含挂号,扣除新型农村合作医疗已经报销的部分)、住院伙食补助费、营养费、护理费共计四万余元,驳回原告周某的其他诉讼请求。

周某不服提起上诉,二审法院判决维持原判。

二、相关法律问题分析

本案争议焦点有二:一是行为性质,数人环境侵权行为属于一般侵权还是共同侵权;二是责任形态,数人环境侵权行为应承担按份责任还是连带责任。

2010 年 7 月 1 日起实施的《侵权责任法》第八章规定了环境污染侵权责任,主要包括污染者无过错责任原则、两个以上污染者确定责任应考虑的因素以及因第三人过错污染环境时的责任主体问题。《侵权责任法》对于环境侵权责任的相关规定为审理该类案件提供了直接、明确的法律依据。笔者认为,在审理多个污染者污染环境侵权纠纷时,应从以下两个层面确定各污染者的责任。

（一）环境污染侵权的特殊规则

《侵权责任法》第66条规定"因污染环境发生纠纷，污染者应当就法律规定的不承担责任或者减轻责任的情形及其行为与损害之间不存在因果关系承担举证责任。"该条明确了环境侵权的归责原则为无过错责任原则，举证责任类型为举证责任倒置。就举证责任而言，受害人只需要证明损害事实的存在以及加害人有污染行为，而加害人则需对免责事由及其行为与损害结果之间不存在因果关系承担举证责任。由此可见，环境污染侵权的特殊归责有利于最大限度的保护受害者的合法权益。本案中，原告周某出具医院诊断证明证明了白血病事实的存在、发病原因可能是接触苯、放射因素等以及周某的病因可能与辉成公司与彩色公司生产环境存在因果关系，从证明程度角度看，原告周某达到了环境侵权所要求的证明标准。在原告完成了举证责任后，辉成公司与彩色公司所举证据不足以证明二公司的生产环境（包括原材料及废弃物）与周某白血病之间毫无关系，亦不能证明存在免责事由，因此，辉成公司与彩色公司应承担环境污染侵权责任。

（二）数个污染者责任大小之确定

《侵权责任法》第67条规定，"两个以上污染者污染环境，污染者承担责任的大小，根据污染物的种类、排放量等因素确定。"该条既没有对数人环境侵权行为属于共同侵权还是一般侵权进行明确界定，也没有明确数人侵权行为的责任形态即按份责任还是连带责任。学术界对针对该条规定可能形成四种不同理解：一是共同侵权并承担连带责任；二是共同侵权承担按份责任；三是一般侵权承担按份责任；四是一般侵权承担连带责任。笔者赞同将该条理解为一般侵权承担连带责任。理由如下：其一，就数个环境侵权者行为性质而言，若将其定性为共同侵权，则应受《侵权责任法》第8条"二人以上共同实施侵权行为，造成他人损害的，应当承担连带责任"之调整，第67条的规定也必然失去存在的价值。故应将数人环境侵权行为界定为无意思联络的一般侵权较为合适。其二，就责任形态而言，判断各个污染者责任的大小，需综合考虑污染物种类、排放量以及相关科学技术参数等。由于专业性差异和技术障碍，司法实践中，要求法官根据各项相关技术参数区分开各污染者的责任份额显然不切实际。将数个污染者环境侵权的责任形态界定为连带责任更具操作性，亦能最大限度保护受害人的权益。本案中，一审法院认为，由于辉成公司与彩色公司均向垃圾池内堆放垃圾，难以分清数量的多少，故二公司应承担环境侵权连带责任是正确的。

综上，一、二审法院的判决是正确的。

（责任编辑：郭　妍）

析产继承纠纷案件是否适用诉讼时效制度
——杨某青等诉杨某金法定继承纠纷案相关法律问题分析

刘海银*

一、据以研究的案例

杨某与李某系夫妻,在北京市延庆县共有房屋一处。杨某与李某共生育四个子女:杨甲、杨乙、杨丙、杨丁。1972年3月22日李某死亡,1976年12月20日杨某死亡。李某、杨某夫妇死亡后,其二人的房产未经翻建、亦未析产继承。1982年2月杨甲死亡,留有一子任某。2008年4月杨丁死亡,其有三个子女:杨某琴、杨某青、杨某金。杨某琴于2005年11月23日死亡,留有一女喻某。后杨某青与杨某金因继承遗产发生纠纷,杨某青于2009年5月31日诉至法院要求继承杨某与李某位于延庆县的房产。

审理中,一审法院追加喻某为本案原告。经一审法院调解,杨某青、喻某与杨某金达成协议,将杨某与李某位于延庆县的房产予以分割。调解书生效后,案外人杨乙、杨丙、任某向中级人民法院申请再审,后中级人民法院裁定撤销原审调解,发回原审人民法院重审。

在重审的过程中,杨某青认为杨乙、杨丙、任某的起诉已超过了最长诉讼时效20年,其民事权利不应受到法律保护。杨乙、杨丙、任某辩称:1.依据《继承法》第25条的规定,"继承开始后,继承人放弃继承的,应当在遗产处理前,作出放弃继承的表示。没有表示的,视为接受继承。"继承开始后,我们均未明确表示放弃继承,视为我们接受继承。2.最高人民法院《关于贯彻执行〈中华人民共和国民法通则〉若干问题的意见(试行)》第177条规定,"继承的诉讼时效按继承

* 北京市延庆县人民法院审监庭书记员,法律硕士。

法的规定执行。但继承开始后,继承人未明确表示放弃继承的,视为接受继承,遗产未分割的,即为共同共有。诉讼时效的中止、中断、延长,均适用民法通则的有关规定。”本案诉争房屋未析产分割,应当视为所有继承人共同共有,根据以上规定,物权不适用诉讼时效的规定。故我们参加诉讼未超过诉讼时效。

经重审查明,经一审法院调解,杨某青、喻某及杨某金于2009年7月23日达成协议,将杨某与李某位于延庆县的房产予以分割。调解书生效后,案外人杨乙、杨丙、任某于2010年7月5日向中院申请再审,同年7月14日中院提审该案,11月26日,中院以原调解书认定事实不清、程序违法,侵犯了申请人的合法权益为由裁定撤销原审调解书,发回原审人民法院重审。杨某青、杨某金、喻某对诉争房屋属于祖产均不持异议。

经重审法院认为,本案为法定继承纠纷,但因继承开始后,继承人未明确表示放弃继承的,则视为接受继承,如果遗产未分割的,即为共同共有。故本案应先进行析产,即确认物权归属,物权确认请求权依法不适用诉讼时效的规定,杨某青认为杨乙、杨丙、任某起诉超过诉讼时效的抗辩不能成立。为促进物的正常使用和流转,利于社会经济秩序的稳定和效率提高,法院遂撤销原审调解书,予以改判,判决该房屋75%的份额归杨乙、杨丙、任某所有(各占25%的份额);另25%的份额归原告杨某青、喻某及杨某金所有(杨某青、喻某各占3.125%的份额,杨某金占18.75%的份额)。

二、相关法律问题分析

本案争议的焦点为:析产继承纠纷案件是否适用诉讼时效的规定。对此,在案件重审的过程中存在以下三种不同的意见:

第一种意见认为,本案应当严格适用《民法通则》、《民通意见》及《继承法》关于诉讼时效的规定。继承开始后,杨某青虽然于继承开始后第32年起诉要求继承遗产,因被告杨某金未对诉讼时效提出抗辩,故法院无权主动审查诉讼时效问题,其他继承人虽未放弃继承,但其起诉超过了20年诉讼时效且杨某青提出抗辩,故应当判决驳回杨乙、杨丙、任某三人的诉讼请求,维持一审调解书。

第二种意见认为,本案适用诉讼时效的规定,但是诉讼时效的起算点应当为杨乙、杨丙、任某知道其继承权被侵害之日即杨某青、杨某金及喻某三人达成的调解协议生效之日起计算。本案中,杨某青、喻某及杨某金于2009年7月23日达成协议,而杨乙、杨丙、任某于2010年7月5日向中院申请再审,侵权行为的诉讼时效为2年,故杨乙、杨丙、任某参加诉讼未超过诉讼时效,本案应当依法改判。

第三种意见认为，本案不应当适用诉讼时效的规定。根据《民通意见》第177条规定，“继承开始后，继承人未明确表示放弃继承的，视为接受继承，遗产未分割的，即为共同共有。诉讼时效的中止、中断、延长，均适用《民法通则》的有关规定”本案诉争遗产处于继承人共同共有的状态，案由为法定继承纠纷，但其进行法定继承的基础为析产，即确认物权归属。确认物权请求权，法律对此是否适用诉讼时效的规定未作出明确规定，但从最高法院[1987]民他字第12号批复中可以看出，一方于1985年12月起诉，距被继承人死亡已有25年，已经超过《继承法》与《民法通则》规定的20年最长保护期限，最高法院仍建议按照析产案件给予处理而不是驳回诉讼请求可以看出最高院对此类案件的态度。故本案不应当适用诉讼时效的规定。

就析产继承纠纷案件是否适用诉讼时效制度，笔者认为应从以下三方面进行综合考量：

（一）“继承权纠纷”的正确诠释

《继承法》第8条规定，“继承权纠纷提起诉讼的期限为二年，自继承人知道或者应当知道其权利被侵犯之日起计算。但是，自继承开始之日起超过二十年的，不得再提起诉讼。”其中所称“继承权纠纷”在实践中其范围不宜扩大，其应当被限定在享有继承权的自然人身份有争议，或者继承人中是否享有丧失继承权、是否存在继承人以外的可分得遗产的自然人、无继承权利的人侵害继承人继承权等情形。如《继承法》第7条规定的丧失继承权的情形，第14条规定的可以分给适当遗产的人，以独立的诉讼主体资格向人民法院提起诉讼等，不宜将全部与继承权相关的继承纠纷案件全部纳入继承权纠纷之内，如涉及析产的继承纠纷案件，这样不仅不利于真正权利人主张权利，还导致物的归属处于模糊状态。

（二）析产继承纠纷的转化

根据《民通意见》第177条的规定，被继承人死亡后，只要继承人（为方便讨论，本文不涉及遗嘱继承与遗赠，本文所述的继承人系指法定继承人，以下同）未明确表示放弃继承的，则视为接受继承，且如果遗产未分割的，即为共同共有。此时继承纠纷转化为确认物权归属与分割物的纠纷，即确认各继承人份额进而对遗产进行分割。确认物权请求权属于我国《物权法》规定的物权保护请求权的一种，系确认物权的归属和内容的物权确认请求权。《物权法》第33条规定，“因物权的归属、内容发生争议的，利害关系人可以请求确认权利。”由此可见，当双方或多方当事人之间就物权归属或物权是否成立以及物权的内容发生争议时，自认为是物权主体或主张物权成立的任何一方当事人都可以向人民法院提起民事诉讼，请求人民法院确认其物权。继承开始后，法律赋予继承人默示的行为具有继承的意思表示，被继承人的遗产转变为各继承人的共同共有财产,此时,继承人起诉要求继承遗产的诉讼请求实质上是确认各继承人继承份额的确认物权请求权的确认之诉。此外,最高人民法院关于继承开始时,继承人未表示放弃继承遗产,又未分割的,可按析产案件处理的批复对此亦予以明确。

(三)确认物权请求权不适用诉讼时效制度

《物权法》第三章规定了物权保护的五种请求权,大致可以分为三种情形:一、确认物权归属和内容的物权确认请求权;二、基于物权行使的物权请求权,包括返还原物请求权、排除妨害或消除危险请求权等;三、对损害物权的侵权请求权,即损害赔偿请求权。对上述请求权能否适用民法通则关于诉讼时效的规定,物权法未予以明确。龙翼飞教授认为基于财产共有关系的分割请求权不适用诉讼时效规则,杨立新教授认为诉讼时效的适用范围不包括物权请求权,王利明教授亦赞同对于物权请求权不能适用诉讼时效的规定。笔者认为,确认物权请求权不应当适用诉讼时效。首先,确认物权请求权关系到物权的归属,尤其随着近几年旧城改造、拆迁补偿等导致不动产价值逐年攀升的情况下,不动产的物权归属对权利人而言就更为重要。在很多案件中,确认物权的归属往往是行使物权行为的基础,物权确认之诉是给付之诉的前提。从消灭时效适用的法律效果来看,无论采诉权消灭说还是实体权利消灭说,亦或是抗辩发生说,消灭时效届满均导致权利实质上归于消灭。因为自然债务与裸体权利都是虚无缥缈的,得不到法律保护的权利不能算是真正的权利,仅仅具有理论意义而已。假如确认物权请求权因诉讼时效期间届满而消灭,那么,标的物将长期处于归属不清或者权利真空之状态。这种状态导致未实际占有的权利人丧失实体胜诉权,而实际占有不动产的人因得不到法院对其物权的确认也不能进行产权登记因而不能真正成为该不动产物权法律上所保护的产权人。因此,如果诉讼时效届满,该物权的归属出现权利的真空状态。权利真空之状态导致各方当事人继续争夺标的物,将影响该物的正常使用和流转,不利于社会经济秩序的稳定和效率提高,背离诉讼时效制度的立法本旨。其次,从最高人民法院[1987]民他字第12号批复中可以看出,一方于1985年12月起诉,距被继承人费翼臣死亡已有25年,已经超过《继承法》与《民法通则》规定的20年最长保护期限,仍建议按照析产案件给予处理而不是驳回诉讼请求可以看出最高人民法院对此类案件的态度。最后,从审判实践中看,通说认为,《民法通则》规定的诉讼时效,仅适用债权而不适用于物权。尽管学理界还有一定的争议,但审判实务中对物权特别是不动产的保护,不适用《民法通则》第七章规定的诉讼时效,已是共识。而上海市高级人民法院民一庭对民事审判适用《物权法》总则及所有权部分的相关问题,对物权保护的五种请求权是否适用诉讼时效的指导性意见与笔者的看法不谋而合。该指导性意见认为,《物权法》第三章规定的物权保护的五种请求权是否适用诉讼时效,《物权法》没有明确规定。通说认为,物权确认请求权不适用诉讼时效。

综上,案件经过重审的结果是正确的。

(责任编辑:杨晋东)

公证遗嘱损害人工授精遗腹子权益的效力应如何认定

——杨某、薛某子诉薛某父、薛某母遗产继承纠纷案相关法律问题分析

吴强兵*

一、据以研究的案例

2004年12月薛某与杨某结婚，婚后建造房屋一处，该房于2008年被拆迁，薛某以其个人名义购买得回迁房一套。婚后一直未生育子女，经检查薛某无生育能力，夫妻双方合议决定采取人工授精的方式生育子女。2010年4月，薛某在杨某受孕期间查验患有癌症，经治疗无效于2010年10月病逝。薛某在病逝前认为妻子对其照料不周，在征得父母同意的情况下，去公证处对事先书写的遗嘱进行了公证。遗嘱内容包括：一是孩子属试管婴儿，非其亲生，所以坚决不要；二是拆迁房屋以其个人名义购买，属个人财产，现全部赠与父母。薛父、薛母要求杨某按照遗嘱的意思对孩子进行引产，杨某不同意，遂被勒令搬往他处居住。2010年12月杨某产下一子薛某子，薛父、薛母认为薛某子的出生并非薛某的意思，所以对孩子的身份不予认可，并以遗嘱经公证为由拒绝将房屋分给杨某。杨某遂以其本人及孩子的名义诉至法院，要求分割薛某留下的房产。

一审法院经审理认为，回迁房为拆迁婚后房屋所得，虽登记在薛某名下，仍属夫妻共同财产。经薛某、杨某合议采用人工授精的方式受孕，受孕后单方无权对胎儿进行处理，薛某子出生后应视同婚生子女，遗嘱应当为其留足必要的份额，该公证遗嘱部分无效。经鉴定，房屋现价120万元。法院据此判决房产归杨

* 北京市延庆县人民法院永宁人民法庭法官助理，法学硕士。

某、薛某子所有,杨某给付薛父、薛母人民币30万元。宣判后双方均未上诉,判决现已生效。

二、相关法律问题分析

该案在审理中存在两种不同的处理意见:

第一种意见认为,回迁房为薛某以其个人名义购买,应属个人财产,其有权做出处理。人工授精虽经夫妻双方合议,但受孕后薛某反悔,杨某单方决定生育薛某子,该子不得视同婚生子女,薛某无需为其保留必要份额的遗产。所以,该公证遗嘱是有效的。

第二种意见认为,回迁房为拆迁婚后房屋所得,尽管登记在薛某名下,但该房仍应属夫妻共同财产,薛某无权处理杨某的份额。人工授精经夫妻双方合议,受孕后任何一方无权随意处置,薛某子出生后应视同婚生子女,薛某应为其留足必要的遗产份额。所以,该公证遗嘱部分无效。

笔者同意第二种意见,其理由是:

(一)薛某子的法律地位

人工受精分同质受精和异质受精两种,因薛某无生育能力,该案所采取的人工授精应属后者。将同质受精所生育子女认定为婚生子女并不存在问题,但对异质受精所生育子女的法律地位应如何认定则存在争议。对此,最高法院《关于夫妻关系存续期间以人工受精所生子女的法律地位的复函》中明确规定:“在夫妻关系存续期间,双方一致同意进行人工受精,所生子女应视为夫妻双方的婚生子女。”由此,人工授精所生子女视为婚生子女应符合两项条件:一是受精应在夫妻关系存续期间,复函对异质受精的明确规定是“在夫妻关系存续期间受胎或出生”;二是经双方一致同意,这里的一致同意可以选择书面或口头协议方式完成,除此之外还能通过双方当事人的行为进行推断。

本案中,薛某子的出生符合以上条件。其一,薛某于薛某子出生前死亡,其与杨某的夫妻关系也随之消灭,但薛某子的受胎过程是在薛某死亡之前完成的,此时二人的夫妻关系尚存,薛某子属“在夫妻关系存续期间受胎”。其二,采用人工受精的方式受孕是薛某与杨某在商议一致的情况下决定的。尽管事后薛某反悔,在遗嘱中要求对胎儿进行引产,杨某不同意而坚持生育,我们不能据此认为孩子的出生属杨某单方意志的结果。因为杨某受孕经夫妻双方合议,根据一般情理推断,双方合议受孕就意味着对孩子出生的允许;受胎在双方合议的情况下完成,对胎儿进行引产当然同样也需双方一致同意;另外,鉴于对胎儿权益及妇女身体权保护的需要,薛某无权单方要求对胎儿进行处理。薛某的事后反悔,并不会改变人工受精属双方一致同意这一事实。所以,薛某子应视为薛某与杨某的婚生子女。

(二)公证遗嘱的效力

公证遗嘱的效力具有优先性,但该类遗嘱也应符合内容合法这一前提要件,本案中的公证遗嘱是否有效需视回迁房的归属及薛某子的继承权而定。

1. 回迁房的归属

根据现行《婚姻法》第17条规定"夫妻在婚姻关系存续期间所得的财产,归夫妻共同所有",被拆迁的房屋为薛某与杨某婚后共同建造,当然属于二人共同所有。回迁房因拆迁婚后房屋而购得,属被拆迁房屋的替代产品,如无被拆迁房屋的存在,薛某是无法购得回迁房的,且薛某父母也未主张购买回迁房的款项为薛某的婚前个人财产,据此可以推断该款项为夫妻共同出资,该回迁房可认定为夫妻共同财产。尽管回迁房登记在薛某的个人名下,但这种登记只具有对外的公示性,并不会对共同财产的性质产生影响。

遗嘱人可以对遗嘱进行公证,但公证遗嘱只是遗嘱的一种表现形式,其应遵循遗嘱的有关效力规定。《继承法》第16条规定:"公民可以依照本法规定立遗嘱处分个人财产,并可以指定遗嘱执行人。"最高法院《关于贯彻执行〈继承法〉若干问题的意见》(以下简称《意见》)第38条规定:"遗嘱人以遗嘱处分了属于国家、集体或他人所有的财产,遗嘱的这部分,应认定无效。"据此,遗嘱人有权处理的对象仅局限于属其个人所有的遗产。本案中,登记在薛某个人名下的回迁房属于夫妻共同财产,其有权处理的部分应为属其所有的一半房屋,而不得对该房产进行整体处理。所以,该遗嘱中薛某私自处理杨某份额的部分应属无效。

2. 薛某子的继承权问题

《民法通则》第55条规定民事法律行为不得违反法律,这里的法律规定是指法律的强制性规定。立遗嘱属民事法律行为,当然不得违反法律的强制性规定。出于对胎儿的特殊保护,《民法通则》第28条规定:"遗产分割时,应当保留胎儿的继承份额。"遗产无论是按法定继承还是遗嘱继承进行分割,均应为胎儿保留份额。需要注意的是胎儿在这里并非继承主体,因为公民只有在出生后才能作为民事权利主体,依法享有民事权利。为胎儿预留份额是设定在胎儿出生时为活体这一假设前提之下的,遗腹子的继承权始于出生之时,且为活体,这主要是为遗腹子出生后的成长提供保障。若遗腹子出生时是死体的,保留的份额按照法定继承办理,继承自然无从发生。本案中,薛某在遗嘱中并没有为胎儿保留遗产,这明显违反法律的强制性规定,公证遗嘱侵犯胎儿权益的部分无效。

薛某死亡后遗嘱继承即完成,薛某的父母取得遗产,但《意见》第45条规定:"应当为胎儿保留的遗产份额没有保留的应从继承人所继承的遗产中扣回。"法院可据此从薛某父母继承的遗产中扣回应为胎儿保留的份额,至于具体份额应为多少,可参照《意见》第37条的规定:"遗嘱人未保留缺乏劳动能力又没有生活来源的继承人的遗产份额,遗产处理时,应当为该继承人留下必要的遗产,所剩余的部分,才可参照遗嘱确定的分配原则处理。”薛某子出生后属缺乏劳动能力又没有生活来源的继承人,“必要的遗产”份额在此处应当以能够保障其健康成长为最低限度。为薛某子扣回“必要的遗产”份额后,剩余部分才能为薛父、薛母所继承。

综上,回迁房为婚后夫妻共同财产,薛某仅能将该房的一半作为遗产处理,且应为遗腹子薛某子保留必要的份额。薛某所立的公证遗嘱有违法律的强制性规定,应认定为部分无效。从财产拥有份额及保护妇女儿童权益的角度考虑,法院可将房屋判归杨某、薛某子所有,并对薛父、薛某继承的份额进行折价补偿。

(责任编辑:万　钧)

债权人可就债务人拆迁补偿补助款怠于分割提出债权人代位权诉讼

——吴某诉黄某、第三人马某、吕某债权人代位权纠纷案相关法律问题分析

杨　旭*

一、据以研究的案例

吴某与马某、吕某民间借贷纠纷一案,经顺义区人民法院主持调解,双方达成和解,顺义区人民法院出具民事调解书,确认:马某偿还吴某借款 20 万元,于 2010 年 7 月 31 日前给付,吕某对该笔借款承担连带保证责任,保证期间至该笔借款清偿之日止。

调解书生效后,马某、吕某并未按约履行。吴某向法院申请强制执行。因马某、吕某无其他可供执行财产,该案执行中止。

黄某系吕某之母,与吕某共同居住生活。吕某与马某于 2007 年 6 月 14 日登记结婚,双方育有二女。马某及二女的户口未登记在北京市顺义区天竺镇天竺村。

北京市顺义区天竺镇天竺村宅基地登记的土地使用者为黄某。2010 年 9 月 24 日,该宅院被拆迁,黄某(被拆迁人)与北京市土地整理储备中心某分中心、北京市顺义区某人民政府(拆迁人)签订 1 份《北京市集体土地房屋拆迁货币补偿协议书》,约定:被拆迁人家庭人口共 3 人,分别是户主黄某、之子吕某、一案外人;拆迁人支付拆迁补偿补助款共计 2,370,930 元,其中包括:1. 宅基地区位补偿款 475,577 元,2. 房屋及附属物重置成新价补偿款 1,307,080 元,3. 各项

* 北京市顺义区人民法院后沙峪法庭法官。

补助及奖励费588,273元,其中包括:搬家补助费3000元、提前搬家奖2000元、工程期限配合奖42,042元、租房补助费18,900元、季差补助费8100元、电话移机费235元、分体式空调拆装费12,000元、空地补助费3784元、装修补助费1478元、分户补偿款16,314元、重点地区环境整治工程配合奖280,280元、特殊补助60,000元、经营补助140,140元。上述拆迁补偿补助款现全部存入黄某名下。

另查,北京市顺义区天竺镇天竺村宅基地由吕某、黄某共同使用,宅基地上原有黄某建设五间正房、东西厢房各三间,后吕某于2000年以来陆续对原有房屋进行翻建、新建楼房。所有房屋在拆迁时一并拆除。黄某、吕某、马某认可至今未对拆迁款进行分割。

吴某诉称:2010年年底,吕某、马某所居住的顺义区天竺地区天竺村被拆迁,黄某、吕某一家取得拆迁款数百万元,该拆迁款存在黄某名下,并且该拆迁款中有吕某、马某的份额。但吕某、马某为了不偿还欠款,一直不分割该拆迁款。故起诉,请求判令:黄某偿还马某、吕某所欠借款20万元及双倍利息(自2010年8月1日起至实际给付之日,按中国银行人民币贷款利率6.31%计算)。

黄某辩称:我没有能力替吕某、马某偿还。

一审法院经经审理认为,吴某与马某、吕某之间的民间借贷纠纷一案,业经顺义区人民法院审理并出具民事调解书。该调解书已经发生法律效力。马某、吕某应当按照法律文书确定的期限履行金钱给付义务。马某、吕某未能履行生效法律文书确定的义务,吴某向顺义区人民法院申请强制执行。但因马某、吕某无其他可供执行的财产,该执行案件中止。上述事实,顺义区人民法院予以确认。

黄某、吕某、案外人共同共有的“北京市顺义区天竺镇天竺村宅基地及其上房屋和附属物”被拆迁,因此获得拆迁补偿补助款共计2,370,930元。吕某至少享有其中三分之一的权利。因上述拆迁补偿补助款均存入黄某名下,且吕某怠于主张共有财产分割,吴某行使债权人代位权,符合法律规定。吴某要求黄某给付吕某应承担的债务,并且吴某代位主张权利尚在吕某应享有权利范围内,故法院对吴某的诉讼请求应予支持,据此判决如下:

被告黄某代为履行吕某的债务,即给付原告吴某人民币二十万元,并给付迟延履行期间的债务利息,于本判决生效后七日内执行。

二、相关法律问题探讨

本案主要涉及债权人能否提起代位权纠纷诉讼主张分割拆迁补偿补助款。对此,在审理过程中,有两种观点:第一种观点认为,债权人无权提起代位权纠纷诉讼主张分割拆迁补偿补助款，理由为拆迁补偿补助款专属于债务人自身，且非债权。第二种观点则与第一种观点截然相反，认为，拆迁补偿补助款并不专属债务人本身，至少不是全部专属债务人本身，且可作为财产性权利主张代位分割。

我们同意第二种观点，理由是：

代位权是指因债务人怠于行使其到期债权，对债权人造成损害的，债权人可以请求人民法院以自己的名义代位行使债务人的债权。代位权是合同履行中的一种保全措施，是为了防止因债务人财产的减少而给债权人的债权带来危害时，允许债权人为保全其债权的实现而采取的法律措施。我国《合同法》第 73 条对代位权的行使的条件、范围、费用的负担作出了规定，其主要内容是：因债务人怠于行使其到期债权，对债权人造成损害的，债权人可以请求人民法院以自己的名义代位行使债务人的债权，但债权专属于债务人自身的除外。代位权的行使范围以债权人的债权为限。债权人行使代位权的必要费用由债务人负担。《合同法解释(一)》第 12 条对专属于债务人自身的债权限定为基于扶养关系、抚养关系、赡养关系、继承关系产生的给付请求权和劳动报酬、退休金、养老金、抚恤金、安置费、人寿保险、人身伤害赔偿请求权等权利。

根据上述规定可知，代位权构成要件归纳起来有四点：1. 债权人对债务人的债务必须合法且确定，债务人对次债务人必须享有合法确定的债权，且此种债权尚未被处分。2. 债务人怠于行使其到期债权，对债权人造成损害。债务人不履行其对债权人的到期债务，又不可以诉讼方式或者仲裁方式向其债务人主张其享有的具有金钱给付的内容的到期债权，致使债权人的到期债权不能实现。3. 债务人的债权已到期，债务人已陷于履行迟延，必须是债权人对债务人以及债务人对次债务人的债权均到期，方可行使代位权。4. 债务人债权不是专属于债务人自身的债权。

针对本案，吴某作为吕某债权人，业经民事调解书确认，对此双方均无异议。但本案争议焦点有两个：1. 债务人不主张对拆迁补偿补助款分割，是否属于债务人怠于行使其到期债权；2. 拆迁补偿补助款是否专属于债务人自身的债权。

代位权设立初衷是要保障债权人的利益，保障交易的动态安全，需要给予交易人以合理的信赖利益和安全感。过窄的代位范围使得人人惶惶不安，谁还敢放心地享有债权、进行交易呢？这无疑大大降低了债的保全措施和财富流动的效率。同时，随着社会经济活动的频繁变革，人们在商品交换中，以金钱为给付内容经济交往被逐步改变，代之以其他标的，如果代位权的适用范围被大大收缩，反倒为交易人所规避，相信不是立法的本义。介于上述原因，笔者认为，可以代位的权利应包括：财产性质的实体权利；保全债务人既得权利的形成权，如撤销权、抗辩权；对债务人的权利状态存在影响的程序性权利，如登记权、诉权等。

本案中黄某、吕某、案外人共同共有的"北京市顺义区天竺镇天竺村宅基地及其上房屋和附属物"被拆迁,因此获得拆迁补偿补助款共计 2,370,930 元。该拆迁补偿补助款即属于财产性质的实体权利,且吕某至少享有其中三分之一的权利。自拆迁之日,该拆迁补偿补助款即为黄某、吕某、吕佳彬共有。因上述拆迁补偿补助款均存入黄某名下,且吕某怠于主张共有财产分割。故该情形属于债务人怠于行使其到期债权。

针对拆迁补偿补助款是否专属于债务人自身的债权,自身专属性债权是指与债务人人身权利关系紧紧相连的,只有基于人身权利关系才能引发和产生的债权。如退伍军人安置费、赡养费、社会劳动保险费、重大科技发明奖等,不能成为代位权所指向的对象,债权人不得行使代位权。

根据 2010 年 9 月 24 日黄某与北京市土地整理储备中心某分中心、北京市顺义区某人民政府(拆迁人)签订的《北京市集体土地房屋拆迁货币补偿协议书》内容可知,拆迁补偿补助款由宅基地区位补偿款、被拆迁房屋及附属物重置成新价和各项补助及奖励费组成。宅基地区位补偿款是以顺义区每户建房用地面为基础,结合顺义区当地普通住宅指导价标准计算。该部分补偿是针对宅基地所作补偿。而北京市顺义区天竺镇天竺村宅基地由吕某、黄某共同使用。房屋及附属物重置成新价补偿款系对被拆迁房屋及附属物所有权人的补偿。该宅基地其上原有黄某建设五间正房、东西厢房各三间,后吕某于 2000 年以来陆续对原有房屋进行翻建、新建楼房。所有房屋在拆迁时一并拆除。故该房屋及附属物重置成新价补偿款及各项补助与奖励费中的电话移机费、分体式空调拆装费、装修补助费应为黄某与吕某所有,且吕某享有较多份额。而除电话移机费、分体式空调拆装费、装修补助费外的其他各项补助与奖励费均属对拆迁人为保障被拆迁人生活而给付的补助与奖励。

根据上述论述,除电话移机费、分体式空调拆装费、装修补助费外的其他各项补助与奖励费属专属于债务人自身的债权外,其他补偿补助款均为财产性质的实体权利,非基于人身权利关系,并非专属于债务人自身,故针对该部分拆迁补偿补助款债权人可行使代位权。

现吴某依据民事调解书要求黄某给付吕某应承担的债务,并且吴某代位主张权利尚在吕某应享有权利范围内,故对吴某的诉讼请求应予支持。综上,法院的判决是正确的。

(责任编辑:于　晔)

刑事执行案件受害人的异议主体地位应予肯定
——金某、朱某等49人申请执行追加案相关法律问题分析

王志鹏[*]　刘　静[**]

一、据以研究的案例

被告单位新得力投资有限公司(以下简称新得力公司)、被告人王某因涉嫌集资诈骗罪,于2007年11月15日由北京市人民检察院第二分院以京检二分刑诉[2007]133号起诉书向北京市第二中级人民法院提起公诉。北京市第二中级人民法院查明,2003年至2006年间,被告人王某担任法定代表人期间,虚构被告单位新得力公司有北京市雅宝路中国医学院医学信息研究所改造工程、收购宁夏石嘴山煤矿、投资原始股等项目,以给予15%~100%的高额回报为诱饵等手段,先后骗取金某、朱某等60余人的投资款共计人民币2.8亿余元。根据被告人王某、被告单位新得力公司犯罪的事实、性质、情节和对社会的危害程度,北京市第二中级人民法院依照《刑法》第192条等条款的规定,判决如下:一、被告单位新得力公司犯集资诈骗罪,判处罚金二百万元(罚金于判决生效之日起三十日内缴纳);二、被告人王某犯集资诈骗罪,判处无期徒刑,剥夺政治权利终身,并处没收个人全部财产;三、继续追缴被告单位新得力公司、被告人王某的违法所得分别予以发还各受害人;四、在案扣押的款物分别予以没收、发还及变价后按照各受害人被骗数额之比例予以发还,或者退回北京二分检。

案件进入执行程序后,因被执行人新得力公司、王某名下的财产不足以完全满足受害人损失,金某、朱某等49名受害人以华顿国际投资有限公司(以下简称

* 北京市第二中级人民法院执行二庭法官。

** 北京市第二中级人民法院执行二庭书记员。

华顿公司)对新得力公司有一笔2850万元的负债为由,共同向北京市第二中级人民法院提出执行追加申请。

受理申请后,北京市第二中级人民法院依法组成合议庭对案件进行了审查。一种意见认为,执行阶段追加被申请执行人的适格主体,一般应当是案件的申请执行人,受害人不属于本案的申请执行人,因此无权提出追加申请。由于本案不应由执行裁决部门受理,因此应当裁定撤销案件,由受害人自行选择其他救济途径;另一种意见认为,受害人有权提出执行阶段追加被申请执行人,执行裁决部门对其请求应当予以受理。但是根据相关法律规定,只有在公司股东出资不实、抽逃出资或者上级单位无偿接收被执行人财产这三种法定情形下,执行裁决部门可以裁定追加被执行人。由于上述缺乏法律依据,49名受害人的申请应当予以驳回。

经研究,合议庭达成一致意见,受害人在执行过程中提出追加被申请执行人等异议主张的权利应当予以承认。但是由于本案受害人的追加申请不符合法律规定,因此应当裁定驳回。经释明,受害人向法院撤回了执行追加申请,向法院另行提出了代位权之诉。

二、相关法律问题分析

(一)受害人在刑事附带民事执行案件中的主体地位

从法理上来说,执行部门受理的案件大部分属于民事案件,包括刑事附带民事执行案件在内,申请执行人、被执行人、利害关系人之间属于平等主体之间的私法关系。案件的启动方式是由申请执行人向法院提出强制执行申请,启动主体与款物发还所指向的主体也往往是一致的。反观刑事执行案件,严格意义上的申请执行人是国家机关,申请执行人与被执行人之间的关系属于公法范畴。案件的启动方式多是由刑事审判部门移送执行部门执行,启动主体与款物发还所指向的主体并不一致,这就导致受害人是否具有执行程序当事人的身份,是否可以提出异议申请处于一种理解认识上的不确定状态。

在立法规定上,受害人在执行实施过程、执行裁决过程中的主体地位问题也是一个盲区。有些法律条文规定得并不明确,例如,《民事诉讼法》第202条规定,"当事人、利害关系人认为执行行为违反法律规定的,可以向负责执行的人民法院提出书面异议。"有些法律条文则直接排除了受害人的异议主体资格,例如,《民事诉讼法》第203条规定,"人民法院自收到申请执行书之日起超过六个月未执行的,申请执行人可以向上一级人民法院申请执行。"

司法实践中,如何处理刑事执行案件受害人所提出的各种异议主张,做法上也不一致。有的做法是将受害人纳入到执行裁决程序的救济范围,有的做法是不予受理,要求受害人通过另行诉讼等其他法律途径解决。实际上,对于承认受害人异议主体地位的案件处理,审查过程中也存在不少尚未妥善解决的问题,例如,有些司法文书只对被执行人进行送达,有些执行裁定书中受害人的自然人情况没有列明等。

(二)承认受害人异议主体地位的分析

造成受害人异议主体地位成疑的深层次原因,在于我国刑事案件受害人在涉及财产的执行过程中权利保障制度比较薄弱。侦查阶段、起诉阶段,一般由公安机关、检察机关依法推动程序进行,每一个步骤都有明确的法律规定。刑事案件宣判后,强制执行的重点往往集中于生命刑、自由刑、资格刑的执行上,对于其中的财产部分,仅规定了“移送执行”。对于移送执行后的程序步骤,法律几乎没有涉及。司法实践中,法院执行部门多是参照民事案件的执行程序办理刑事执行案件,而民事执行程序的许多环节,需要申请执行人的积极参与和监督配合,如提供财产线索、申请执行审计、申请追加变更执行主体、提出执行异议、督促申请等。由于刑事审判部门对于移送执行财产部分的案件关注度不足,受害人又不属于严格意义上的申请执行人,以致其主体地位在理论上、立法上和实践上都遇到了诸多困难。

准确地说,刑事案件受害人在执行程序中的地位应当是生效法律文书所确定的“权益承受人”,执行过程的最终结果与其存在直接的利害关系。虽然其法律地位比较特殊,但是他们与民事执行案件的申请执行人相比,只是存在法律关系上的理论区别而已。刑事案件移送执行后,并无检察机关或者刑事审判部门推动执行程序的妥善介入方式及规定,在此情况下,承认其法律地位,允许受害人积极参与执行实施和执行裁决程序,有利于为其提供高效、充分的程序保障,避免其长期游离于规范的救济途径,也有利于减轻案件一律由法院依职权进行追加的负担。特别是刑事执行案件执行周期一般较长,大部分案件无可供执行财产,一些非法集资、合同诈骗案件的受害人数量众多,要求获得损害补偿的情绪比较激烈,容易存在不稳定因素。因此,将其纳入到正常的执行实施、裁决程序具有十分迫切的现实意义。

(三)承认受害人异议主体地位的具体设想

承认受害人的异议主体地位,首先应当明确受害人在执行程序中的当事人身份。立法上,可以直接规定受害人适用申请执行人的有关规定,享有民事案件申请执行人的有关权利,并由检察机关、刑事审判部门给予必要协助与配合;同时,在执行裁决程序中,可以规定准予受害人以利害关系人、权利承受人的身份提出异议、追加、变更、督促等申请,或者在规定申请主体上采用开放式的语法结构,例如,追加被执行人可以规定为,“被执行人无财产清偿债务,如果其开办单位对其开办时投入的注册资金不实或者抽逃注册资金，执行法院可以依申请裁定追加其开办单位为被执行人。”长远来看，“执行程序编”应当从《民事诉讼法》中剥离，由立法机关出台统一的《强制执行法》法典，使刑事案件受害人得以更充分的执行程序保障。

具体到执行裁决程序中，基于受害人异议类案件的特殊性，撰写相应执行裁定时应当对目前所适用的《执行文书式样（试行）》的模板进行变通。例如，列明案件的移送机关，在当事人基本情况处列明受害人的“申请人”或者“异议人”身份，并加括号注明“受害人”，同时在执行裁定文书的首部对案件来源部分对案件移送事实进行准确表述等。另外，由于现阶段执行裁决部门仅能就法律授权范围内的实体事项进行审查处理，因此部分受害人的追加、变更请求由于缺乏法律依据无法在执行裁决范围内解决。对于此种情形，执行裁定应当在文书“本院认为”部分进行释明，并在裁定文书主文后指明其他救济途径。

（责任编辑：刘书星）

被执行人以放弃继承方式规避执行问题分析
——严某申请张某偿还借款案相关法律问题分析

袁 佳*

一、据以研究的案件

2004年4月,法院受理执行严某与张某民间借贷纠纷一案。案件受理后,张某以无经济能力拒不履行,申请执行人严某不能提供有效财产线索。执行法官多次到张某住所地调查了解情况,张某父母均表示张某长期不回家,联系不上,无法配合法院执行。由于未能查找到有效财产线索,且被执行人一度下落不明,案件执行严重受阻。2011年4月,执行法官发现被执行人张某在其住所地附近从事房产中介的案件情况,随后向张某住所地送达了传票。张某依传到庭谈话。鉴于其多年下落不明,且目前有一定职业收入仍不履行判决的行为,法院对其作出了拘留15日的决定。拘留期间,在其父母及张某本人在场的情况下,对张某与其父母共同居住的房屋进行了搜查,扣留了张某的名牌皮具及高档手机等财物。在被采取拘留等强制措施后,张某仍不履行判决确定的义务。

数月后,在了解张某经济情况和工作情况的谈话中发现张某之父于谈话前两个月因病去世。为了解张某是否因继承获取相关财产,执行法官调查发现张某之父去世后遗有房产一处,并未就房产的继承问题留有遗嘱,张某及其母为该房产的法定继承人。进一步调查发现,在明知张某负有大额债务至今仍为法院被执行人的情况下,张某母亲及张某在公证处作出了张某放弃继承权,张某之父遗留的房产全部由张某之母继承的公证。而后上述房屋过户至张某母亲名下。

* 北京市西城区人民法院执行三庭法官,中国政法大学诉讼法学硕士。

二、相关法律问题分析

张某作为案件被执行人在被采取拘留等强制措施后仍以无经济能力拒不履行判决确定的还款义务的情况下，做出放弃继承的行为，表面上是放弃权利，实则是转移财产、规避执行的行为；张某之母在明知张某系被执行人并拒不履行判决义务的情况下，接受张某放弃继承的财产份额，并协助张某将本应由张某继承的财产份额转移至个人名下，事实上构成了协助被执行人张某转移财产和规避执行的行为。但就如何进一步处理被执行人张某规避执行等问题产生争议。

（一）执行机构可否立即控制登记在案外人名下的被转移财产

被执行人为规避执行放弃权利继承，使原本应由其继承的份额转由他人继承并已办理新的权属登记。在此情况下，为彻底规避执行，极易出现相关财产被再次转让和他人善意取得的可能，执行机构有无立即对相关财产采取控制性措施的权力至关重要。

就此问题，执行中存在不同的意见：

意见一认为，执行机构无权查封登记在案外人名下且案外人未认可该财产归被执行人所有的财产。如对登记在案外人名下的财产直接予以查封，无法律依据。

意见二认为，在上述相关财产极易被再度转让而流失的紧急情况下，考虑客观实际，执行机构应立即采取控制性措施。此种做法既能保全申请执行人的利益，又不过分损害登记权利人的利益，符合了“两害相较取其轻”的基本司法精神。

笔者赞同第二种意见，即在上述情况下，执行机构应当立即采取控制性措施。

第一，本案中的此类情形，从被执行人外在表现上看已经构成了规避执行，对于规避执行的行为，执行机构有义务予以制止和控制。

第二，被执行人规避执行的情况已经出现，被执行人转移财产以及第三人协助被执行人转移财产的意图一目了然，为了完全实现转移的目的，不排除财产的名义登记人将所涉标的物进一步转让的可能。从而造成标的物由案外人善意取得，转让款予以隐藏等无法挽回的结果。在此种情况下，对标的物立即控制极为必要。

第三，债权人没有对相关财产获得立即保全的途径。在司法实践当中，由于案件压力等多方面原因，很多法院一般仅处理诉讼中的保全请求。且即便法院受理诉前保全，诉前保全必须由权利人提出申请并提供相应的担保。特别是保全房产此类高标的案件，对权利人的担保能力提出了很高的要求。所以，诉前保全的途径难以满足被执行人规避执行转移财产案件中的保全需求。

第四，最高人民法院《关于人民法院执行工作若干问题的规定（试行）》第26条第2款规定："在执行通知书指定的期限内，被执行人转移、隐匿、变卖、毁损财产的，应当立即采取执行措施。"在本案当中，被执行人在自己尚有债务未清偿且以无清偿能力拒不履行判决义务的情况下，表面上放弃自己的权利，事实上转移、隐匿财产，规避执行。故根据该条规定，执行机构为防止出现无法挽回的损失而立即对相关财产采取控制性措施是有法律基础的。

第五，为平衡双方利益，法院执行机构可以考虑在对被转移财产予以控制之后，给予申请执行人15日提起诉讼的合理期限，由申请执行人提起认定放弃继承无效的诉讼并申请法院启动诉讼中的保全程序。将是否应当继续对相关财产进行保全的事项交由审判机构进行判定，既保全申请执行人的利益，又不过分损害标的物登记权利人的利益。此外，对于被执行人拒不执行行为已经给申请执行人造成很大经济困难，申请执行人难以提供保全担保的，可以考虑由执行机构向审判机构提出建议，由审判机构根据案件实际情况依职权启动保全程序。

（二）如何处理张某规避执行的行为

面对被执行人为规避执行，放弃继承，且财产已变更登记至他人名下的案件事实，应如何挽回"流失"的财产，恢复财产权属状况，以便案件执行，实现债权人利益。

就此问题，在执行过程中形成两种思路：

一种思路考虑可否直接由执行部门作出认定放弃继承无效的裁定，进而撤销新的权属登记，恢复法定继承，促使被执行人主动析产或者申请执行人代位析产，从而确定被执行人的权利份额，以便查封相关份额。

另一种观点认为执行机构无权就此问题作出裁定，而应由权利人依法向法院提出被执行人放弃继承无效的诉讼，在取得认定被执行人放弃继承无效的生效判决后，撤销公证，进而撤销新的权属登记。

对于如何处理被执行人规避执行放弃财产继承的行为，笔者赞同后一种观点，认同应该由权利人，也就是本案当中的申请执行人向法院提出被执行人放弃继承无效的诉讼。

首先，被执行人放弃继承是否有效的问题是关于实体权利的法律问题，对实体问题的裁判依审判程序进行判定是立法及司法活动普遍遵循的原则。

其次，执行中的裁决不排除实体问题，但仅以法律明文规定的实体问题为限。执行中的裁决程序也涉及部分实体问题，特别是在被执行人的追加问题上显得尤为明显，但理论及实务界在此问题上严格坚持以法律及司法解释明确规定的情形为限。所以，执行机构不宜裁决法律未授权依执行程序处理的实体问题。

再次,对此类问题依据审判程序审理有利于确保司法中立。在我国,执行机构以判决的实现为基本目的,被执行人为执行机构针对的对象,执行活动具有很强的主动性。考虑到我国执行程序较为强烈的“职权主义”色彩,将权利认定的问题交由审判程序处理,更能确保司法活动的中立性。

最后,依据审判程序处理该问题能为原被告双方提供充分的权利救济程序。本案涉及的此类问题是有关当事人切身利益的问题,相较于执行中的裁决程序,法律赋予了审判程序以更多的权利救济渠道,能更好地保护当事人的权利实现。

经由法院审理认定放弃无效,从而撤销前述公证及权属登记,恢复相关财产权属状况。而后应促使被执行人主动析产,被执行人怠于析产的,应由申请执行人提起代位析产诉讼,进而确定被执行人财产范围以供执行。

综上,在被执行人表面上放弃继承,实则转移财产的情况下,立即对所涉财产予以控制,并由申请执行人立即启动诉请确认被执行人放弃继承无效的诉讼来追回被转移财产是正确的途径。通过上述方式,被张某放弃继承的房产已被控制,且申请执行人已取得了确认张某放弃继承无效的生效判决。

(责任编辑:刘书星)

【观点争鸣】

以转移户口为目的缔结的“合同婚姻”不宜认定为无效

李新亮*

一、据以研究的案例

河北籍女子姜某经人介绍与北京籍男子陈某相识并结婚，二人同时签订“入户付款协议”，合同约定：“结婚时付款5万元，3年后户口转入北京再付余款5万元，如任何一方反悔，给付对方违约金2万元。”双方其实并未在一起共同生活，在此期间，陈某因与他人恋爱无法登记结婚，于是，陈某到法院起诉姜某，要求确认双方婚姻关系无效，并依法予以解除；陈某还主张双方存在“假结婚”行为，请求法院确认签订的“入户付款协议”及违约条款无效。姜某则主张此案应驳回陈某的诉讼请求，要求法院按离婚程序重新审理；另主张因陈某并未依照协议帮其办理北京户口，故应按照协议约定将已付5万元退回，并赔偿违约损失2万元，否则不同意离婚。法院经审理认为，双方已经通过结婚登记形成了现实的婚姻关系，且婚姻关系的形成并不属于婚姻无效的法定情形，故判决驳回陈某的诉讼请求。双方均未上诉。

二、相关法律问题分析

本案中，对于双方以转移户口为目的形成婚姻关系的效力认定，应通过何种法律程序进行审理，以及签订“入户付款协议”的效力问题，存在以下两种处理意见：

第一种意见认为，虽然现行《婚姻法》及其解释并未对该类行为的效力作出

* 北京市延庆县人民法院法官，中国人民公安大学法学硕士。

明确规定,但双方并非以感情为基础、以长期共同生活为目的,以此形成的婚姻关系完全建立在非法转移户口目的之上,相比《婚姻法》第10条规定的婚姻无效四种情形更加有损社会公益,应该对该法条适当做出扩大解释,认定为婚姻关系无效。

第二种意见认为,双方婚姻关系的形成并未违反《婚姻法》第10条规定的婚姻无效四种情形,《婚姻法解释》中亦未对以婚姻形式侵害公共利益行为的效力作出规定,双方已经通过结婚登记形成了现实的婚姻关系,故应依法驳回陈某的诉讼请求,陈某只能通过离婚程序重新立案、重新审理。但双方签订的协议系恶意串通损害国家公共利益的行为,理应被认定为无效合同。

笔者同意第二种意见,具体理由如下:

(一) 法律解释的对象和范围受到严格的限制

鉴于社会生活的多样性和法律规定的滞后性,司法实践中,在法无明文规定时,有时需要法官根据法律的基本原则和精神对现有法律、法规做出合理解释,并依法行使自由裁量权。但是,法官解释法律必须严格遵守一定的规则和条件,如法官可以对法律条文的内涵进行具体界定,而基于民法上的"法无明文规定即自由"原则,法官不可以对强制禁止条款进行扩大解释,否则就超出了法律解释对象的合理外延,属于非法解释。我国《婚姻法》第10条规定:"有下列情形之一的,婚姻无效:(一)重婚的;(二)有禁止结婚的亲属关系的;(三)婚前患有医学上认为不应当结婚的疾病,婚后尚未治愈的;(四)未达法定婚龄的。"通过以上规定可以看出,《婚姻法》用列举的方式对婚姻无效的四种情形做出了明确规定,并没有"其他导致婚姻无效情形"的类似表述,《婚姻法解释》亦未对以假结婚谋取非法利益的婚姻效力作出任何规定,对法官自由裁量权的行使进行了严格的限制。本案中,双方结婚虽然存在"以婚姻换户口"的非法利益因素,一定程度上造成了社会福利资源的不平等分配,侵害了其他公民的合法权益和可期待利益,无疑是一种侵害社会公益的行为。但是,由于结婚行为本身并未违反现行法律的强制性禁止规定,法官无法单纯基于社会效果考虑,将其解释为婚姻无效的情形进行认定,否则将因缺乏法律依据而最终导致判决无效。

(二)婚姻登记行为是确认婚姻关系有效的直接证据

婚姻关系的成立必须满足《婚姻法》规定可以结婚的前提要件,如自愿结婚、达到法定婚龄等主客观条件,并通过婚姻登记行为获得法律上的认可。如果男女双方不存在《婚姻法》第10条规定婚姻无效的相关情形,结婚证便具备了直接、可定案证据等典型特征,即无需其他证据佐证,双方仅凭结婚证即可证明婚姻关系的现实存在并合法有效。而感情因素虽然是维系婚姻关系的实质要件,但其仅在法院判定是否准予离婚时进行考量,而在双方自愿登记结婚的情况下,婚姻登记机关无法对双方是否存在真情实感进行审查,只能通过双方的登记行为进行倒推认定,即基于婚姻身份关系的严肃性,只要双方满足结婚的形式要件且共同到婚姻机关进行登记,即可认定双方自愿并存在感情基础,至于是否一起共同生活、感情深浅、日后感情的变化,并非结婚登记机关必须审查的因素。本案中,双方显然属于自愿登记结婚,不仅满足了婚姻关系成立的主观要件,而且通过登记行为表达了长期共同生活的意思表示,虽然附有"以婚姻换户口"的交易条件,但双方合意掩盖,婚姻登记机关当时根本无从审查,并不能以此否定行政机关进行婚姻登记的公定效力。总之,感情因素并非婚姻登记审查的必备要件,但却是判定离婚与否的实质要件。

(三)婚姻关系的存续不受任何合同效力约束

婚姻关系的成立是一种建立在身份权基础上的合意,受到感情因素的影响较大,而合同关系是一种建立在私益处分基础上的合意,受《合同法》规范和调整,与感情因素无关。然而,身份关系有时也会和合同关系相伴而生、互为因果,例如夫妻婚前财产协议即是一种以离婚为生效条件的合同关系。但本案中双方签订的"入户付款协议"与夫妻婚前财产协议存在本质区别,夫妻婚前财产协议虽然依附于婚姻身份关系,但却具有独立的合同法属性,是建立在平等、自愿基础上的一种私益处分行为,对夫妻双方具有民法上的约束力,获得了法律的认可和尊重。而"入户付款协议"虽然也是双方自愿签订,但其生效条件建立在非法目的性基础之上,是一种双方合意侵犯国家公共利益的行为,属于《合同法》规定的"无效合同"情形,不能对双方产生协议约束效力。然而本案中的合同无效并不必然导致婚姻关系无效,因此,本案中法院只能驳回陈某的诉讼请求,依照离婚程序重新立案、重新审理。然而,离婚程序和宣告婚姻无效程序是两个完全独立的法律程序,遵循不同的司法流程、认定标准和裁判对象。此时,法院审查双方离婚与否的条件只能依照《婚姻法》第 32 条的规定综合判断,如果另一方不同意离婚且调解不成,上述"入户付款协议"所记载的内容便具备了证据的属性,双方基于非正当手段缔结的婚姻因并未建立在感情基础上,婚姻存续期间并未一起共同生活,而是附条件的非法交易行为,据此可以认定双方自始不存在夫妻感情,从而判定双方离婚条件成立。

综上,姜女士以获得北京户口为目的形成的合同婚姻,虽然有损社会公益,但符合了婚姻成立的形式要件,并未违反法律的强制性规定,无法被确认为无效。但双方据此签订的"入户付款协议"因以合法形式掩盖非法目的,损害了国家、集体和第三人的利益,应认定为无效合同。法院的判决是正确的。

(责任编辑:刘书星)

已逾退休年龄仍从事个体经营的自然人因交通事故受伤可以获得相应的误工费赔偿

郭明伟*

一、据以研究的案例

2011年5月21日8时25分，在北京市通州区永顺镇新华北路北桥头，被告岳某驾驶出租公司车牌号为京BM2379的轿车由南向北行驶时，适有原告赵某驾驶自行车由东向西驶来，二车相撞，造成二车损坏，并致赵某受伤。事故发生后，交警潞河大队依法对事故现场进行了勘查，但由于事发时二车进入人行横道时交通信号灯的显示状态不能确定，潞河大队不能确定岳某、赵某的事故责任。事发后，赵某被送往医院进行住院诊疗并数次复查，为此造成了损失，故起诉至法院要求判令被告岳某所在的出租车公司赔偿各项损失约36,719.78元，其中对于误工费，赵某提供了字号名称为"北京硕东家美商贸中心"、经营者姓名为"赵甲"的个体工商户营业执照、税务登记证及二六三医院出具的病休证明，并称自己每个月的收入大约4000元到5000元，故要求按照上述标准计算三个半月的误工费，对此保险公司等三被告持有异议，并称同意赵某实际误工时间三个半月，但不同意其误工费的计算标准，认为其主张的误工损失过高。另查，赵某出生于1937年6月18日。

法院经审理认为：被告岳某车与原告赵某发生交通事故，致赵某受伤。肇事车辆投保交强险的公司即被告保险公司应当在交通事故责任强制保险限额范围内先予赔偿。岳某作为出租公司的工作人员在出租车运营期间造成他人损害的，应由出租公司承担相应的责任。驾驶自行车的赵某在行经人行道时应当下车推行，其骑行本身存有过失，但综合其过错及原因与损害后果的关系等因素，

---

* 北京市通州区人民法院民二庭法官助理，华东政法大学法学硕士。

不能因此减轻机动车一方的赔偿责任。其中对赵某主张误工费的诉讼请求，其提供了经营者姓名为赵甲的个体工商户营业执照和个体税务登记证，且保险公司亦认可赵某实际误工时间，故其主张误工收入法院予以支持，但因其未提供实际收入及纳税情况证明，故具体数额以上一年度北京地区城镇居民人均可支配性收入29,073元为标准计算三个半月为8363元，对其主张的过高部分，法院不予支持。判决作出后，双方均未上诉，判决已生效。

二、相关法律问题分析

本案的争议焦点是作为74岁高龄的赵某能否获得误工费赔偿。第一种意见认为，赵某请求的误工费不应得到支持。理由是：参照劳动和社会保障部1999年3月9日劳动和社会保障部发布的《关于制止和纠正违反国家规定办理企业职工提前退休有关问题的通知》中的规定，国家法定的企业职工退休年龄是女工人年满50周岁，女干部年满55周岁；从事井下、高温、高空、特别繁重体力劳动或其他有害身体健康工作的，退休年龄为女年满45周岁；因病或非因工致残完全丧失劳动能力的，退休年龄为女年满45周岁。而赵某已年逾七旬，属于自然丧失劳动能力人，因而其该项请求不应得到支持。第二种意见认为，法律法规并没有明文规定自然人在多大年龄下丧失劳动能力，且赵某提供的字号名称为"北京硕东家美商贸中心"、经营者姓名为"赵甲"的个体工商户营业执照、税务登记证也证实其仍然自食其力，并未丧失劳动能力，且保险公司亦认可赵某因交通事故受伤主张的误工时间，故赵某应当获得相应的误工费赔偿。法院采纳第二种意见，理由如下：

第一，误工费，实际上是指受害人从遭受人身损害到完全治愈这一期间因暂时丧失或减少劳动能力而无法从事正常工作或劳动所导致的收入损失的赔偿。最高人民法院《关于审理人身损害赔偿案件适用法律若干问题的解释》第20条规定："误工费根据受害人的误工时间和收入状况确定。"《侵权责任法》第16条规定："侵害他人造成人身损害的，应当赔偿医疗费、护理费、交通费等为治疗和康复支出的合理费用，以及因误工减少的收入。"上述法律及解释并没有规定超过退休年龄的人即为无劳动能力之人，因此其仍然可以从事工作和劳动获取相应的收入。本案中的赵某从事个体经营获取收入，因交通事故遭受人身损害而不能从事原有的工作和劳动，且减少或者丧失了收入，基于《侵权责任法》完全赔偿的原则，赵某应获得相应的误工费赔偿。

第二，虽然劳动和社会保障部1999年3月9日发布的《关于制止和纠正违反国家规定办理企业职工提前退休有关问题的通知》中规定了国家法定的企业职工的退休年龄，但退休在某种意义上更多的是国家法定的企业职工的一种待遇。对于老年人而言,其有无劳动能力应当依实际情况确定,而不能将年龄作为一个唯一的标准。因此,仅以受害人已超过退休年龄为由而认定其无劳动能力的做法有失妥当,也不利于保护老年人的合法权益。

第三,随着人们生活条件的极大改善,人均寿命不仅相对提高,而且劳动者劳动能力的减弱与丧失也必然大大迟延。本案中,作为受害人的赵某身体状况正常,事实上其从事个体经营,有一定的劳动能力和收入,如因其已逾七旬而不支持其误工费的请求显然与事实不符。但考虑赵某未提供实际收入及纳税情况证明,法院只能从损害赔偿的社会妥当性和社会公正性出发,为受害人确定一个相对固定的标准即以北京地区城镇居民人均可支配收入作为计算赵某误工费的依据。

综上,法院的判决是正确的。

(责任编辑:郭　妍)

如何认定人身损害赔偿案件中治疗的必要性和合理性

王圣飞*

一、据以研究的案例

赵甲与赵乙是父女。曹某居住的院落与赵甲居住的院落相邻,双方因排水纠纷关系不睦。曹某的正房与赵甲、赵乙院落南侧的胡同之间有一条排水沟,赵甲居住院落内的雨水从胡同向南流入排水沟。2010 年 6 月 5 日,赵甲及其妻高某、赵乙等回到家中,发现胡同边建了一堵影响排水的坝坎,赵甲、高某自行用铁钎等物品将小坝坎拆除。曹某与其夫付某听到响动,上前辱骂并阻拦,曹某上前夺赵甲手中的铁钎,赵乙上前撕扯曹某的手,在抢夺铁钎过程中,赵甲打曹某胸部一拳,曹某受伤并倒地。曹某受伤后,当日到密云县中医医院就医并住院治疗,被诊断为"左前胸外伤,胸前臂浅表损伤",次日出院时诊断为"胸痹、痰淤互阻"。曹某支出门诊医疗费 926.73 元、住院费 3386.34 元、器物费 18 元。2010 年 6 月 7 日至 22 日,曹某在北京市密云县医院住院就医,出院时诊断为:"冠状动脉粥样硬化性心脏病、不稳定型心绞痛、心脏不大、窦性心率、心功能Ⅱ级、冠脉造影术后、3 级高血压病(极高危组)、2 型糖尿病",支出医疗费 7,966.43 元。2010 年 6 月 9 日,北京市密云县公安司法鉴定中心作出鉴定书,鉴定结论是"曹某身体所受损伤程度属不构成轻微伤"。曹某诉至法院,要求赵甲、赵乙承担赔偿责任。

法院经审理认为,公民的身体权、健康权受法律保护。赵甲、高某发现门前排水沟被堵后,私自拆除护坝,之后双方纠纷扩大,赵甲、赵乙共同造成曹某受伤,二人的行为侵害了曹某的身体健康权,应承担主要责任,并对曹某的损失承

---

* 北京市密云县人民法院巨各庄法庭副庭长。

担连带赔偿责任。曹某行为失当，应承担次要责任。据此判决被告赵甲、赵乙赔偿原告曹某医疗费、误工费、交通费、营养费、伙食补助费、护理费等损失共计二千五百七十五元。

二、相关法律问题分析

本案的难点在于对受害人治疗的合理性与必要性的审查。最高人民法院《关于审理人身损害赔偿案件适用法律若干问题的解释》规定，赔偿义务人对治疗的必要性和合理性有异议的，应当承担相应的举证责任。如何理解治疗的必要性和合理性的举证责任，法院有无职权对治疗合理性及必要性主动审查，是正确处理问题的关键。

针对此问题存在两种意见：一种意见认为，法院不应主动进行审查。只要受害人能证明遭受损害，并有医疗费损失，赔偿义务人就有义务赔偿，除非赔偿义务人能够证明治疗不必要或不合理。赔偿义务人不能提交治疗不必要或不合理的证据，则应视为受害人的治疗合理且必要。依据该种意见，赵甲、赵乙虽对曹某治疗心脏病、糖尿病等疾病的费用存在异议，但并未提交相应的证据，所以应认定曹某所支付的医疗费用全部为必要且合理费用。另一种意见认为，法院应主动进行审查。虽然治疗是否必要及合理的举证责任由赔偿义务人承担，但法官仍可依据收款凭证及病历、诊断证明对治疗的必要性及合理性进行判断，以实现实质公正。依该种意见，赵甲、赵乙虽未提交相应的证据，法院也应判断治疗心脏病、糖尿病等疾病的费用是否合理且必要。

笔者同意第二种意见。受害人治疗明显不合理或不必要时，即使赔偿义务人没有提交相关的证据，法官也应依据受害人所受损失及治疗情况，遵循法官职业道德，运用日常生活经验，对治疗的合理性及必要性进行判断，最终确定受害人的合理经济损失。

第一，法官应对当事人提交的证据进行主动审查。最高人民法院《关于民事诉讼证据的若干规定》第64条规定："审判人员应当依照法定程序，全面、客观地审核证据，依据法律的规定，遵循法官职业道德，运用逻辑推理和日常生活经验，对证据有无证明力和证明力大小独立进行判断，并公开判断的理由和结果。"对受害人所举证据的质证、认证过程，也是对受害人治疗的合理性及必要性的审查过程，该过程应由法官主导。所以，赔偿义务人对治疗的合理性和必要性有异议的，即使不能提交相应的证据，审判人员也应依据受害人提交的收款凭证、诊断证明等证据来分析判断，必要时可以咨询主治医生的意见，确定治疗的合理范围，对受害人的损失数额予以确定。

第二，证明治疗不合理或不需要取证困难。首先，法律没有规定治疗的合理性与必要性由何主体进行判断。由于医疗的特殊性,任何医疗机构面对病人的医治请求,均不会以不合理或不必要拒绝治疗,有些情况受害人就医只是主张头痛,医生在诊断证明也写明“主诉头痛”,主治医生不会说明某某的伤情不严重,不需要治疗。医疗具有专业性,受害者所受伤害及医疗过程不可重复,其他医疗机构没有参与治疗,也不易判断某病人是否符合就治条件。若进行司法鉴定,则需支付鉴定费用,但因打架引起的纠纷产生的医疗费一般只有几百元、几千元,尚不如鉴定费多,进行鉴定无疑增加诉讼当事人的负担,即使审查出了问题,也可能无法抵消鉴定费的支出,不符合经济成本。另外,医疗机构一般会对病人的病历保密,其他人往往没有查阅病历的机会。其次,法律没有规定治疗合理性与必要性的范围。除非受害人未对症下药,赔偿义务人列举的证据难以推翻受害人提交的证据。例如疾病是否痊愈,有些受害人的伤情不重,但就医频繁,或者住院治疗,持续时间长,这就需要审判人员对治疗的合理性与必要性进行判断。

第三,法院主动审查有利于实现法律效果和社会效果的统一。因打架引发的伤害往往是个人矛盾发展到一定程度的产物,双方对立性较强,在就医时受害人易表现报复心理而恶意夸大损失。由赔偿义务人对受害人治疗的必要性及合理性进行举证,往往造成举证不能,甚至引发受害人在治疗时恶意扩大开支,赔偿义务人又无能力来对此进行反驳。对恶意夸大开支的情况不予制裁,不仅使赔偿义务人蒙受经济损失、浪费社会资源,也不能给予公民处理相关纠纷时一个正确的导向,不利于社会的和谐与稳定。

结合本案,被告方虽未提交曹某治疗必要性和合理性的证据,但结合曹某就诊医生的意见,遵循法官职业道德,运用日常生活经验,对曹某支出医疗费损失的必要且合理部分予以认定。为治疗慢性支气管炎、糖尿病所支出的费用与打架致伤无关,属于不必要且不合理费用,应从合理损失中扣除。

综上,依此作出判决是正确的。

(责任编辑:郭　妍)

【参阅案例】

外国籍被告人被判处无期徒刑和死缓的不能附加驱逐出境

被告人林某某，男，美利坚合众国公民。

一、案情

2005 年 10 月至 2006 年 6 月间，被告人林某某虚构其在英国银行有 1550 万美元存款，准备将该款汇入中国境内用于投资的事实，以引入该资金需要向境外银行、政府部门等机构交纳保管费、保险金、清算费用等为由，以借款为名，骗取中油新兴能源产业集团有限公司（以下简称中油公司）人民币 551 万余元。

2006 年 4 月至 2006 年 11 月间，林某某以上述同样手段，骗取被害人毛某、高某人民币共计 547 万元。

被告人林某某被抓获后，其所骗款项均未起获。

二、审判结果

一审法院经审理认为，被告人林某某以非法占有为目的，虚构其有巨额存款准备在中国境内投资的事实，以其存款汇入中国需要向境外多个机构交纳各种费用为由，骗取他人钱款，数额特别巨大，其行为已构成诈骗罪，其所诈骗钱款均未追回，犯罪情节特别严重，依中华人民共和国法律应予惩处。故依法判决：1. 被告人林某某犯诈骗罪，判处无期徒刑，并处没收个人全部财产；2. 继续追缴犯罪所得分别发还各被害单位和被害人。

一审宣判后，被告人林某某以一审判决事实不清、证据不足为由，提出上诉。

二审法院经审理认定，一审法院认定事实清楚，证据确实、充分，定罪及适用法律正确，量刑适当，审判程序合法，应予维持。故依法作出终审裁定：驳回林某某的上诉，维持原判。

三、意见

对于本案的定性及主刑的判处,没有争议。唯对是否对被告人林某某一并附加驱逐出境,审理中存在以下分歧:

第一种意见认为,对于外国籍被告人被判处无期徒刑的,应当一并附加驱逐出境。理由是:根据最高法院《关于办理减刑、假释具体应用法律若干问题的规定》,被判处无期徒刑的犯罪分子,符合一定条件即可减为有期徒刑,这与国外针对严重刑事犯罪适用的不得假释的终身监禁是有区别的,结合我国的刑罚执行制度,对被判处无期徒刑的外国籍被告人,按照《刑法》第35条的规定,决定在判决书中是否一并附加驱逐出境,符合我国无期徒刑这一刑罚的执行特点;而且《刑法》第35条应当适用于所有外国人犯罪的案件。

第二种意见认为,对于外国籍被告人被判处死缓和无期徒刑的,不应当附加驱逐出境。

我们同意第二种意见。理由具体分析如下:

(一)对判处无期徒刑的外国籍被告人附加驱逐出境与无期徒刑的刑罚性质不符

无期徒刑作为我国刑罚体系中主刑的一种,是指剥夺犯罪分子终身自由,并强制劳动改造的一种刑罚方法。对于外国籍被告人而言,无期徒刑既然是剥夺其终身自由,并且由我国的监狱执行,就不存在将其驱逐出境的问题。如果在判决书中表述"判处无期徒刑,附加驱逐出境",就会与无期徒刑的刑罚性质相矛盾,有损我国法律的严肃和权威。而对于判处有期徒刑的外国人附加驱逐出境,则不会出现这种情况。

(二)对于被判处无期徒刑的外国籍被告人可在减刑时一并附加驱逐出境

我国刑罚中的无期徒刑不同于国外的终身监禁,服刑期间满足一定条件即可减为有期徒刑。但减为有期徒刑时,根据案件具体情况有必要驱逐出境的,法院可以在作出减刑裁定时一并对被告人附加驱逐出境。《刑法》第35条规定的驱逐出境既不属于主刑,也不属于附加刑,只是针对外国籍犯罪分子实施的防止其再在我国进行违法犯罪行为的一种制裁措施,法院在减刑时一并附加驱逐出境并未加重被告人的刑罚。最高人民法院在1997年召开的涉外涉侨涉港澳台刑事案件工作座谈会上对此问题进行了明确。

(三)对判处死缓的外国籍被告人不附加驱逐出境与死刑缓期二年执行的特点一致

死缓是死刑的一种执行方式,是附条件的不执行,也就是说是否执行死刑在两年的考验期内处于一种不确定的状态,而对于在考验期内故意犯罪的经最高人民法院核准后执行死刑。如果附加驱逐出境,而被告人又因故意犯罪被执行死刑,显然自相矛盾。因此,不能对外国籍被告人在作出死缓判决的同时一并附加驱逐出境。而对于死缓考验期满没有故意犯罪被减为无期徒刑或者有重大立功表现被减为有期徒刑的,与前述理由一致,在减为有期徒刑时可决定是否附加驱逐出境。

(四)对外国籍被告人判处无期徒刑时不附加驱逐出境并不违背刑法规定

《刑法》第35条规定:"对于犯罪的外国人,可以独立适用或者附加驱逐出境。"首先,从条文文义上而言,无论外国籍被告人被判处何种刑罚,均是可以附加驱逐出境,特殊情况下也可以不附加。即使对于判处无期徒刑的外国籍被告人,也是可以附加驱逐出境,而非必须一律附加驱逐出境。对于具有特殊情况的,可以不附加驱逐出境。其次,是否附加驱逐出境,要综合案件情况及国家安全、外交等方面因素综合决定。一般而言,对于犯罪行为严重、被判处较重刑罚的,或者主观恶性较深、人身危险性较强、再犯可能性较大的,应当附加驱逐出境。最高人民法院在前述座谈会上指出,对于判处有期徒刑的,除个别特殊情况外,原则上应当附加驱逐出境。但对外国籍被告人是否附加驱逐出境,并不完全取决于被告人犯罪行为的严重程度和所判刑罚的轻重,更要考虑国家安全、外交等方面的因素,综合决定是否附加驱逐出境。

综上,一、二审法院的裁判是正确的。

律师风险代理收费应以当事人明确约定为准

原告(二审被上诉人、申请再审人)北京市华联律师事务所。

被告(二审上诉人、被申请人)中视电视购物有限公司。

一、案情

2005年8月,被告中视电视购物有限公司(以下简称中视公司)委托中凯律师事务所范某(案外人)和原告北京市华联律师事务所(以下简称华联律师事务所)李某两位律师,作为中视公司与申飞公司、凤凰公司及其与凤凰公司买卖合同纠纷两案的诉讼代理人。范某和李某两位律师参与了上述两案一审、二审的庭审及相关诉讼活动。中视公司在上述两案中胜诉,诉讼标的金额合计58,644,085元。2006年6月12日及同年7月1日,中视公司又先后委托范某、李某作为上述两案执行案件的代理人。

中视公司与中凯律师事务所签订了书面代理合同,约定代理费结算方式为风险代理,即按执行到位款项的8%支付,由于案件尚未执行完毕,故中视公司至今未向中凯律师事务所支付代理费。

中视公司与华联律师事务所未签订书面代理合同,但是中视公司于2005年9月28日、2005年10月10日、2006年5月18日分三笔向华联律师事务所李某支付了律师代理费67,600元。

2007年4月27日,中视公司撤销了对华联律师事务所律师李某在执行案件中的授权。

2009年2月26日,华联律师事务所向中视公司公证送达了律师函,要求中视公司按两案胜诉总额的8%即4,904,800元支付代理费。后经华联律师事务所多次催要未果,故诉至法院请求判令中视公司给付律师代理费4,904,800元。

二、审理结果

一审法院审理中,中视公司提交了李某签收的三张收条:(1)2005年9月28日,李某出具收条,载明收到范某2万元代理费用。(2)2005年10月10日,李某出具收条,载明收到13,800元。(3)2006年5月18日,李某出具收条,载明收到33,800元。上述款项合计67,600元,中视公司称该笔款项是中凯律师事务师所代扣税15.5%后向李某支付的代理费。对此,华联律师事务所称李某确实收到过范某交付的上述款项,但否认与涉案的两起案件的代理费有关,认为是范某就其他事项向李某个人支付的费用。但庭审中,范某不予认可。

华联律师事务所称当时系与中视公司法律部主任王某和法定代表人庞某商谈的诉讼代理事宜,口头商定两案胜诉后按照胜诉额的8%收取代理费,开始不包括执行中的代理。在商定后,华联律师事务所向中视公司王某提交了书面合同,但中视公司未盖章。经查,庞某当时并不是中视公司的董事长,是2006年才到中视公司任法定代表人的,王某不是中视公司的职员,而是国际电视总公司法律部的职员。

一审法院认为:华联律师事务所违反律师执业的相关规定,未与委托人中视公司签订书面合同并明确收费标准,但该事由并不影响双方当事人之间口头委托代理合同关系的成立和有效。华联律师事务所作为专业法律服务机构,在未与委托人签订书面合同即承办案件,其对引起本案纠纷负有过错。

虽双方当事人对代理费的收费标准未作出明确约定,且诉讼中,双方就各自的主张均未能提供充分证据予以支持,就此未能达成合意,但鉴于华联律师事务所已实际参与了涉案两起诉讼的一、二审的诉讼代理,作为受托人完成了委托事项,本着实际履行与报酬相符的原则,结合本案合同实际履行情况,并参照同业的相关收费标准,法院酌定中视公司按两案两审总体胜诉额的4%向华联律师事务所支付律师代理费。

一审法院判决:中视公司给付华联律师事务所代理费2,278,163元,驳回华联律师事务所其他诉讼请求。

中视公司不服一审判决,提起上诉。

二审法院经审理认为:根据最高人民法院《关于民事诉讼证据的若干规定》第5条第1款的规定,华联律师事务所应就其为中视公司提供法律服务"按胜诉金额的8%支付律师代理费"的约定承担举证责任。现华联律师事务所在本案中提交的所有证据仅能证明双方之间设立了诉讼代理关系,无证据证明双方之间存在上述有关代理费内容的约定,故除中视公司在一、二审期间自认的代理费数额以外,华联律师事务所的其他诉讼请求,法院不予支持。

关于法院能否在本案中酌定代理费的问题。一审法院酌定的代理费数额是以胜诉金额为依据的,这实际上是采纳了华联律所陈述的收费方式,而就双方之间是否存在上述收费方式,华联律师事务所没有证据支持。对风险代理的收费方式,应以双方当事人的明确约定为基础,在无证据证明双方之间存在这种收费方式的情况下,人民法院不宜采取这种收费方式进行酌定。

据此,中视公司在本案中应当支付给华联律所的代理费,应是其在一审期间自认应当给付的8万元代理费中还未给付的12,400元及其在二审期间自愿给付的12万元。

综上,二审法院改判:1. 撤销一审判决;2. 中视电视购物有限公司给付华联律师事务所代理费132,400元;3. 驳回华联律师事务所其他诉讼请求。

华联律师事务所不服二审判决,申请再审。再审法院经审理维持了二审判决。

三、意见

律师风险代理是指代理律师与当事人之间协商,不必事先支付律师服务费用,待代理事务完成后,当事人从所得财物或利益中按照协议约定提取一定比例向代理律师支付酬金;如果败诉则无须支付。对于律师而言,风险代理是一种利益激励机制,律师取得报酬的多少与案件的诉讼结果具有直接的利害关系,必然会极大地激发律师的工作热情和积极性;对于当事人来讲,风险代理则是一种确保诉讼费用有效支出的保全措施,当事人既可以避免不但要承担败诉或法律事务中的失利后果而且还要支付律师代理费的双重损失,也减轻了维权成本,降低了诉讼风险。律师代理是一项专业性极强的技术服务,当事人自身往往不具备判断律师服务水准的法律知识和专业技能,只能以诉讼或法律事务的最终成败结果来衡量律师提供的法律服务内容是否专业精准,工作态度是否勤勉审慎。因此,风险代理中当事人与律师之间必须就服务范围、计费依据、计算方式(比例)等内容协商达成协议,才能构成具有实际意义的律师风险代理合同关系。

近年来,律师风险代理制度在我国法律服务市场上悄然出现并广为流行,但是由于在本案审理时,我国《律师法》和《律师收费暂行办法》对这种收费方式均无明文规定,因此风险代理在律师代理实践中仍然处于一种无序和混乱的状态。2004年3月,中华全国律师协会发布的《律师执业行为规范(试行)》第96条规定:"以诉讼结果或其他法律结果作为律师收费依据的,该项收费的支付数额及支付方式应当以协议形式确定,应当明确计付收费的法律服务内容、计付费用的标准、方式,包括和解、调解或审判不同结果对计付费用的影响,以及诉讼中的必要开支是否已经包括于风险代理酬金中等。"作为一项执业行为规范,该条款明确要求应以协议形式约定风险代理的收费内容、标准、范围等。2006 年 4 月 13 日,国家发展改革委员会、司法部联合发布的《律师服务收费管理办法》第 13 条规定:实行风险代理收费,律师事务所应当与委托人签订风险代理收费合同,约定双方应承担的风险责任、收费方式、收费数额或比例;实行风险代理收费,最高收费金额不得高于收费合同约定标的额的 30%。该办法也为律师风险代理收费制度提供了明确的法律依据。

我国《合同法》和其他法律中虽然没有规定风险代理法律服务合同必须采用书面形式,但是根据该类合同涉及内容的复杂性,采用口头方式约定如此专业和繁琐的条款是无法想像的,而且一旦发生争议,难以取证和分清责任。此外,律师风险代理合同中的收费标准和方式等内容,必须由当事人根据法律服务的特定内容,对律师机构或律师本人专业素质和勤勉敬业的了解程度,以及区别于其他行业标准、市场定价的因素作出判断,不宜参照《合同法》第 62 条规定的一些标准履行。根据《律师服务收费管理办法》和《律师执业行为规范(试行)》等现行部门规章、行业规定,均强调风险代理应当以当事人的明确约定为基础,因此在无证据证明双方之间存在约定的情况下,人民法院不宜酌定收费比例。

综上,律师风险代理合同的主要条款应当由当事人协商和明确约定,当事人就口头协议内容发生争议的,如无其他证据证明争议事实,法院审理中应当对相关内容不予确认。本案中,华联律师事务所作为专业法律服务机构,在为他人提供法律服务时,应当具备必要的合同意识。其在未与当事人达成风险代理协议的情况下,主张按照当事人与其他律师事务所达成协议中的付费标准支付代理费,显然缺乏合同依据和法律依据。一审法院虽不支持华联律师事务所关于应根据口头约定按照胜诉金额的 8% 计收代理费的诉讼理由,但是酌定按照 4% 计取代理费属适用不当,二审法院认定双方并未约定风险代理的收费标准,也不宜由法院酌定,据此改判撤销一审判决,并判令由华联律师事务所承担举证不能的法律后果。再审法院予以维持是正确的。

外籍当事人提交的公证认证文件应当在其注册登记国的有关机关办理

原告(反诉被告、上诉人)裕骏集团有限公司(ETERNAL UNITY HOLDING LIMITED)。

被告(反诉原告、被上诉人)北京华奥房屋拆除有限责任公司。

一、案情

2003年9月1日,裕骏集团有限公司(ETERNAL UNITY HOLDING LIMITED)(以下简称裕骏公司)与北京华奥房屋拆除有限责任公司(以下简称华奥公司)签订《通州区科技广场拆除工程承包合同书》,约定:裕骏公司将通州区科技广场拆除广场委托给华奥公司施工;计划于2003年9月1日开工,2003年10月16日竣工,如出现因搬迁影响工期的,工期顺延;工程的机械费、人工费等一切费用共计人民币140万元;华奥公司进场时,裕骏公司预付工程款的50%,拆除工程完成施工进度的70%时,裕骏公司再付工程款的30%,工程竣工验收后,裕骏公司付清余款;合同签订后,在9月25日之前,如总承包公司未能付款,由裕骏公司负责付款50%,该50%由裕骏公司下属北京嘉通房地产开发公司(以下简称嘉通公司)支付。

合同签订后,华奥公司进行了部分拆除工作,嘉通公司分别向华奥公司支付拆除工程款合计人民币70万元。后双方合同的履行长期处于停滞状态。2008年10月25日、10月29日、11月3日,华奥公司的董事长肖某与嘉通公司的田某进行了会谈,田某在会谈中认可华奥公司已完成拆除工作量的80%,同意支付已完成工作量的工程款,提出终止双方此前签订的拆除合同。华奥公司未同意,双方协商未果。

双方当事人均认可合同项下的剩余拆除工程已由其他公司拆除完毕。

二、审理结果

一审法院经审理认为:当事人双方签订的《通州区科技广场拆除工程承包合同书》有效。裕骏公司并未证明其主张的国家土地政策调整与其不能履行合同之间存在直接必然的因果关系。因合同项下的剩余拆除工程已由案外人拆除完毕,该合同在客观上已不具有继续履行的可能性,华奥公司基于此亦同意解除合同,故对于裕骏公司要求解除合同的诉讼请求,该院予以支持。但因裕骏公司未完全履行合同,构成违约,其应向华奥公司承担相应违约责任。

华奥公司要求裕骏公司赔偿的损失中,合同项下的剩余工程款 70 万元是合同正常履行后华奥公司可以获得的利益,亦是裕骏公司签订合同时可以预见的因违反合同可能给对方造成的损失,故华奥公司要求裕骏公司支付该剩余工程款 70 万元,该院予以支持。

关于华奥公司主张的窝工、误工、机械费停运损失 599,720 元,因拆除工程于 2004 年开始一直停滞,华奥公司为此遭受了相应的误工、停运损失,华奥公司对此提交了考勤表、工资表、机械租赁协议、结算表予以证明,该院对其此项主张予以支持。

华奥公司因无证据证明其主张的银地大厦拆除残值损失,故对该部分损失不予支持。

综上,依照《合同法》第 94 条第 4 项、第 113 条第 1 款的规定判决:1. 裕骏公司与华奥公司于 2003 年 9 月 1 日签订的《通州区科技广场拆除工程承包合同书》于判决生效之日解除;2. 裕骏公司于判决生效之日起十日内赔偿华奥公司损失人民币 1,299,720 元;3. 驳回华奥公司的其他反诉请求。

一审宣判后,裕骏公司不服,提起上诉。

二审法院经审理认为,本院在审理期间向裕骏公司释明其主体资格文件公证认证手续缺失,要求其补办,但是裕骏公司明示无法补办。本院视为裕骏公司未提交经过所在国家或地区有关机关公证认证的证明其诉讼主体资格存在的相关法律文件,一审判决程序错误,故依据《民事诉讼法》第 153 条第 1 款第 4 项的规定裁定:撤销一审判决,发回原审法院重审。

三、意见

本案在二审阶段的核心问题并非是实体问题而是程序问题。即裕骏公司的主体资格问题,裕骏公司作为在英属维尔京群岛注册登记的公司应该在哪里办理公证认证手续?按照裕骏公司提供的证据,其系在英属维尔京群岛注册的公司。裕骏公司在一审期间提交的有关其主体资格的证明文件,系由英属维尔京群岛注册登记机关出具,但是并未在英属维尔京群岛或者英国办理公证认证手续,而是在香港特别行政区办理的公证认证手续。因此,裕骏公司的公证认证手续是否合法成为本案焦点问题。

我们认为,外籍当事人提交的注册登记证明是哪个国家或者地区的机关出具的,必须在出具证明的该机关所在国家或者地区办理公证认证手续。即外籍当事人提交的公证认证文件应当在其注册登记国的有关机关办理,否则其主体资格不能得到法院认可。具体理由分析如下:

首先,要明确的是,裕骏公司的主体资格证明文件必须办理公证认证手续。依照最高人民法院《关于民事诉讼证据的若干规定》第 11 条的规定:"当事人向人民法院提供的证据系在中华人民共和国领域外形成的,该证据应当经所在国公证机关予以证明,并经中华人民共和国驻该国使领馆予以认证,或者履行中华人民共和国与该所在国订立的有关条约中规定的证明手续。当事人向人民法院提供的证据是在香港、澳门、台湾地区形成的,应当履行相关的证明手续。"最高人民法院的这一司法解释对境外形成的证据提出了严格的形式要件,即履行公证认证或其他证明手续。目前,对于是否有必要对境外形成的证据进行公证认证已经形成共识。在《第二次全国涉外商事海事审判工作会议纪要》中,第 39 条规定:"对当事人提供的在我国境外形成的证据,人民法院应根据不同情况分别作如下处理:(1)对证明诉讼主体资格的证据,应履行相关的公证、认证或者其他证明手续;(2)对其他证据,由提供证据的一方当事人选择是否办理相关的公证、认证或者其他证明手续,但人民法院认为确需办理的除外。"也就是说,人民法院要求当事人必须履行公证认证的手续是诉讼主体资格的证据。按照上述规定,在本案中,裕骏公司必须提交证明其主体资格合法有效存在的证据,并应当办理相应的公证认证手续。

其次,裕骏公司应当如何办理公证认证手续?在《第二次全国涉外商事海事审判工作会议纪要》第 40 条作了明确规定,即:"对当事人提供的在我国境外形成的应履行相关公证、认证或者其他证明手续的证据,应当经所在国公证机关公证,并经我国驻该国使领馆认证,或者履行我国与该所在国订立的有关条约中规定的证明手续。如果其所在国与我国没有外交关系,则该证据应经与我国有外交关系的第三国驻该国使领馆认证,再转由我国驻该第三国使领馆认证。"即裕骏公司应当在英属维尔京群岛或者英国办理公证,并经我国相关驻外使领馆认证。

最后,裕骏公司并非在香港特别行政区注册登记,在香港特别行政区也没有办事机构或营业地,却在香港特别行政区办理了认证手续,明显不符合最高人民法院《关于民事诉讼证据的若干规定》和《第二次全国涉外商事海事审判工作会议纪要》的相关规定。对于裕骏公司的这种情况，最高人民法院在2011年8月下旬召开的全国涉外商事审判工作庭长座谈会的总结讲话中也进行了解答，即在英属维尔京群岛注册成立的公司，但其将主要营业地设在了香港，亦在香港的公司注册登记机关依法办理了海外公司的登记。该公司在人民法院参加诉讼时，如果提交了香港公司注册登记机关进行登记的证明，并在香港办理了公证认证手续，对该证明的证明力，人民法院可予以确认。如果该公司提交的是英属维尔京群岛注册登记机关进行注册登记的证明，但其在香港办理的公证认证手续，对该证明的证明力，人民法院不应予以确认。

具体到本案，裕骏公司提交的注册登记证明是英属维尔京群岛出具的，却未在英属维尔京群岛或者英国办理公证认证手续，其主体资格不能得到确认。一审法院对此未予审查，程序错误，应予以撤销。

综上，二审法院发回重审的裁定是正确的。

不予执行公证债权文书案件的审查标准

申请复议人(原案申请执行人)北京安鼎信用担保有限公司。

原案被执行人无锡亿仁肿瘤医院有限公司。

原案被执行人亿仁投资集团有限公司。

原案被执行人济南亿仁肿瘤医院有限公司。

原案被执行人孙甲。

原案被执行人孙乙。

原案被执行人孙丙。

一、案情

2009年9月28日,北京安鼎信用担保有限公司(以下简称安鼎公司、作为甲方)、无锡亿仁肿瘤医院有限公司(以下简称无锡肿瘤医院、作为乙方)、杭州银行股份有限公司北京分行(以下简称杭州银行北京分行、作为丙方)签订三方协议,约定无锡肿瘤医院向安鼎公司申请借款,安鼎公司经审查同意后委托杭州银行北京分行发放贷款。该合同具体内容是:借款种类为委托贷款,借款金额为人民币6000万元,借款用途为购进医疗设备,借款期限自2009年9月29日起至2009年11月28日止,借款实际放款日和到期日以借款借据为准,借款借据是合同的组成部分,与本合同具有同等的法律效力。本合同项下借款及所涉债务需提供担保的,须由取得甲方认可的担保人以保证或(和)抵押、质押的方式提供担保,并由担保人与甲方、丙方签订担保合同。本合同贷款利率执行固定贷款利率,为月利率5‰。乙方未按约定期限归还借款,丙方对逾期的借款从逾期之日起按逾期贷款罚息利率计收利息。逾期贷款罚息利率为贷款利率水平上加收50%。委托合同特指甲方与丙方于2009年9月28日签订的《委托贷款委托合同》。

在签订三方协议之前,2009年9月26日,安鼎公司(甲方)与无锡肿瘤医院(乙方)签订了二方协议,约定甲方委托杭州银行北京分行向乙方发放委托贷款人民币6000万元。合同约定的借款期限、贷款利率与三方协议内容约定相同，与三方协议不一致的内容主要是违约责任，约定为：借款期限届满，如乙方未能及时、足额向甲方偿清借款本息的，乙方除应按本合同项下借款利率向甲方支付逾期期间借款利息外，并应按逾期金额每日千分之五的标准向甲方支付逾期还款违约金。该合同还约定，除本合同和三方协议另有特别声明外，本合同与三方协议存在冲突的，以本合同为准。2009年9月27日，北京市中信公证处对二方协议作出（2009）京中信内经证字10739号公证书。

2009年9月26日，无锡肿瘤医院（甲方）与安鼎公司（乙方）及孙甲（丙方）、孙乙（丁方）、孙丙（戊方）、亿仁投资集团有限公司（己方）、珠海亿仁医院有限公司（庚方）、济南亿仁肿瘤医院有限公司（辛方）签订《还款协议》，约定甲乙双方签订二方协议，乙方向甲方提供期限为60天金额为人民币6000万元的委托贷款，乙方于2009年9月29日通过杭州银行北京分行向甲方发放贷款，甲方应于2009年11月28日前偿还该委托贷款；作为委托贷款的担保，丙方、丁方、戊方、己方、庚方、辛方分别与乙方签订了《保证合同》、《股权质押（担保）协议书》、《抵押合同》和《保证合同》；一旦甲方未完全、适当履行还本付息义务，乙方有权向甲方、丙方、丁方、戊方、己方、庚方、辛方（以下简称被追偿各方）追偿。被追偿各方承诺在乙方主张追偿权后三日内向乙方偿还全部款项，如到期不履行还款义务，被追偿各方自愿放弃一切抗辩权，并自愿接受人民法院对《还款协议》的强制执行；乙方可向被追偿各方中任何一方或几方进行追偿；被追偿各方确认，其接受人民法院强制执行的债务范围包括：乙方委托贷款的本息，至人民法院强制执行完毕之日之违约金，乙方为追索债务所付出的费用。同日，北京市中信公证处对《还款协议》作出赋予强制执行效力的（2009）京中信内经证字11928号《公证书》。

因无锡肿瘤医院及各担保人未如期偿还本息，安鼎公司于2010年8月6日向北京市中信公证处依据上述《还款协议》申请执行证书。当日，北京市中信公证处对上述《还款协议》作出（2010）京中信执字00049号《执行证书》，确认执行标的为：1. 借款本金人民币6000万元，截止到2010年8月6日欠付利息人民币382.5万元（按二方协议约定的月利率0.5%计算），共计欠付人民币6382.5万元。2. 自逾期之日起至清偿之日止相应的逾期违约金（按二方协议约定的逾期金额的5‰每日计算）。3. 实现债权所支付的其他费用（按实际发生额计算）。安鼎公司依据北京市中信公证处（2009）京中信内经证字11928号《公证书》及（2010）京中信执字00049号《执行证书》向法院申请执行无锡肿瘤医院、亿仁投资集团有限公司、济南亿仁肿瘤医院有限公司、孙甲、孙乙、孙丙。无锡肿瘤医院等被执行人向执行法院提出不予执行公证债权文书的申请。

二、审查情况

执行法院经审查认为:1.北京市中信公证处公证的二方协议和《还款协议》违反我国金融管理的强制性规定。非金融机构的企业间拆借为我国金融管理制度所禁止。安鼎公司不具有金融许可证,其未经金融机构直接与无锡肿瘤医院及其担保人签订二方协议和《还款协议》违反我国金融管理的强制性规定。2.北京市中信公证处在作出《执行证书》时违反相关规定,对安鼎公司未依约履行的事实未做核查。依据最高人民法院和司法部《关于公证机关赋予强制执行效力的债权文书执行有关问题的联合通知》(以下简称《联合通知》),债权人履行合同义务的情况,是公证机关作出执行证书时必须审查的内容之一。本案中,安鼎公司出借的部分款项并未依约按期发放,对此,北京市中信公证处并未进行充分核查。3.北京市中信公证处在作出《执行证书》时存在违反公证程序的情形。依据《联合通知》,债务人对债权文书规定的履行义务有无异议,也是在作出执行证书时公证机关必须审查的内容。北京市中信公证处在为二方协议和《还款协议》办理公证时,亦明确告知了其签发执行证书的相关审查程序。北京市中信公证处在签发《执行证书》前,并未依相关规定及明示的公证程序询问各债务人。这种程序瑕疵直接影响了对《执行证书》必要事实的充分核实。4.北京市中信公证处作出的《执行证书》的执行标的额超出了安鼎公司的申请数额。安鼎公司申请签发《执行证书》时请求的执行标的额为借款本息6325万元人民币,北京市中信公证处签发的《执行证书》确认的执行标的额为本息6382.5万元人民币,高于安鼎公司申请执行标的额57.5万元人民币。综上,裁定不予执行上述公证书及执行证书。

安鼎公司对此不服,向上一级法院申请复议。

复议法院经审查认为:本案中,公证的债权文书涉及的是委托贷款关系,由安鼎公司委托杭州银行北京分行向无锡肿瘤医院发放贷款,杭州银行北京分行应当是委托贷款合同的主体之一。北京市中信公证处应当对由杭州银行北京分行作为主体的三方协议进行公证,而不是对没有杭州银行北京分行参加的二方协议和《还款协议》作出公证书并出具《执行证书》。因此,(2009)京中信内经证字11928号《公证书》及(2010)京中信执字00049号《执行证书》确有错误,应当不予执行。裁定驳回安鼎公司的复议请求,维持原裁定。

三、意见

本案涉及的主要问题是:对不予执行公证债权文书案件的审查标准。

我国《民事诉讼法》第214条第2款规定:“公证债权文书确有错误的,人民法院裁定不予执行。"该规定中的"确有错误",法律、法规或司法解释未作具体解释,司法实践中的情形又十分复杂,出现了不同的理解。2011 年 9 月,为统一执法尺度,北京市高中两级法院执行局(庭)长座谈会(第三次会议)经研究,制定出台了《关于执行审查、裁决工作若干问题的意见》(以下简称《意见》),其中规定了以下几种"确有错误"的情形:一是公证债权文书属于依法不得赋予强制执行效力的债权文书的;二是公证债权文书当事人未就债务人在其不履行义务或者不完全履行义务时由债权人向人民法院申请强制执行达成合意的;三是公证债权文书和执行证书的制作严重违反法定程序的;四是公证债权文书和执行证书的内容违背事实或者违反法律规定的;五是其他确有错误的情形。

《意见》中前两种情形的规定,主要依据的是《联合通知》第 1 条、第 2 条关于公证机关赋予强制执行效力的债权文书的条件和范围的规定,违反《联合通知》的上述规定,即构成公证债权文书确有错误的情形。本案的审查主要涉及《意见》第三种、第四种情形,第三种情形涉及对公证债权文书和执行证书制作程序的审查,第四种情形涉及对公证债权文书和执行证书内容的审查,这是司法实践中比较难把握的两种情形。结合案情,我们具体分析如下:

(一)关于对公证债权文书和执行证书内容的审查

《意见》规定为公证债权文书和执行证书的内容违背事实或违反法律规定。本案中,公证的内容主要是委托贷款合同。委托贷款是指由委托人提供合法来源的资金,委托业务银行根据委托人确定的贷款对象、用途、金额、期限、利率等代为发放、监督使用并协助收回的贷款业务。委托贷款的参与者包括委托人(委托贷款方)、借款人(接受委托贷款方)、受托银行以及担保人。本案中,公证机关对安鼎公司与无锡肿瘤医院签订的二方协议进行了公证,违反了委托贷款的法律规定。

关于对公证债权文书和执行证书内容的审查,还涉及如何把握审查尺度的问题,审查中需要考虑与后续诉讼程序的衔接。2008 年 12 月,最高人民法院审判委员会第 1457 次会议通过了《关于当事人对具有强制执行效力的公证债权文书的内容有争议提起诉讼人民法院是否受理问题的批复》中规定:公证债权文书确有错误,人民法院裁定不予执行的,当事人、公证事项的利害关系人可以就争议内容向人民法院提起民事诉讼。在执行审查程序中直接对相关实体问题作出判断,会影响后续诉讼对相关问题的认定。本案中,在法院裁定不予执行后,就委托贷款合同这一法律关系杭州银行北京分行具有自身的诉讼权利和实体权利。就安鼎公司和无锡肿瘤医院二方协议的争议问题,其可以通过诉讼予以解决。因此,复议法院从委托贷款法律关系的角度认定《公证书》及《执行证书》确有错误,未对二方协议的合同效力作出实体判断是合理合法的。

（二）关于对公证债权文书和执行证书制作程序的审查

《意见》规定为公证债权文书和执行证书的制作严重违反法定程序。在公证债权文书和执行证书的制作程序上，《公证法》和《联合通知》对公证的重要程序进行了规定，公证机关应当遵照执行。在相关法律法规规定比较原则的情况下，在理解把握这些规定时，可以将司法部颁布的《公证程序规则》和中国公证协会颁布的《办理具有强制执行效力债权文书公证及出具执行证书的指导意见》作为参考。在违反法定程序的情节上，根据《意见》的规定要达到“严重”的程度，即对公证债权文书的司法审查权不得滥用，对于存在程序瑕疵尚不构成严重违反法定程序的，不得裁定不予执行。本案中，根据《联合通知》第5条规定，公证机关在签发执行证书时应当注意审查以下内容：一是不履行或不完全履行的事实确实发生；二是债权人履行合同义务的事实和证据，债务人依照债权文书已经部分履行的事实；三是债务人对债权文书规定的履行义务有无疑义。根据上述规定，对执行证书以上内容的审查并非强制性，而是“应当注意”，且对公证机关通过何种方式、方法进行审查也未进行强制性规定。执行法院认为公证机关未对安鼎公司未依约履行的事实进行核查、未依相关规定及明示的公证程序询问各债务人，即构成违反公证程序的情形。根据复议法院查明的事实，执行证书上载明的放款、还款情况与事实相符，并不构成“严重违反法定程序”。因此，复议法院纠正执行法院表述上存在问题，并根据公证机关公证的二方协议违反委托贷款法律关系的相关规定，认定执行证书确有错误，应当不予执行。

综上，复议法院裁定驳回安鼎公司的复议请求，维持原裁定是正确的。

【热点问题聚焦】

关于新形势下人民法院做好群众工作的调研

北京市高级人民法院课题组

群众工作是人民法院的基础性、经常性、根本性工作。人民法院是党领导下的国家审判机关，由人民代表大会产生，对人民代表大会负责，受人民代表大会监督，一切工作都是为了人民群众，也必须紧紧依靠人民群众。最高人民法院王胜俊院长指出："人民法院既是国家审判机关，也是群众工作部门；人民法官既是司法工作者，也是群众工作者。"高度重视群众工作、切实做好群众工作，是人民司法的优良传统，也是人民司法事业发展的重要法宝。随着形势任务变化，人民法院的群众工作也在不断发展之中，面临着一系列新的问题和新的挑战。如何在继承和发扬人民司法优良传统的基础上，不断创新群众工作的机制制度和方式方法，是摆在人民法院面前的重大而紧迫的任务；如何在新形势下增强群众工作本领，提高群众工作水平，也是人民法院迫切需要解决的现实课题。

一、对人民法院群众工作的基本认识

群众工作是我们党的优良传统和政治优势，是我们党领导人民完成新民主主义革命和社会主义革命，推进改革开放新的伟大革命的根本保证。我们党成立90年来，在领导人民不断夺取革命、建设、改革的重大胜利的伟大历史进程中，形成并发展了由群众观点、群众立场、群众路线等构成的群众工作的理论和实践体系。人民法院群众工作是党的群众工作的重要组成部分，是指人民法院在履行司法审判职责的过程中充分尊重群众、切实服务群众、积极依靠群众、有效引导群众，依法最大限度维护群众合法权益、满足群众司法需求的工作。具体来说，包括四个方面的内涵。

（一）人民法院群众工作的思想基础是充分尊重群众

党的群众工作的全部理论基点就在于群众观点。群众观点是历史唯物主义的基本观点，包括人民是历史创造者的观点，全心全意为人民服务的观点，立党

为公、执政为民的观点，向人民学习的观点，群众利益无小事的观点，对党负责与对人民负责相一致的观点等等。做好人民法院群众工作，首先必须牢固树立群众观点，切实尊重人民的主体地位。牢记手中的权力是人民赋予的，只能用来为人民谋利益，而绝不能用来为自己谋私利，始终为人民掌好权、用好权。充分尊重群众，要求人民法院必须深入了解、认真分析人民群众对审判执行工作的愿望和要求，努力使各项司法政策和司法措施符合民情，顺应民意；必须自觉接受人民群众的监督，虚心听取人民群众的意见和建议，不断加强和改进人民法院工作；必须摆正同人民群众的位置，切实改进司法作风，怀着对人民群众的深厚感情开展工作，甘当人民公仆，热情周到服务。

（二）人民法院群众工作的核心要求是切实服务群众

始终站稳群众立场，是党的群众工作的根本出发点和落脚点。胡锦涛同志强调："群众立场是决定我们党的性质的根本政治问题。我们党之所以得到广大人民群众拥护和支持，首先是因为我们党始终站在最广大人民的立场上说话办事，始终代表最广大人民根本利益。"做好人民法院群众工作，必须把维护群众利益作为根本出发点和落脚点，站稳群众立场，切实服务群众；必须本着对人民群众高度负责的精神，认真履行宪法和法律赋予的审判职责，始终坚持严格公正司法，妥善协调平衡利益关系，切实维护人民群众的合法权益；必须积极为人民群众诉讼提供便利，提高诉讼效率，减轻诉讼负担，降低诉讼成本；必须加强基层司法工作，加大人财物投入力度，完善基层司法方式，提高基层司法水平，为基层群众提供优质高效的司法服务。

（三）人民法院群众工作的根本方法是积极依靠群众

一切为了群众，一切依靠群众，从群众中来，到群众中去，集中起来，坚持下去，是我们党的群众路线。邓小平同志指出："群众是我们力量的源泉，群众路线和群众观点是我们的传家宝。党的组织、党员，必须同群众打成一片，绝对不能同群众相对立。如果哪个党组织严重脱离群众而不能坚决改正，那就丧失了力量的源泉，就一定要失败，就会被人民抛弃。"人民法院工作虽然具有自身的特点和规律，有其专业性强、技术性强的一面，但是任何时候都不能脱离人民群众。只有坚持专门机关与群众路线相结合的原则，积极组织动员人民群众参与司法工作，才能使人民司法事业获得最广泛、最深厚、最可靠的群众基础。只有充分了解社情民意和民俗习惯，从群众中汲取化解矛盾、案结事了的智慧，紧紧依靠人民群众做当事人的调解、教育、疏导工作，才能形成化解矛盾的合力，促进纠纷的有效解决。

（四）人民法院群众工作的重要任务是有效引导群众

做好群众工作，既要服务群众、依靠群众，也要教育群众、引导群众。毛泽东同志指出："只有领导骨干的积极性，而无广大群众的积极性相结合，便将成为少数人的空忙。但如果只有广大群众的积极性,而无有力的领导骨干去恰当地组织群众的积极性,则群众积极性既不可能持久,也不可能走向正确的方向和提到高级的程度。”人民法院是解决纠纷的最后一道关口,大多数矛盾纠纷是经过非诉讼纠纷解决程序之后才诉至人民法院的,当事人之间往往情绪对立,矛盾尖锐。因此,对人民法院来说,教育群众、引导群众的工作尤为重要。人民法院的群众工作,就是要主动向群众宣传法律知识和政策规定,引导群众增强法制观念,以合法理性的方式表达利益诉求,解决矛盾纠纷,维护合法权益;就是要把办理案件的过程变成思想疏导的过程,变成理顺情绪的过程,变成感情交流的过程,努力促进当事人服判息诉;就是要把调解作为化解矛盾纠纷的首要选择,随时分析和把握当事人的心理状态,不放过任何一个可以进行调解的机会,尽可能通过和谐的司法方式解决问题。

二、新形势下人民法院群众工作的发展变化

我国经济持续快速发展,取得了巨大的经济建设成就。西方国家实现从传统的农业社会向现代工业社会转型,经历了一二百年的时间才完成。而中国实现这一转变是在短短几十年的时间里推进的,经济转轨、社会转型,社会利益格局处于不断调整之中,各种社会思潮相互激荡,社会矛盾明显增多,历史遗留问题与改革发展问题交织在一起。作为首都法院,中央交办的刑事大要案多、全国首例的新类型案件多、涉及社会热点的敏感案件多,还管辖以国家部委为被告的行政案件,受到全国甚至是世界的关注,对案件审理提出了很高的要求。而且,北京一方面是国际化大都市,另一方面山区和农村面积占全市的80%,群众的司法需求也比较多样化。总体来说,新形势下,人民法院的群众工作有以下四个方面的发展变化。

(一)群众工作对象日趋多元

改革开放前,我国社会利益主体单一,除了城乡、工农之间存在一定的利益差别外,其他社会主体之间的利益分配呈现平均主义状态,价值判断也呈一元化状态。改革开放后,随着所有制形式多样化、就业形式多样化、分配方式多样化、生活方式多样化,原有的利益格局被打破,社会利益关系日趋复杂,是非标准也出现了分化。公平与效率的矛盾、社会整体发展与部分公民权益保护的矛盾、经济发展与环境保护的矛盾以及企业发展与劳动者权益保护的矛盾等问题,从不同立场、不同角度看,就会得出不同的结论。不同社会群体有不同的需求,对社会、经济地位较高的社会群体来说,他们关注更多的是自我成就、被人尊重等高层次需求;而对社会、经济地位较低的社会群体来说,他们迫切需要解决的是衣食住行等基本生存问题。此外,社会资源总是相对有限的,不可能满足每个社会

成员的利益需求，如果分配规则不公平，往往导致利益占有的分化，从而引发利益冲突。社会结构的变化，导致人民法院群众工作对象随之发生变化。

（二）群众工作内容不断丰富

人民群众的司法需求决定了人民法院群众工作的内容。当前，人民群众的司法需求不断丰富和发展。一是通过司法渠道解决纠纷的数量增加。随着经济社会的发展、依法治国进程的推进，人民群众越来越多地通过诉讼解决纠纷，人民法院受理的案件数量逐年增加。改革开放三十年来，北京法院年受理案件数量从1978年的不足1万件，增加到了2011年的42万件。与此同时，新类型案件层出不穷，案件类型已经达到500多种。二是对司法效果的追求呈现多样化态势。人民群众进行诉讼的目的，并不局限于获得一纸公正的判决，而是更关心自身权益是否有效实现，问题是否真正得到解决。对司法公正的认识更加丰富，不仅关注实体公正，对程序公正乃至对司法行为规范性的关注程度日益提高；人民法院司法审判的结果，不仅要接受法律的评判，还要接受社会道德、民俗习惯乃至当事人自身立场的评判，对于同一案件的处理结果，不同阶层、不同群体、不同个体时常做出不同甚至完全相反的价值评判。三是对司法过程的关注度空前提高。对司法公开的需求不断拓展，要求司法不仅要向当事人公开，还要向社会公众公开；不再仅仅满足知悉某一案件的裁判结果，还期待了解案件裁判的过程。对司法活动已从被动旁观型向主动参与型转变，要求更多地参与司法，深入了解司法运作的机理，亲身感受司法活动的过程；要求人民法院更加注意倾听群众的呼声，了解群众的意愿，更加主动地接受监督。对司法便民的期待更为迫切，要求司法减少不必要的繁琐和冗长，切实减轻诉讼负担；要求司法贴近生活，走进群众，更加主动地满足人民群众的司法需求；要求法官改进司法作风，在司法工作中更多地表达和传递对人民群众人性化的关怀。

（三）群众工作难度明显加大

从首都法院司法审判工作实践来看，当前社会矛盾纠纷呈现出日益复杂的态势，给人民法院做好群众工作增加了很大难度。一是矛盾冲突群体化。与过去相对个体、分散的特点相比，当前社会矛盾纠纷的群体化和组织化程度明显增强。一些当事人为达到扩大声势的目的，甚至雇用一些无业人员、退休人员聚集示威；一些集体上访内部分工非常严密，有的负责组织动员，有的负责信息传递，有的负责录音录像。这种高度组织化的群体性事件，化解难度往往很大。二是表现形式复杂化。一些社会矛盾纠纷，有时不是孤立存在的，当事人之间往往相互影响、相互呼应。一件偶发的社会矛盾，可能产生连锁反应，出现“交叉感染”，从而引发更多、更大的矛盾。人民法院在审理拆迁、房地产、劳动争议等案件时，经常会遇到这样的情况：一人诉讼，多人跟进诉讼；一人上访，多人跟进上访。与此同时,社会矛盾纠纷中的合理诉求与不合理诉求共存。有的当事人的诉求是合理的,可以依法依政策予以妥善解决。但是,有的则是明显不合理的,根本无法解决。有的当事人的诉求虽然具有一定的合理性,但当事人却抓住不放,提出无理要求,漫天要价。在一些群体性事件中,往往当事人的合理诉求与不合理诉求相互交织,增加了矛盾化解难度。三是行为方式激烈化。一方面,表现为矛盾当事人之间尖锐对立、互不相让;另一方面,表现为当事人诉求表达方式日趋激烈,非理性方式越来越多地被运用。有的当事人在“信访不信法”、“大闹大解决”等错误思想的影响下,采取违法访、极端访的方式表达诉求。有的当事人在国家重要节日、重大政治活动期间上访滋事,形成了上访滋事与国家重要节日、重大政治活动的节律保持非良性对应的现象。

(四)群众工作环境日益复杂

当今社会媒体格局发生了深刻变化,在传统媒体之外,都市媒体、网络媒体等新兴媒体异军突起,公众获取和传播信息的渠道更宽、方式更多。特别是互联网已成为覆盖广泛、快捷高效、影响巨大、发展势头强劲的大众传媒,成为各种社会思潮、各种利益诉求的集散地,成为意识形态较量的重要战场。在这种情况下,社会公众可以更加方便、直接地评判人民法院工作,特别是互联网的匿名特点使网民可以更加自由地发表见解,甚至借助特定事件宣泄个人情绪。在司法实践中,利用网络舆情受众广、成本低、扩散快的特点,借助网络舆论给人民法院施加压力、谋求不当利益诉求的现象越来越突出。一些媒体不适当的报道和评论,经过互联网的广泛传播和快速放大,对人民法院依法公正审理案件造成冲击,对人民法院司法公信力造成损害。

三、新形势下首都法院开展群众工作的探索与实践

在新形势下,为主动回应人民群众对司法工作的新要求、新期待,北京法院在2008年2月,明确提出了“保障当事人在首都法院打一个公正、明白、便捷、受尊重官司”的工作目标。对于法院而言,当事人就是人民群众的具体代表,平等保护当事人的合法权益,为当事人提供高质量的司法服务,就是在做群众工作,就是在维护最广大人民群众的根本利益。近年来,坚持“司法依靠群众,群众参与司法;司法服务群众,群众认同司法”工作理念,围绕深化和落实首都法院工作目标,全市法院进行了积极探索和实践。

(一)坚持“调解优先,调判结合”原则,努力实现案结事了

司法判断的过程,既是评判是非的过程,也是利益衡量的过程。任何一个具体的案件,都不单纯是一个法律问题,而是一个实实在在的社会问题。从某种意义上讲,给出一个符合法律规定的裁判结果并不难,难的是如何在现行法律的框

架内妥善平衡各种利益关系,使人民群众接受裁判结果。做好审判工作离不开群众观点、群众感情。例如,房山区人民法院曾经受理了北京五谷道场公司申请破产案,该公司负债6.2亿元,破产清偿率仅为2.76%,已经符合破产条件。如果一破了之,对于法院来说,无须太多的周折,只需组成破产清算组一步一步走程序就行了。但是,考虑到该公司还有发展前景,一旦破产后,其背后的2000余名员工、600余名债务人将遭受严重损失,甚至会影响社会稳定。法院没有轻易下判,而是耐心与相关各方沟通联系,积极帮助该公司进行破产重整程序,最终使优质资产得以盘活,2000余名员工重新走上了工作岗位,工资和保险费全部清偿,债权人的利益也得到有效保护,取得了良好的法律效果与社会效果。随着我市新城建设、旧城改造、重点村整治、轨道交通建设力度不断加大,征地拆迁任务繁重。2011年1月国务院《国有土地上房屋征收与补偿条例》实施,对司法拆迁提出了新的要求。法院既要保护被拆迁群众的合法权益,又要维护经济社会发展的长远利益。有时,两者之间的界限并不明确,很难把握。为此,对于涉及征地拆迁的行政和民事案件,相关法院尽量多做化解工作,同时注重提前介入,尽可能预防矛盾的发生。一方面,主动建议行政机关完善行政,促进依法拆迁;另一方面,同步开展法律宣传、咨询、引导工作,化解被拆迁群众的疑问。如有的法院组建法律志愿服务队,深入拆迁工作现场,有的法院在拆迁区域设立了临时法庭。这也说明,当前一些深层次的社会问题和矛盾纠纷,单靠判决难以有效解决,需要运用协调、调解、疏导等多种手段,需要以政治、社会、经济的视角甚至是普通群众最朴素的感情来看待和分析案件,统筹化解矛盾。为了更好地维护群众利益,更好地把群众工作融于司法裁判过程,全市法院坚持"调解优先、调判结合"的工作原则,不断深化对调解工作的探索。

一是建立"全程、全员、全面"的诉讼调解格局。司法实践说明,调解是高质量的审判、高效益的审判。全市法院认真总结经验,不断将诉讼调解引向深入,形成了"全程、全员、全面"的诉讼调解格局。第一,全程调解。将诉讼调解落实到立案、审判、执行的各个环节,贯穿于一审、二审、申诉复查、再审、信访的全过程,充分利用一切调解机会,提高调解成功率。同时也注意各个环节的衔接,避免久调不决。第二,全员调解。承办法官、庭领导、院领导都注重调解、参与调解,各级法院院领导亲自抓调解,庭领导带头调解,承办法官优先调解,营造出了"上下群策群力,人人想调解、论调解、做调解"的良好氛围。第三,全面调解。把调解案件的范围从民事案件扩大到行政案件、刑事自诉案件、轻微刑事案件、刑事附带民事案件、国家赔偿案件、执行案件,积极推动轻微刑事案件调解、行政协调和执行和解工作。为规范执行和解行为,促进执行和解在执行工作中的应用,减少强制措施的适用,市高级人民法院专门制定了《关于规范民事执行和解的若干规定》。当然，在诉讼过程中，法官也严格区分案件的不同性质，对于不适合调解、法律规定不得调解的案件，一律不进行调解。

二是广泛借助社会力量参与调解。通过“请进来”和“托出去”的方式，在借助社会力量参与调解方面进行了深入探索，建立和完善了多种协助调解和委托调解制度。其中发展较为完善、实践中应用较多的主要有特邀调解员调解、行业协会调解等工作模式。在民事纠纷中，担任特邀调解员的人员主要是当事人所在街、乡的人民调解员，或与参与调解的案件当事人间有特定关系并有利于促成调解的人员。他们在当事人心目中有一定威望，更熟悉本乡本土的情况，也熟悉村民、居民之间处理争议的方式，在调解过程中发挥作用非常显著。在商事纠纷中，担任特邀调解员的多是熟悉商业规则和市场经验的知名企业家，他们不仅帮助当事人化解纠纷，还能够帮助当事人解决经营管理上的问题，易于被当事人接受。行业协会调解是指对于特定行业领域中发生的案件，委托相关行业协会进行调解。这样不仅在调解过程中消除了专业知识的障碍，而且具有一定的行业监督效应，更有利于调解协议的执行。例如市高级人民法院与中国互联网协会调解中心签订协议书，委托调解中心对全市法院审理的涉及网络的知识产权纠纷案件进行先行调解；西城区人民法院与北京市保险业协会建立保险纠纷案件联合调解机制；石景山区人民法院委托市医学教育学会对医疗纠纷进行无偿公益调解。为推广借助社会力量参与调解的做法，市高级人民法院专门制定了《关于加强社会力量参与商事纠纷调解工作的意见》，一方面鼓励、引导和支持当事人选择社会力量调解商事纠纷，另一方面对社会力量参与商事调解的条件、程序和模式等也进行了规范。

三是建立健全诉讼与非诉讼相衔接的纠纷调处机制。市高级人民法院与首都综治办共同出台了《关于切实发挥司法职能作用，积极参与多元调解体系建设的意见》，将司法调解与人们调解、行政调解密切衔接，共同形成一个统一的多元调解体系。启动“人民调解进立案庭”工作，在法院立案大厅统一设置人民调解室或者人民调解窗口，由各区县司法局选派具有法律工作经验的人民调解员主持调解或对诉讼群众进行法律咨询，为当事人解决纠纷提供了便利。建立劳动争议五方联动调解机制，整合工会、司法局、人力资源和社会保障局、信访部门等多方力量，共同做好劳动争议案件的调处工作，对于确实难以调解的，则由法院快速审理。完善诉调衔接，明确调解协议司法确认的标准和程序，依法及时确认人民调解协议的效力，支持人民调解工作的开展。

（二）切实发挥司法能动作用，在群众路线指导下断提高为民服务主动性

被动性一直被认为是司法审判的基本规律之一。司法的被动性体现在程序和实体两个方面。从程序上讲，司法权只能由当事人启动，法院未经当事人的请

求不能启动司法程序,司法权一旦启动,就必须依法推进,既不能随意加快、减省程序,也不得随意拖延程序、中断程序。从实体上讲,法院一旦受理当事人的起诉或控告,必须依法作出裁判,而且裁判的范围只能限于起诉范围,不得主动调查未经指控的人和事。司法实践中,有些法官严格按照司法的被动性处理案件,表面上程序合法,但缺乏主动服务的精神,背离了群众工作路线。2009年,最高人民法院明确提出了能动司法的理念,要求全国法院发挥主观能动性,满足群众需求,回应群众关切,通过审理执行案件,实现好、维护好、发展好人民群众的切身利益。能动司法要求法官不能简单地坐堂问案,不能只想到司法的被动性而不会主动服务,而要在诉讼过程中积极发挥主导作用,确保当事人平等行使诉讼权利,提高审判效率,实现实质公平正义,促进纠纷在实质上获得解决。例如,在当事人的诉讼主张不明确、不正确或者不充分时,在充分尊重当事人的处分权和辩论权的前提下,法官应该主动通过发问、告知等方式,对当事人进行合理、必要的释明。针对当事人在法律理解上的差异,法官应当积极主动地启发当事人将其主张陈述清楚,使双方当事人都能充分正确地表达自己的主张、观点。法官不能看形式上的办案、求表面上的业绩,而是要看实质上是否把矛盾化解,把问题解决,把对立消除。

一是开展立案诉讼服务改革。人民群众对法院立案工作主要存在两方面反映:一方面反映法院立案审查过于严格,导致立案难问题;另一方面反映法院立案时只对原告提供的起诉材料进行书面审查,不与被告见面,导致有些不符合立案条件的案件进入诉讼程序,损害了对方当事人的权益,增加了当事人的诉累。针对这两方面的反映,我们探索开展了立案诉讼服务改革,将传统的立案工作分为起诉登记和程序审查两个阶段,对当事人的起诉,形式上符合起诉条件的,法院即予以登记,解决当事人反映的立案难问题,切实保障当事人的诉权。在立案登记后,改变以往仅审查单方起诉材料的做法,建立双方当事人参与的立案审查方式,通过审查双方当事人提交的诉讼材料,平等保护双方当事人诉权,防止一方当事人滥用诉权损害对方当事人的权益。在立案审查的同时,抓住矛盾尚未完全激化的有利时机,积极开展矛盾化解工作,实现矛盾化解关口前移。2011年,全市法院在立案审查阶段调处各类纠纷58,820件,减少了当事人诉累,减少了诉讼案件。全市法院收案同比下降3.2%,是多年来的首次下降。这些在立案审查阶段化解的纠纷,虽然没有进入司法统计系统,不算法院的工作量,但这项工作却能够使诉讼群众受益,符合司法为民的根本宗旨。

二是实行审判事务集中管理。审判活动中存在大量事务性工作,如果处理不当,既影响审判效率的提高,也容易给诉讼群众造成诉累。为此,经过长期的试点和探索,全市各法院都设立了专门的审判事务管理机构,将证据材料收转、上诉案件移转、委托鉴定等大量事务性工作从立案、审判部门分离出来,由审判事务管理机构集中办理,为当事人提供全面的诉讼服务,保证当事人到法院有人接待、咨询问题有人回答、诉讼活动有人指引。2011年,全市法院诉讼服务接待部门办理了诉讼引导57万余人次、案件查询14万余件次、诉讼材料收转3万余件次、上诉材料收转1万余件次、上诉案件移转6万余件次、司法鉴定1万余件次、诉讼保全提示3千余件次、调卷3百余件次、流拍财产变卖26件、审限管理提示15万余件次。全市法院还集中力量加强了立案大厅的规范化建设,明确提出了“五个规范”、“九个统一”的工作要求,即在制度、标准、功能、设施、流程等五个方面实现规范,在接待流程、大厅基本便民设施、导诉咨询服务设置、诉前调解引导程序、文明接待制度、一次性告知制度、首问负责制、案件受理工作制度、立案诉讼文书样式等九个方面实现统一。在此基础上,有的法院还因地制宜地设置了大学生志愿者服务基地、心理咨询驿站、残疾人接待窗口、劳动争议绿色通道等特色便民窗口;有的法院在立案窗口安装了群众满意度测评系统,将测评结果纳入工作考评范围,促使窗口人员不断提高服务水平。

三是落实重大程序性事项告知当事人制度。从历次测评看,群众对法院反映较多的是办案效率问题,特别是在诉讼进程中,简易程序转普通程序、中止审理、延长审限等事项,群众不知情,易于引发不必要的误解和投诉。为此,市高级人民法院在深入调研的基础上,制定了《进一步推进司法公开的意见》,明确将司法公开工作情况纳入工作业绩考核范围,要求对审判执行工作的重大程序性事项,要在两日内以适当方式告知当事人,把审判公开的内容与诉讼群众的关切一致起来,以公开、明白的审理进程取信于民。在执行工作中,建立了执行进展情况主动反馈机制,要求执行法院在执行期间主动向申请执行人反馈执行进展,并听取意见和建议。反馈的内容包括已经采取的执行措施及结果、下一步执行计划、需要申请执行人参与和配合的事项等内容。为了确保主动反馈机制落到实处,还需要将反馈情况记载入卷。与以往的公开制度相比,重大程序性事项告知当事人制度更加强调公开的主动性和针对性,同时也对审判执行工作提出更高的要求。

四是探索“法官六进”等社会管理创新活动。为增强法官队伍与人民群众的联系,更多地了解社情民意,许多法院都开展了法官联系乡镇、社区、农村工作,如组织优秀法官深入乡村担任“法制村长”,开展法制宣传,参与矛盾调处,指导当地人民调解工作;选派初任法官、预备法院到社区、乡村挂职锻炼,增长开展群众工作能力,积累阅历经验。2012年,进一步组织开展了法官进社区、机关、学校、企业、军营和重点工程的“法官六进”活动,将其作为社会管理创新的重要内容。“法官六进”活动使矛盾化解的关口前移,促进了社会和谐,同时也使法官队伍深化了对社情民意的理解和把握，增进了群众感情，改进了司法作风，得到了社会的认可和好评。

（三）正确处理司法专业化与司法大众化的关系，实现专业要求与群众路线的有机结合

司法权本质是一种判断权，具有自身的特点和规律，强调规则和程序，强调逻辑和理性，有其职业化和专业化的一面。改革开放以来，人民法院在职业化建设方面取得了很大成绩，尤其是司法职业资格考试的设置，使受过系统法律教育的人员逐步成为法官群体的主流。从北京法院来看，审判人员中大学本科以上学历的达97.7%，研究生学历达54.1%，法律专业素质有了很大提升，培养了一批高水平的专家型法官当前，专业化的高素质法官队伍已经成为促进首都经济社会发展、建设中国特色世界城市不可或缺的力量。在强调专业化的同时，司法也有大众化的要求。审判工作面对的大多数是普通群众，他们的法律知识和诉讼能力高低不一，很多群众都对司法公正抱着朴素的观念，审判工作不能脱离客观现实对群众的诉讼能力提出过高要求，不能使法庭成为单纯的诉讼技巧的竞技场，而要顺应国情民意，采取便于群众参与、易于群众理解的方式，在司法工作中体现群众路线。为方便群众诉讼，拉近与群众的距离，各法院始终坚持着到村落社区、田间地头巡回审判的办案方式，全市57个派出人民法庭，每年审结10万件案件，占到全部审结案件数量的20%以上。在巡回审判中，涌现了大量熟悉社情民意、化解纠纷能力强的审判人员，他们被群众亲切地称作“平民法官”。被评为全国优秀法官的周瑞生就是其中的杰出代表。他审理案件绝不就案办案、机械执法，而是深入人民群众之中切实了解案情，化解矛盾。例如，周瑞生曾经处理过这样一起案件。一位山区的老太太曾经从村里商店买了20吨水泥，但后来水泥经鉴定不合格，当老太太要求商店退赔时，商店老板却死活也不承认，老太太也没有留存任何书面证据。承办法官周瑞生没有简单地判决老太太败诉，而是耐心地行使释明权指导老太太举证。考虑到20吨水泥的搬运不可能没人看见，他就决定带案下乡，到老太太居住的山村就地办案。周瑞生不辞辛苦的来到偏远的小村庄，使乡亲们深受感动，纷纷出来作证，使案情大白，案件得到妥善的解决。事后，老太太说，这笔买水泥的钱是她多年的积蓄，如果被冤枉，追不回来，她也就不想活了。事实证明，司法越贴近民众，民众就会越信任司法。最高人民法院王胜俊院长曾经说过：“让司法贴近民众，让民众接近司法，实现司法与社会公众的良性互动是中国司法应对当今社会转型的根本出路，也是促进社会公众提高对司法重要性认识的根本途径。”从世界范围来看，20世纪后半叶以来，许多国家所进行的司法改革，都普遍把更快捷、更经济、更简便、更公正作为改革的基本目标，以拉近司法与公众的距离。人民群众既有司法专业化的要求，

也有司法大众化的要求,建设公正、高效、权威的社会主义司法制度,必须要走专群结合的道路,既要通过法官队伍的专业化确保司法的专业品质,又要通过司法的大众化使司法走近人民、贴近社会,增强社会对司法裁判的认可度。

一是积极落实人民陪审员制度,让群众更多的参与司法、监督司法。人民陪审员来自群众,他们参与到审判工作中,可以使审判工作更好地体现群众路线,更好地反映民意,更多地接受群众监督,取得人民群众的理解、信任和支持。目前,全市法院共有人民陪审员1541 人,参审率达到69.3%,超过全国法院平均值22.8 个百分点。市高级人民法院专门制定规范性意见,明确要求对涉及群众利益、涉及公共利益、人民群众广泛关注以及其他社会影响较大的案件必须由人民陪审员和法官共同组织合议庭。有条件的法院已经实现所有适用普通程序审理的案件都有陪审员参加审理。市高级人民法院正在与有关部门沟通,根据案件数量和审判工作需要,增补陪审员数量,同时积极探索将陪审员的工作范围扩大到立案、审判、执行等各个阶段,延伸到公开听证、审判管理、执法监督等各个工作环节。核心目的就是要让人民陪审员更全面、客观地了解法院、了解法官,在法院和社会之间架起理解和信任的桥梁。

二是善于运用群众观念和群众语言,让当事人明白诉讼流程、明白判决理由。如果在审判活动里、在裁判文书中,法官只会讲抽象的法理、只会用法言法语,不会用群众的语言,就难以保障当事人打一个明白的官司,难以取得群众的理解。北京法院要求审判人员对于法律的适用,不能仅仅停留在法律条文的字面含义里,而要运用大局的观念、群众的观念来理解、把握法律和司法解释的精神实质,把法律语言转换成符合法律精神的群众语言,使群众听得清、听得懂、听得明。要求根据案件具体情况,依法、适时、合理行使释明权,尤其是对缺乏诉讼知识的当事人进行有针对性的诉讼指导。要求提高裁判文书的说理性,在文书中对关键证据采信与否要进行说明,对当事人未被采纳的诉讼主张要有所回应。许多法院都设立了专门的裁判文书校核室,不仅校对文书中的文字差错,而且对于非法律专业人员不容易理解的内容提出修改意见,保障当事人读懂判决。

三是切实加强判后答疑工作,让当事人理解判决结果、认同司法公正。在民事审判中,有的审判人员为应对繁重的审判任务,在事先征得当事人同意的情况下,以邮寄裁判文书的方式代替宣判程序,虽然提高了工作效率,但由于没有当场解释判决理由和结果,当事人的疑问无人解答、情绪无法疏导,只能选择提出上诉、申诉。为了让当事人更好地理解裁判理由、信服裁判结果,北京法院要求审判人员必须到庭宣读判决,当事人提出疑问的,要当场解答;宣判后当事人来信来访的,承办法官要负责向当事人明理释法。有的法院还专门设立了判后答疑场所,有的法院则积极探索判后回访的做法,在案件审结后,通过居委会、村委会、派出所等机构联系，及时了解当事人的情况，通过电话、走访等方式对当事人开展法律解释和情绪安抚工作，防止引发新的矛盾纠纷。

四是充分运用信息化手段，方便群众参加诉讼、增进司法透明。完善12368司法信息公益服务系统，使诉讼群众不仅可以了解法院位置、文书样式诉讼流程等静态信息，而且可以在立案后获得一个12368服务平台的查询密码。当事人凭借该密码可以随时拨打电话查询案件进程，了解案件在立案、分案、开庭、上诉等各个阶段的具体信息，同时获取承办庭室、承办法官的姓名及联系电话。在远程立案审查、远程电子签章的基础上，在二审环节推广了"远程视频庭审"系统，远程区县尤其是偏远山区的当事人，在当地法院就可以参加二审庭审，减少了到市区进行诉讼的不便。有的法院还探索开展了网络立案、电子送达等工作，切实解决当事人多次往返法院的问题。为打造"看得见的公正"，让司法与民众"零距离"，北京法院不断推进庭审网络直播工作，建立了全国法院唯一的以案件庭审和人物访谈为主要内容的互联网站——北京法院直播网。目前，全市21家法院全部具备庭审网络直播能力，每年完成网络庭审直播1千多场，占全国法院直播总数的一半以上。在北京法院网设立裁判文书专栏，发布民事、刑事、商事、执行等各类裁判文书2万余份。

四、当前做好群众工作所面临的问题与进一步的对策

与做好新形势下人民法院群众工作的要求相比，北京法院工作还有一定的差距，特别是做群众工作的能力有待进一步提高。少数法官对某些个案的社会影响估计不足，准备不充分，在办案过程中对社情民意和道德习俗把握得不够好，导致有的案件形成社会热点。少数法官存在着机械办案的倾向，过于强调法律事实，灵活运用证据规则探寻客观事实的能力不够强，引起当事人对裁判结果的不满情绪。少数法官对办案速度快与慢的关系、判决与调解的关系处理得不够好，调解、息诉工作做得不够扎实到位。少数法官政治素质不够强，对群众利益重视程度还不够，存在司法不作为、司法行为不当的现象。极个别法官甚至滥用职权，搞权钱交易、以权谋私，侵害了当事人或案外人的合法权益。少数法官职业意识不够强，在庭审、听证、调查、接访等工作中，司法礼仪不周，行为举止失当，群众对此有所反映。少数法官司法作风不够好，对待群众态度生硬、言语冲撞，引起群众的抵触情绪。需要针对这些问题，采取有效措施，完善工作机制，切实提高做好新形势下人民法院群众工作的司法能力。

（一）健全完善涉诉民意沟通表达机制

只有搭建多种形式的沟通对话平台，畅通涉诉民意沟通表达渠道，才能全面、准确地掌握人民群众对人民法院工作的愿望和要求所在。要完善法院领导

干部、上级法院部门基层联系点制度，定期深入联系点了解情况，推动工作。完善法院领导干部基层调研制度，掌握基层实际情况，倾听基层群众呼声。建立健全法院领导干部接访约访下访制度，面对面地与涉诉群众交流，直接了解和解决涉诉群众反映的问题。加强人大代表、政协委员联络工作，主动、经常、深入地听取人大代表、政协委员对人民法院工作的意见和建议。要坚持正确的宣传导向，加大正面宣传力度，使人民群众更加理解和支持人民法院工作要切实加强涉诉负面舆情应对工作，努力掌握话语权形成舆论主导权。对社会关注的案件，要主动发布信息让群众了解真实情况，监督办案过程，从源头上防止负面涉诉舆情的发生。突发涉诉事件发生后，要在搞好现场处置的同时，及时由具有权威身份的人员发布权威信息，并根据事件处置情况做好后续发布工作。要建立健全网络民意沟通机制，通过加强联系与对话，倾听和回应网民的意见和建议，积极化解少数网民对人民法院的不满情绪。

（二）健全完善司法公开机制

实行司法公开，是人民群众接近和知悉司法的需要，也是人民群众对司法权力进行监督的前提。做好新形势下的人民法院群众工作，必须深入推进司法公开。要统筹推进立案公开、庭审公开、执行公开、听证公开、文书公开、审务公开，形成全面公开、全程公开、实质公开的工作态势。要着力抓好案件信息查询工作，让当事人更加全面、及时、快捷地了解案件信息；着力抓好庭审同步录音录像、同步记录、同步显示工作，切实增强庭审的透明度；着力抓好生效裁判文书互联网发布工作，稳妥有序地提高生效裁判文书公开的比例；着力抓好群众旁听庭审工作，确保公民持有效证件即可旁听开庭；着力抓好庭审直播工作，加强与新闻媒体的沟通协调，适时选择一些社会关注度高、具有法律适用指导意义、有利于法制宣传教育的案件进行庭审直播。

（三）健全完善司法民主机制

司法权来源于人民，人民理所当然地有权参与司法活动。要完善人民陪审员制度，增加人民陪审员数量，优化人民陪审员结构，扩大参审案件范围，保障参审权利实现。要避免单纯的“坐堂问案”，而要深入实际了解案件情况，悉心听取人民群众的意见和建议。对于案件处理的各方面意见要认真进行汇总梳理，从社会主流价值观、人民群众朴素正义观和法律正义观等方面，分析这些意见对服判息诉的价值以及是否可以吸纳。要构建基层司法服务网络，聘请乡镇、社区一些德高望重、热心服务、能力较强的人员担任司法协理员，协助人民法院化解矛盾纠纷，开展执行工作。凡是涉及党和国家工作大局、人民群众切身利益和法院工作全局的重要司法政策、司法文件和司法改革举措，在出台前要通过多种形式，广泛听取人民群众和社会各界的意见和建议。

（四）健全完善司法便民机制

加强人民法院群众工作，必须实行简约利民的诉讼手续，让人民群众方便快捷有效地维护合法权益。要深入推进立案大厅建设，实现全市21个法院立案大厅制度、标准、功能、设施、流程统一规范。大力推行巡回审判制度，扩大巡回审判案件范围，提高巡回审判案件比例。积极探索预约立案、上门立案等便民立案方式，建立“假日法庭”、“晚间法庭”等特色法庭，方便人民群众诉讼。加大司法救助力度，建立健全执行救助专项资金、刑事被害人国家救助、涉诉信访终结案件救急资助等制度，加强司法救助与社会救助的衔接协作，努力帮助涉诉群众解决实际困难。

（五）健全完善司法监督机制

在我国，人民是国家的主人，通过各种方式监督国家机关及其工作人员的活动，这是我国法律监督体系的基础。人民法院依法独立行使审判权，并不意味着不要监督，更不能以此为借口排斥监督。要切实增强接受人民监督的意识，积极地而不是消极地，真诚地而不是应付地，主动地而不是被动地接受人民的监督。与此同时，要加强人民法院内部的监督制约，全面构建廉政风险防控机制认真落实法官任职回避制度和防止内部人员干扰办案制度；细化案件审判和执行的操作规程，切实规范案件审判和执行各个环节的司法行为；加强司法责任体系建设，建立审判督察工作机制，对违法违规行为及时进行查究。要把规范法官自由裁量权的行使作为健全完善司法监督机制的一个重点，完善案件定案把关机制，对新类型、大标的额、疑难复杂、社会影响较大的案件，构建多层级的定案把关体系；坚持和完善改判发回重审案件定期通报制度，着力加强对因自由裁量权行使不当而被发改的案件的分析研判。

（六）健全完善基层司法工作机制

做好新形势下的人民法院群众工作，重心在基层。要加强基层审判管理工作，强化基层审判绩效考评，树立正确的审判工作导向，最大限度地把涉诉矛盾纠纷化解在基层。完善基层司法方式，用群众认同的态度倾听诉求，用群众认可的方式查清事实，用群众接受的语言诠释法理，用群众信服的方法化解纠纷，健全案件繁简分流机制和多发类型案件快速联动处理机制，提高基层审判工作的质量、效率和效果。积极争取党委、政府及有关方面的支持，努力解决基层法院案多人少矛盾，不断加大基层法院经费保障力度，切实提高基层法院干警待遇，为基层法院群众工作的顺利开展提供有力的保障。

（七）健全完善群众工作能力培养机制

群众工作能力不仅在于理论知识的积累，而且在于实践经验的丰富。要建立符合人民法院工作实际、具有人民法院特色的教育培训与考核、奖惩、晋升相结合的长效机制,有针对性地加强对法院干警群众观念的教育和群众工作本领的培训。重点培养五项群众工作能力:一是提高认识和分析社会矛盾的能力,善于运用对立统一的原理,把握当事人之间的主要矛盾和矛盾的主要方面,认真分析案件所涉及的利益关系,找准矛盾的冲突点、利益的平衡点、法理情理的结合点;二是提高认识和把握社情民意的能力,把握案件处理所涉及的风土人情、风俗习惯和民情民意等,使审判执行工作更加切合实际,反映群众的诉讼需求;三是提高把握群众心理的能力,善于进行换位思考,及时把握当事人的真实意图、诉讼预期及心理上的变化,对症下药地提出和调整解决问题的方案;四是提高与群众沟通的能力,既要掌握法言法语,更要学会用群众语言说话、用群众能够接受的方式开展工作,最大限度地消除当事人心理、情感上的隔阂;五是提高做思想工作的能力,善于与群众交心、谈心,真正解开当事人的“心结”。切实引导法院干警多向社会学习,多向群众学习,多向实践学习,在司法审判工作中不断增强联系群众、服务群众、组织群众、引导群众的本领。

关于审理国有土地上房屋征收与补偿行政案件的调研报告

北京市高级人民法院行政庭课题组

2011 年 1 月 21 日，国务院《国有土地上房屋征收与补偿条例》（以下简称新《条例》）施行，《城市房屋拆迁管理条例》（以下简称旧《条例》）同时废止。当前，首都城市化进程正处于关键时期，新《条例》的实施必然对本市新城建设、旧城改造、土地储备、轨道交通、重点村改造等城市化建设有关的征地、征收房屋等产生重大影响。同时，今后大量与征收、补偿有关的新类型行政诉讼、非诉审查案件及司法强制执行案件将涌入法院，也必然给法院的审判、执行工作带来巨大压力，同时也为法院充分发挥职能作用、为首都经济发展提供司法保障提出了新的更高的要求。为及时应对新《条例》实施后可能遇到的疑难法律问题，市高级人民法院行政审判庭围绕新《条例》对相关工作的影响展开专门调研，并提出针对性建议。

一、认真研究，准确把握新旧《条例》的制度变革

相比旧《条例》，新《条例》呈现出统筹兼顾、公平补偿、阳光补偿等鲜明特征。主要表现在：

（一）征收、补偿主体的变化

按照旧《条例》，拆迁主体是取得拆迁许可证的单位，行政机关一般不作为拆迁的主体。新《条例》则明确了政府的征收主体地位，市县政府作为征收与补偿的主体。新《条例》第 13 条第 1 款规定，市、县级人民政府作出房屋征收决定后应当及时公告。公告应当载明征收补偿方案和行政复议、行政诉讼权利等事项。同时，新《条例》第 26 条第 1 款规定，房屋征收部门与被征收人在征收补偿方案确定的签约期限内达不成补偿协议，或者被征收房屋所有权人不明确的，由房屋征收部门报请作出房屋征收决定的市、县级人民政府依照本条例的规定，按照征收补偿方案作出补偿决定，并在房屋征收范围内予以公告。

（二）征收原因的变化

根据旧《条例》，只要取得建设项目立项批文、规划许可等文件，因公共利益、商业开发等原因均可进行拆迁。新《条例》明确列举了公共利益的具体内涵，并确立了公众对规划的参与程序，改变了旧《条例》中公益与非公益拆迁混同的做法。新《条例》第 8 条规定，为了保障国家安全、促进国民经济和社会发展等公共利益的需要，确需征收房屋的，由市、县级人民政府作出房屋征收决定，并列举了八种公共利益的情形。同时第 9 条规定，对保障性安居工程建设、旧城区改建，应当纳入市、县级国民经济和社会发展年度计划。

（三）征收、补偿形式的变化

根据旧《条例》，拆迁由拆迁主管机关向拆迁单位核发拆迁许可证，由拆迁人与被拆迁人进行协商，签订拆迁补偿安置协议，协商不成的，由拆迁主管机关作出房屋拆迁裁决。本市拆迁项目一般由各区、县住房和城乡建设委员会作为颁发拆迁许可证、作出拆迁裁决的主管机关。根据新《条例》，征收房屋由市、县政府作出征收决定，然后由房屋征收部门与被征收人签订征收补偿协议；如协商不成，由市、县级政府作出征收补偿决定。

（四）征收、补偿程序的变化

在房屋征收程序中，新《条例》明确规定了被征收人对征收决定和补偿的参与程序，不仅房价评估机构由被征收人选择，而且补偿方案的确定也要听取被征收人意见，有利于通过参与保障被征收人合法权益。新《条例》第 10 条第 2 款和第 11 条规定，市、县级人民政府应当组织有关部门对征收补偿方案进行论证并予以公布，征求公众意见。征求意见期限不得少于 30 日。市、县级人民政府应当将征求意见情况和根据公众意见修改的情况及时公布。因旧城区改建需要征收房屋，多数被征收人认为征收补偿方案不符合本条例规定的，市、县级人民政府应当组织由被征收人和公众代表参加的听证会，并根据听证会情况修改方案。在房屋征收补偿程序中，新《条例》第 20 条第 1 款规定，房地产价格评估机构由被征收人协商选定；协商不成的，通过多数决定、随机选定等方式确定。

（五）被征收对象、补偿方式的变化

根据旧《条例》的规定，拆迁租赁房屋的，拆迁人应当与被拆迁人、房屋承租人签订补偿安置协议；根据新《条例》，房屋征收部门与被征收人，即房屋所有权人签订协议（第 25 条）。

新《条例》明确规定"先补偿、后搬迁"原则，一改旧《条例》中屡遭病垢的"先拆迁、后补偿"的原则。新《条例》第 27 条第 1 款和第 28 条规定，实施房屋征收应当先补偿、后搬迁。市县人民政府申请法院强制执行征收补偿决定的，强制执行申请书应当附具补偿金额和专户存储账号、产权调换房屋和周转用房的地点和面积等材料。

新《条例》明确规定以房屋市场价格确定房屋征收补偿,克服了旧《条例》中关于拆迁补偿标准明显偏低的问题。新《条例》第19条第1款规定,对被征收房屋价值的补偿,不得低于房屋征收决定公告之日被征收房屋类似房地产的市场价格。被征收房屋的价值,由具有相应资质的房地产价格评估机构按照房屋征收评估办法评估确定。

(六)强制拆迁主体的变化

新《条例》取消了旧《条例》中关于行政强制拆迁的规定,变行政强制拆迁和司法强拆并行模式为单一的由作出房屋征收决定的市、县人民政府申请人民法院强制执行的模式。新《条例》第28条第1款规定,被征收人在法定期限内不申请行政复议或者不提起行政诉讼,在补偿决定规定的期限内又不搬迁的,由作出房屋征收决定的市、县级人民政府依法申请人民法院强制执行。同时,新《条例》第35条还规定,本条例施行前已依法取得房屋拆迁许可证的项目,继续沿用原有的规定办理,但政府不得责成有关部门强制拆迁。

二、新《条例》实施后对政府和法院相关工作的影响

新《条例》实施对全市法院审判、执行工作会产生诸多方面的影响,主要有:

(一)对政府房屋征收补偿管理工作可能产生的影响

一是民主决策、公众参与等原则和程序的确立、设置,加大了市、县人民政府在征收、补偿工作中的责任和压力。新《条例》按照决策民主、程序正当、结果公开的原则,为市县人民政府开展房屋征收与补偿工作确立、设置了诸多明确、清晰的前置条件。涉及房屋征收的前置条件主要有:符合法定公共利益的需要,对征收补偿方案不少于30日的公开征求意见并及时反馈征求意见及修改情况,旧城区改建和多数人对征收有异议的需召开听证会,社会稳定风险评估,征收补偿费用足额到位、专户存储、专款专用,被征收人数量较多的由政府常务会议决定,公告征收决定并告知行政复议、行政诉讼权利,等等。涉及房屋补偿的前置条件主要有:按市场价值确定补偿,被征收人选定评估机构,货币补偿或产权调换两种补偿方式由被征收人选择,给予被征收人奖励或补助并支付搬迁费或临时安置费或提供周转用房,补偿前对违法建设进行甄别和处理,公告征收补偿决定,公布分户补偿情况,等等。在现阶段,这些程序和条件的确立和设置,这在一定程度上加大了市县人民政府开展房屋征收与补偿工作的压力和难度。

二是市县政府可能涉诉的案件类型增多,败诉几率增大。新《条例》实施后,市县政府可能涉诉的行为种类进一步丰富,涉及房屋征收决定、房屋补偿决定以及与房屋征收与补偿有关的政府信息公开、房屋征收与补偿中行政处罚和

违法征收与补偿的行政赔偿等多种类型，加之新《条例》对房屋征收与补偿工作设置了诸多明确、操作起来较为复杂的民主决策程序，每一环节工作稍有不慎不仅会引发行政争议，政府行政败诉的几率也将进一步增大。

三是新、旧《条例》的衔接等问题亟待解决。新《条例》规定自公布之日起即实施，未设置一定的“缓冲期”。虽然《条例》第35条规定，《条例》实施前已经取得房屋拆迁许可的项目仍然沿用旧有的规定办理，但明确排除了政府不得责成有关部门强制拆迁。由于该《条例》未对与旧《条例》如何衔接作出更具操作性的细化规定，会导致政府在滞留拆迁项目面临很多具体问题难以解决。如有些已取得房屋拆迁许可的项目，在新《条例》实施前政府已作出行政强制决定只是尚未执行，在新《条例》实施后应如何与司法强制衔接；在新《条例》实施前已取得房屋拆迁许可的项目，房屋拆迁行政主管部门已作出拆迁裁决，但尚未执行且至今已超出申请司法强迁期限的应如何处理；新《条例》仅调整“为了公共利益的需要，国有土地上房屋的征收和补偿行为”，今后商业性质的拆迁项目应以何种方式运作；新《条例》实施前已经取得房屋拆迁许可的商业性质拆迁项目如何处理遗留问题，这种运作模式将会给区域经济发展带来何种影响均尚待进一步研究。

四是被拆迁人心理预期将有所提高，与政府的对抗情绪更为强烈。与旧《条例》相比，新《条例》明确规定“对被征收房屋价值的补偿，不得低于房屋征收决定公告之日被征收房屋类似房地产的市场价格。而被征收房屋的价值，又具有相应资质的房地产价格评估机构按照房屋征收评估办法评估确定。房屋征收评估办法由国务院住房城乡建设主管部门制定”，并要求将分户补偿情况在房屋征收范围内向被征收人公布。这种规定增强了拆迁补偿工作的规范性，使补偿标准更加市场化。但新《条例》颁布时，与之配套的“房屋征收评估办法”尚未颁布，评估标准存在一定不确定性，因此不排除部分被征收人人片面理解上述法律、政策，进一步提高心理预期和利益诉求。这种预期一旦无法得到满足，对抗情绪将进一步增强，矛盾化解难度加大。

（二）对法院相关工作可能产生的影响

一是行政诉讼案件会大幅上升。据不完全统计，2011年，全市法院共审结拆迁、征收行政案件952件，同比上升约1.8倍。由于新《条例》实施后，政府可能涉诉的行为种类进一步丰富，新类型诉讼案件将会陆续进入诉讼程序，全市法院受理的行政诉讼案件可能会大幅度上升。此外，值得注意的是，由于新《条例》明确了征收与补偿决定的作出主体均为市、县人民政府，新《条例》实施后，市政府和区、县政府涉案行政案件数显著上升，高、中级法院受理的行政诉讼案件数随之大幅上升。

二是行政非诉强制执行审查案件将会大幅上升。《行政诉讼法》和最高法院司法解释规定,行政审判庭负责对行政机关申请法院强制执行的具体行政行为进行合法性审查。按照旧《条例》的规定,对拆迁裁决既可以由行政机关自行强制执行,也可以申请法院强制执行。在城市房屋拆迁纠纷中,真正进入司法强拆程序的比例相对较小,这与行政强制拆迁在拆迁工作中发挥的重要作用密不可分。按照新《条例》第28条第1款的规定,被征收人在法定期限内不申请行政复议或者不提起行政诉讼,在补偿决定规定的期限内又不搬迁的,由作出房屋征收决定的市、县级人民政府依法申请人民法院强制执行,而且,新《条例》第35条更是明确规定新条例施行前已依法取得房屋拆迁许可证的项目,继续沿用原有的规定办理,但政府不得责成有关部门强制拆迁。这就意味着,强制拆迁只有申请法院强制执行一种模式,法院受理非诉行政强制执行案件数将会大幅上升。

三是审判力量不足、案多人少矛盾将进一步加剧。目前全市法院行政法官共有106人。从行政案件情况看,房屋拆迁纠纷中的社会矛盾较为突出,纠纷化解难度较大。在行政诉讼案件增长的背景下,大量房屋征收、补偿类新类型诉讼案件涌入法院,再加上行政非诉强制执行案件大幅上升,就现有审判队伍和人员配备情况而言,将会使全市法院行政庭的审判任务更为繁重,行政审判力量不足、案多人少的矛盾将进一步加剧。当前,特别急需配备具有扎实理论功底、丰富审判经验的督导调研人才。

四是行政申诉上访等不稳定因素会明显增加。当前,行政申诉上访问题在全国范围内均较为突出,尤其是北京行政申诉上访案件因为政治、经济、地域特点而具有较强的敏感性和复杂性,对此,全市法院在2010年下半年到2011年上半年开展了行政申诉上访专项治理活动,取得了一定成效,受到了最高人民法院的充分肯定。新《条例》实施后,行政审判面临着艰巨而复杂的任务,加之北京重点工程、重点项目多,时间紧、任务重,加之拆迁、征收补偿等问题涉及被拆迁人切身重大利益,当事人情绪往往较为激烈,许多被拆迁人虽经法院终审判决且进行多次协调工作,仍形成较多申诉上访问题,化解难度极大。因此,由房屋征收与补偿以及行政非诉强制执行审查而引发的行政申诉上访案件势必会大量增加,行政申诉上访形势将进一步加剧。新《条例》实施带来的申诉上访等不稳定因素,将给法院工作带来极高的政治风险、面临较大的压力。

五是司法与行政互动、联动的需求更为迫切。房屋征收、补偿行政案件往往争议大、敏感性强,尤其是取消行政强制拆迁模式后,法院审理房屋征收、补偿行政案件或者审查非诉房屋征收补偿行政强制执行行为难度更大,在化解矛盾争议、维护社会稳定以及有效开展非诉执行审查和执行工作方面,更为迫切需要党委领导和政府的支持和配合,这对加强司法与行政互动、联动的质量和效益提出了新的更高的要求。

三、新《条例》实施给行政审判工作提出的新问题和新挑战

新《条例》的实施给首都城市化建设及行政审判工作提出的新问题和新挑战主要有：

一是如何判断公共利益的问题。公共利益是一个非常抽象的概念，对其界定是一个世界性的难题，即使新条例第八条有明确的列举并对因保障性安居工程建设、旧城区改建需要征收的设立了程序限制，但公共利益内涵和外延仍然并不清晰，实践操作中还会产生诸多问题或疑惑。

二是如何确定审查标准问题。新《条例》以仅仅 35 个条文，规定了对公民权益有重大影响的房屋征收与补偿问题。尽管新《条例》对房屋征收与补偿的各个环节均有所涉及，但显得较为抽象和原则，对房屋征收决定和房屋补偿决定所应具有的内容和形式尚缺乏明确、权威的规定，势必给法院对征收决定和补偿决定的审查标准带来一定的障碍。

三是如何界定征收补偿协议性质问题。新《条例》第 25 条规定，房屋征收部门与被征收人依照本条例的规定，就补偿方式、补偿金额和支付期限、用于产权调换房屋的地点和面积、搬迁费、临时安置费或者周转用房、停产停业损失、搬迁期限、过渡方式和过渡期限等事项，订立补偿协议。补偿协议订立后，一方当事人不履行补偿协议约定的义务的，另一方当事人可以依法提起诉讼。这里，涉及一个对补偿协议的理解和认识问题，即到底是行政合同还是民事合同性质，起诉到法院之后，是作为民事案件受理还是作为行政案件受理，这也是新《条例》实施后迫切需要作出明确回应的问题。

四是如何确定房屋征收与补偿行政案件管辖问题。新《条例》将征收与补偿的主体确定为市县人民政府，而按照《最高人民法院关于行政案件管辖若干问题的规定》的规定，被告为县级以上人民政府的案件应由中级人民法院一审管辖。可见，新《条例》实施后，为确保房屋征收与补偿行政案件的审理质量和效率，面临对此类案件的管辖进行科学调配分工问题。

五是如何确定司法强制执行模式和审查标准问题。新《条例》实施后，行政强制拆迁或搬迁停止，此类案件需要进入法院强制执行程序，而执行模式和审查标准目前尚不明确。

六是如何做好新、旧《条例》的衔接问题。对于在新《条例》实施前已经作出强拆决定的，但尚未具体采取行政强制执行措施的情形，如何衔接新旧条例的强制执行机制以及行政强制执行与司法强制执行之间的关系，新《条例》规定并不明确，实践中理解也颇有争议。

七是如何处理好国有土地和集体土地房屋征收拆迁政策不一致问题。新《条例》对国有土地上房屋征收与补偿工作进行了全面的规范和,但集体土地房屋拆迁工作不在新《条例》调整范围,属于《土地管理法》调整范围,在《土地管理法》未作修改之前,如何协调、处理好国有土地和集体土地房屋征收拆迁政策不一致问题,也是摆在法院审判工作面前的一个挑战。

四、法院应对新《条例》实施后的工作思路及建议

为有效应对新条例实施后的挑战和问题,做好新形势下的行政审判工作,围绕实现行政审判在保障首都经济社会又好又快发展中的职能作用,提出如下建议:

(一)继续加强对重点工程项目的服务保障意识

一是要在征收行为合法的基础上,充分发挥对此类案件的司法审查职能,加快此类案件的审理进度,加大执行工作力度,高效、稳妥、审慎地处理相关案件,确保征收工作的整体进程。对于在新《条例》实施前已依法取得房屋拆迁许可证且申请法院强制执行的非诉执行案件,应尽快启动审查、执行工作。

二是要切实履行司法审查职责并积极延延伸审判职能,对拆迁活动中不规范行为及时予以纠正,保障群众合法权益不受侵害;同时将继续高度关注并全力配合本市重点工程、重点项目,围绕新《条例》带来的各种新变化、产生的新问题进行更为深入的调研,发现问题、分析原因、提出对策,及时通报有关部门。

(二)积极参加新《条例》实施的相关配套制度和办法制定

新《条例》的规定较为抽象和原则,并且有大量授权立法,尤其是许多事关房屋征收与补偿公平、公正、公开的制度和机制尚不健全,法院审理此类行政案件将面临“无法可依”的问题,急需相关配套制度和办法的出台。目前,法院已积极参与住房和城乡建设部制定的《房屋征收评估办法》以及《北京市国有土地上房屋征收与补偿实施办法》起草工作的讨论,对制定不周全之处及时沟通,提出有针对性地意见和建议,目前上述规定均已颁布实施,有效保证了法院相关审判工作的开展。

(三)准确把握本市房屋征收、补偿案件的审理标准

一是准确把握公共利益的内涵和外延。正确处理严格依法办事与服务大局的关系,遵循新《条例》立法精神,严格按照新条例关于公共利益的界定,既要保障符合公共利益要求的重点工程、重点项目的顺利推进,又要防止非公益项目“搭便车”,侵害房屋征收秩序和被征收人合法权益。

二是严格遵循合法性审查标准。房屋征收决定和房屋补偿决定属新类型行政行为,仍需要按照《行政诉讼法》的规定,遵循合法性审查标准。考虑到房屋

征收补偿涉及保障公共利益、维护被征收人合法权益，在审查标准上仍应以合法性审查作为底线，适度从严掌握。尤其值得一提的是，新条例在行政程序设计上有许多制度创新之处，不仅规定了决策民主原则和程序设计，还明确规定了“程序正当”原则，这对丰富行政审判合法性审查的内涵具有重要意义，需要准确认识和掌握。

三是准确把握补偿协议性质及救济渠道。房屋征收机构与被征收人签订的补偿协议既具有行政性，又具有民事协议的特征，但考虑到此类合同的特殊性，在救济渠道的确定上尚需行政庭与民庭进一步研究，由最高人民法院或市高级人民法院统一确定。

四是准确把握房屋征收与补偿行政案件管辖。本着将矛盾化解在当地、化解在基层以及便于执行的原则，在案件管辖上可以考虑对于不服区县政府房屋征收决定案件，由中级人民法院作为一审法院，对于不服区县政府补偿决定案件，由区县法院作为一审法院，这样既方便当事人诉讼，又有利于上级法院发挥监督、指导职能。

五是正确厘清法院强制执行模式及审查标准。取消行政强制拆迁后，法院强制执行模式还有一定的争论，是完全由法院审查并执行，还是由法院进行合法性审查后，委托行政机关进行具体强制执行，需要上级法院和有关部门及时研究确定。对于房屋征收补偿非诉行政强制执行案件，强调立案庭立案、行政庭审查、执行局执行相互配合、支持。对于行政庭审查来说，非诉行政强制执行审查标准可以确定“明显违法”标准，即申请执行的补偿决定存在明显缺乏事实依据、明显缺乏法律依据或者存在其他明显侵害被征收人合法权益的情形的，法院可以裁定不予执行。

(四)制定本市新、旧《条例》过渡时期的指导意见

《条例》实施前已经取得房屋拆迁许可证的，在拆迁实施活动中仍可能引发相应行政诉讼，而原有拆迁项目的后续拆迁，尤其是强制执行问题亦成为新、旧《条例》过渡时期法院和政府共同面临的现实问题。

1.已取得房屋拆迁许可证情形下可能的诉讼

一是当事人不服房屋拆迁许可行为或延长许可行为而提起行政诉讼。应根据原拆迁有关规定对被诉许可行为或延长许可行为进行合法性审查。

二是当事人不服房屋拆迁裁决而提起行政诉讼。无论在新《条例》实施前作出的房屋拆迁裁决，还是新《条例》实施后做出的房屋拆迁裁决，均应根据旧《条例》有关规定对被诉房屋拆迁裁决行为进行合法性审查。

2.过渡时期的强制执行问题

新《条例》第35条规定，对已取得房屋拆迁许可证的项目，继续沿用原有规

定办理，但政府不得责成有关部门强制拆迁。按照中央纪委、监察部 2011 年 3 月底发出的《关于进一步规范征地拆迁行为的通知》，明确提出新《条例》颁布前已经作出行政强制拆迁决定但尚未组织实施的项目，不得再组织实施，要依法由人民法院裁定是否强制执行。对此，我们对过渡时期的强制执行问题提出如下意见。

一是政府部门和行政机关应加大行政调解力度。政府部门和行政机关在房屋拆迁裁决执行过程中应加大协调化解力度，切实保障行政相对人合法权益，注意防止矛盾激化，为当事人主动履行提供充分便利的条件。

二是如确需申请非诉执行，应由法院进行司法审查。行政机关申请非诉执行时，应向法院提供可以证明行政裁决合法性和可执行性的证据材料，主要包括执行申请书、据以执行的生效法律文书和送达凭证，证明行政行为合法的事实证据和法律依据，具有可执行内容的相关材料（如被执行人目前居住状况、同住人情况、安置房屋或过渡房屋的具体资料等），由法院对行政裁决合法性进行非诉审查，并作出准予或不准予执行的裁定。

三是法院启动强制执行程序后，应当在当地党委的统筹协调下，法院、公安、房管等部门通力配合、密切协作，形成拆迁工作的强大合力。法院经合法性审查作出准予执行裁定后，即发出执行通知、张贴执行公告。在启动强制执行程序后，以法院名义，在法院监督下，由相关行政部门具体负责实施强制执行措施：包括实施搬迁行为、搬迁时必要的交通或治安维护、后续的维稳化解等各项工作，均由相关行政部门具体落实。今年 3 月公安部下发的《2011 年公安机关党风廉政建设和反腐败工作意见》指出，各级公安机关要把维护党的政治纪律放在首位，要认真贯彻国务院严格征地拆迁管理工作的有关要求，严禁公安民警参与征地拆迁等非警务活动，对随意动用警力参与强制拆迁造成严重后果的，严肃追究相关人员的责任。因此，法院在强拆过程中，必须紧紧依靠当地党委、政府，公安机关虽不能直接参与拆迁工作，但仍可采取多种方式协助配合法院开展执行工作。

（五）参照新《条例》精神处理集体土地上房屋拆迁工作

对于农村集体土地征收和房屋拆迁工作，非属新《条例》调整范围，但是，按照中央纪委、监察部 2011 年 3 月底发出的《关于进一步规范征地拆迁行为的通知》要求，要妥善解决好被征地农民的居住问题，农民房屋拆迁要按照建筑重置成本补偿，宅基地征收按当地规定的征地标准补偿，被征地拆迁农户所得拆迁补偿以及政府补贴，要能够保障其选购合理居住水平的房屋。在《土地管理法》等法律法规作出修订之前，集体土地上房屋拆迁，要参照新《条例》的精神执行。

（六）进一步充实审、执工作力量，保障司法强拆顺利进行

“案多人少”是本市法院多年来一支努力克服和解决的一个困难。随着新

《条例》的实施,要保证有足够的审判、执行力量应对数量陡增的拆迁案件,法院必然要在人员、装备方面对相关审判、执行部门予以适当的倾斜,人力、设备不足的困难将进一步加剧,希望得到当地党委、政府的大力支持。

当然,新《条例》实施反映在行政审判中的新情况、新问题会随着实践的深入不断出现,还需要围绕实践不断调查研究并有针对性地提出解决问题的意见和对策。

【法律文书之窗】

北京市高级人民法院
民事判决书

（2010）高民初字第1634号

原告新星亚太有限公司，住所地中华人民共和国香港特别行政区九龙旺角弥敦道655号胡社生行12楼1201室。

法定代表人高翔，董事。

委托代理人史炳武，北京市浩天信和律师事务所律师。

委托代理人郑欣，北京市浩天信和律师事务所律师。

被告西藏诺迪康药业股份有限公司，住所地西藏自治区拉萨市北京中路93号。

法定代表人陈达彬，董事长。

委托代理人刘冬青，北京市明华律师事务所律师。

第三人北京诚通华亿房地产有限公司，住所地北京市大兴区庞各庄镇田园路2号306室。

法定代表人宋成，董事长。

原告新星亚太有限公司（以下简称新星公司）诉被告西藏诺迪康药业股份有限公司（以下简称西藏药业公司）、第三人北京诚通华亿房地产有限公司（以下简称诚通华亿公司）执行异议纠纷一案，本院受理后，依法组成合议庭，公开开庭进行了审理。新星公司的委托代理人史炳武、郑欣，西藏药业公司的委托代理人刘冬青、第三人诚通华亿公司的法定代表人宋成到庭参加了诉讼。本案现已审理终结。

2010年6月，原告新星公司向本院起诉称，北京建兴房地产开发有限公司（以下简称建兴公司）于1995年1月25日取得位于北京市朝阳区首都机场高速公路北皋立交桥东的121,700平方米土地使用权，用于开发别墅式住宅。建兴公司报请规划部门开发的建设项目名称为“新星花园别墅及配套”，总建筑规划面积52,338.74平方米,分三期开发。一期面积为13,965.53平方米,分摊土地面积35,372.6平方米,已建成并销售给西门子(中国)有限公司(下称西门子公司),西门子公司已办理了房屋所有权证和土地使用证。二期面积为12,359.36平方米,分摊土地面积21,750.4平方米,已建成14栋独栋别墅和9栋连排别墅。三期面积为20,415.98平方米,分摊土地面积53,577平方米,还在规划设计中;公建及社区服务中心规划面积5598平方米,已经建成。我公司于2006年6月10日与西门子公司签订房屋买卖合同,分别购买西门子公司名下新星花园一期别墅35幢及F1-3号别墅一幢,于2006年8月、9月分别取得房屋所有权证和土地使用权证。

被告西藏药业公司与建兴公司因合作开发合同发生纠纷诉至北京市第二中级人民法院,该院以(2007)二中民初字第11038号《民事判决书》,判决建兴公司偿还西藏药业公司89,600,000元本金及利息。判决生效后西藏药业公司向法院申请执行,由北京市高级人民法院提级执行。在执行中,法院于2008年11月28日委托北京中资房地产土地评估有限公司对位于北京市朝阳区首都机场高速公路北皋立交桥东的89,543.8平方米土地使用权及地上物进行评估,评估总价为542,280,000元人民币。2009年5月法院公开拍卖上述土地及地上物,诚通华亿公司以445,000,000元竞得。北京市高级人民法院于2009年7月20日以(2008)高执字第131-1号《民事裁定书》裁定,新星花园二、三期土地使用权及地上物所有权自裁定送达诚通华亿公司之日起转移,可持本裁定办理过户手续。

我公司认为,依据《城乡规划法》、《物权法》的有关规定及我公司承继的房屋买卖合同,被告已严重损害原告合法权益。

1.原告依据与西门子公司的买卖合同取得新星花园一期的全部房屋及对应的土地。根据房产证及土地证原告享有小区整体规划用地121,700平方米的29%的共同共有使用权,被告申请法院拍卖及执行裁定,侵害了原告对121,700平方米建设用地的共有权,损害了原告的合法财产权,导致原告丧失了对整个小区土地共有的权利。(原告自行评估共有用地价值暂定为3,000,000元)。2.被告申请拍卖及执行损害了原告享有的经营设备设施共有财产权利。小区配套用房面积为5598平方米,法院委托中资公司评估价为48,460,000元,按5598平方米对应的总建筑面积52,338.74平方米计算,每平方米分摊0.106平方米。原告享有建筑面积14,488.46平方米,对应分摊1535.78平方米,价值约为13,290,000元(其中包括社区卫生服务站、商业服务、停车场、设备用房、幼儿园等13项用地和房屋)。3.被告申请拍卖和执行,剥夺了原告对新星花园项目整体规划条件、方案、市政基础设备条件的法定权利。我公司认为,该项目一、二、三期是建兴公司报经政府审批,整体核发了许可证,房地产企业应当按照批准的规划设计建设商品房,不得擅自变更。一期目前已全部销售,二期有部分销售。商品房销售后房地产企业不得擅自改变项目规划设计。调整小区规划方案,规划部门应听取利害关系人的意见且须经过全体业主的同意,否则不得改变。原告认为法院执行裁定人为的将小区项目的开发建设权与土地分开,实质上从法律上剥夺了原告对小区现有整体规划条件、设计方案享有的权利及土地使用权共有的权利。4. 被告申请拍卖及执行,剥夺了原告向建兴公司索赔的权利。建兴公司在销售时向原告承担市政配套设备,包括正式供电、供水、道路、通行,该公司至今尚未全面履行,拍卖导致已无法实际履行,损害了原告权益。法院拍卖未要求诚通华亿公司承担该义务,致使原告合法权益无法保证。我公司向北京市高级人民法院提出执行异议,被法院驳回,并告知我公司可另行起诉。为此,我公司提起本诉讼,请求:1. 判令被告停止对新星花园项目已建成的公共服务配套设施 5598 平方米建筑对应土地的执行,确认原告对其享有 28% 的所有权,暂估价值为 13, 290, 000 元人民币;2. 判令被告停止对原告享有的新星花园项目 121, 700 平方米共有权利的拍卖执行,确认原告对其享有 29% 的共有财产所有权,暂估价为 3, 000, 000 元人民币;3. 判令被告停止对新星花园项目的政府规划方案改变的执行。(以上财产价值合计 16, 290, 000 元人民币)。起诉后,新星公司又将上述诉求中要求确认享有的"所有权",变更为"使用权"。

被告西藏药业公司辩称,一、原告因未在法定期间内依程序提起"案外人异议之诉",其已丧失诉讼主体资格。依《民事诉讼法》第 204 条规定,案外人提起异议之诉的前置条件是必须在执行过程中。2009 年 7 月 20 日,北京市高级人民法院就我公司申请执行案已作出裁定。执行裁定生效,执行程序已经终结。2009 年 12 月 1 日原告虽提出异议,但已非执行过程中,而是执行终结后,因此其已不具有提起本诉的主体资格。二、原告关于确认其享有公共服务配套设施 5598 平方米建筑对应的 28% 的所有权,即 121, 700 平方米 29% 共有财产所有权的诉请,没有法律依据。原告享有的土地使用权应以土地证的确权面积为准。京市朝港澳台国用(2006 出)第 10428 号、京市朝港澳台国用(2006 出)第 10429 号土地证已明确界定了原告的土地使用范围。原告超出上述权属证书的确权范围提出所谓 28%、29% 土地权属确认的诉请,没有法律依据。执行法院的执行裁定并未改变规划面积 5598 平方米的公建及社区服务的功能和用途,未侵犯原告的合法利益。三、政府规划方案改变应属行政诉讼范畴,与原告无关。涉及项目规划,法院及我公司均不是行政规划主体,且法院裁定对该异议已明确作过处理,本案不应对该诉请再审理。因此,请求法院驳回原告的全部诉讼请求。

第三人诚通华亿公司辩称,原告的起诉缺乏事实和法律依据,应依法予以驳回。

经审理查明,位于北京市朝阳区首都机场高速公路北皋立交桥东的"新星花园别墅及配套"项目是由建兴公司开发建设的房地产项目,建兴公司分三期对该项目进行了建设。1996 年 8 月、1998 年 7 月和 11 月,西门子公司分别购买了建兴公司出售的新星花园别墅一期项目中 34 套公寓、29 栋联排别墅和 2 栋独立别墅,并取得了上述房屋所占用土地的使用权。2006 年 6 月 10 日,西门子公司将上述房屋 35 幢别墅和 F1 –3 号别墅一幢(注:即所购全部房产,栋号系重新确定)连同相应土地使用权出售给本案原告新星公司。原告于 2006 年 8 月取得了上述房产的房屋所有权证(京房权证市朝港澳台字第 10323 号、京房权证市朝港澳台字第 10324 号),房屋建筑面积为 14,488.46 平方米;同年 9 月,原告取得了京市朝港澳台国用(2006 出)第 10428 号和第 10429 号的土地使用权证,土地使用面积为 35,372.6 平方米。原告购得上述房地产后由其管理和使用。原告主张的新星花园小区整体公建、配套设施包括社区卫生服务站、商业服务、停车场、配电室、幼儿园等均在建兴公司二期开发的范围内。在新星公司从西门子公司处购房时,双方在购房合同中对上述公建、配套设施等的确认和使用没有约定。

在 2003 年,被告西藏药业公司曾就新星花园项目与建兴公司等签订合作开发经营合同,被告基于合作关系对该项目有过投资。在合作中双方发生矛盾并协议解除了合作关系,同时确认建兴公司应向被告返还人民币 89,600,000 元。因建兴公司未履行还款义务,被告遂通过诉讼另案解决。2007 年 11 月,该案经北京市第二中级人民法院审理,判决建兴公司返还西藏药业公司欠款 89,600,000 元及利息。该判决生效后,西藏药业公司于 2008 年向法院提出执行申请,案件由本院执行局负责执行。在执行期间,本院委托评估公司对被执行人建兴公司开发的新星花园项目的土地及地上物进行了价值评估。评估公司出具的评估报告显示,估价对象的权属状况,一期工程 36 幢别墅及配套冷冻机房已竣工,其中 35 幢别墅 13,171.06 平方米及占用的土地使用权 32,156.2 平方米已颁发房屋所有权证及国有土地使用权证,故该证面积变更为 89,543.8 平方米。估价对象所属宗地计划分三期开发,其中第一期 35 幢别墅销售给西门子公司,销售分割产权后剩余的土地面积为 89,543.8 平方米,即为估价对象的土地使用权面积;估价对象地上建筑物现已建成 17,957.36 平方米,其中住宅 12,359.36 平方米,公共服务配套设施 5598 平方米,公共服务配套设施包括社区服务中心、幼儿园、配电房和门卫室。其中社区服务中心为钢混结构,地上三层、地下一层,地上建筑面积 3364.7 平方米、地下建筑面积 1314 平方米。社区服务中心地下为设备层（小区公用的变配电系统、中央空调系统等），地上现由建兴公司办公自用或空置。

2009年5月，法院公开拍卖被执行人建兴公司位于朝阳区北皋立交桥东的土地使用权及地上物，由本案第三人诚通华亿公司以445,000,000元竞得。2009年7月20日，本院以（2008）高执字第131－1号《民事裁定书》裁定：建兴公司的新星花园二、三期土地使用权及地上物所有权自裁定送达买受人诚通华亿公司之日起转移，买受人可持本裁定到财产管理机构办理相关产权过户登记手续。此后，新星公司以该案案外人身份，对本院（2008）高执字第131－1号民事裁定提出执行异议。本院对该执行异议进行审查后认为，关于异议人主张拍卖行为损害其土地使用权一节，根据本案拍卖公告对执行标的描述，建兴公司位于北京市朝阳区首都机场高速公路北皋立交桥东的89 543.8平方米土地使用权及地上物，其中确实含有案外人所述3216.4平方米的土地面积，而案外人当时对3216.4平方米已经取得使用权证并实际占有；但土地权属登记部门在审核公告中，已经根据实有面积将该3216.4平方米作了扣除，故其土地使用权并未实际受到损害。关于异议人主张拍卖行为侵犯其对公共服务配套设施的共有权利一节，法院对新星花园二、三期土地及地上物的拍卖，并不改变规划面积5598平方米的公建及社区服务中心的功能和用途，该5598平方米的公建及社区服务中心进行初始登记时，房屋权属登记部门应当会依法予以登记。关于异议人对拍卖行为导致建兴公司不能完成用水、用电等配套设施的承诺，致使异议人利益受损的主张，因用水用电等涉及的权利义务关系系异议人与原开发商建兴公司之间的合同法律关系，故异议人应向原开发商建兴公司另行主张。关于异议人所提拍卖侵害其规划权益问题，因规划属行政法范畴，执行程序不涉及该问题。案外人的异议理由缺乏事实和法律依据，法院不予支持。2010年6月18日本院裁定：驳回案外人新星公司的异议。现西藏药业已实际收到法院执行拍卖的全部案款，买受人诚通华亿公司已办理了房屋产权过户手续，取得受让项目。新星公司遂于2010年6月24日向本院递交了起诉状。根据本案案情，因涉案项目已属诚通华亿公司，本院通知诚通华亿公司为本案第三人参加诉讼。

另查，原告购得西门子公司房产后，于2009年11月与案外人北京正鹏房地产开发有限公司（以下简称正鹏公司）签订房屋买卖合同，将新星公司所有的别墅房屋出售给正鹏公司，正鹏公司于当年12月取得了所购房产的所有权证书。因新星公司不能为正鹏公司办理相关土地使用权证，故双方协商于2009年12月8日签订了《解除协议书》，约定解除双方上述房屋买卖合同，新星公司已将售房款全部返还给正鹏公司。由于正鹏公司已取得产权证，需办理该证的注销手续,双方通过法院诉讼,2010 年 10 月北京市朝阳区人民法院出具民事调解书,解除正鹏公司与新星公司签订的存量房买卖合同。

上述事实,有《北京市外销商品房预售契约》、《房地产买卖合同》、房屋所有权证和国有土地使用权证、法院民事判决书、民事裁定书、执行裁定书、民事调解书、竞买协议、拍卖成交确认书、付款凭证及当事人陈述等证据在案证明。

本院认为,原告从西门子公司处购得建兴公司建设的新星花园一期房产后,取得了房产所有权证及土地使用权证。因开发商建兴公司欠付西藏药业公司款,双方经诉讼解决,建兴公司败诉。该案经法院执行将建兴公司开发的新星花园二、三期房产拍卖用于偿还债务,并已执行完毕。在第三人诚通华亿公司经竞拍获得的房产中,含有该开发小区的一些公建设施,公建设施按照建设规划设计均在小区二、三期的范围内,从设施的功能看是为小区整体服务和安排的。原告购房时购房合同中对该部分设施的使用并无特别约定,且原告诉讼时,没有证据证明这些公建设施被侵占另做他用或被毁损不能提供服务、使用,构成对其实体权利的侵害,故原告的主张,缺乏证据支持。原告认为法院的执行拍卖侵害了其财产权益,要求停止执行,没有诉讼的事实依据。且原告提出的部分诉讼主张已经法院审理,依法作出裁决,现原告再次提起民事诉讼不符合法律程序,故对其该部分请求,本案不予支持。关于新星公司要求确认对公建部分的土地和房产享有一定比例使用权的问题。由于小区公建配套设施根据设施用途和规划,在归属上政府有不同的政策要求,并不完全属于开发商所有,开发商只履行代建义务,建成后的设施最终将按其功能分属不同行业或主体。根据法律的规定,建筑区划内的公共场所、公共设施和物业服务用房,属业主共有;规划用于车库、车位的归属当事人应当在出售时约定。所以小区的公建设施除有法律规定或合同另有约定外,权属和使用是确定的,无需再行划分。由于对公建设施享有权利的主体构成复杂,且法律规定的共有关系当属共同共有,不能按份取得,故应当维护小区内共有财产的完整性,以利于全体共有人对共有物的利用。因此原告要求按比例划分份额确认其享有的共有权,于法无据。原告在诉求中提出确认的财产价值,没有事实依据,本院不予采信和支持。综上,原告的诉讼理由不成立,本院不予支持。依照《最高人民法院关于适用〈中华人民共和国民事诉讼法〉执行程序若干问题的解释》第十九条的规定,判决如下:

驳回原告新星亚太有限公司的诉讼请求。

案件受理费十一万九千五百四十元,由原告新星亚太有限公司负担(已交纳)。

如不服本判决，可于判决书送达之日起，新星亚太有限公司在三十日内，西藏诺迪康药业股份有限公司在十五日内向本院递交上诉状，并按对方当事人的人数提出副本，上诉于中华人民共和国最高人民法院。

审　判　长　张凯军
审　判　员　许雪梅
代理审判员　谷绍勇

二〇一一年五月二十日

书　记　员　薛冰洁

北京市朝阳区人民法院
民事判决书

(2011)朝民初字第 32867 号

原告金沙,女,1977 年 10 月 19 日出生,回族,住北京市朝阳区安贞里一区 21 楼 502 号,身份证号 110101197710192123。

委托代理人刘景省,北京市国凯律师事务所律师。

被告中国建设银行股份有限公司北京市朝阳区望京西园储蓄所,营业场所北京市朝阳区望京西园四区 423 号楼。

负责人李文雪,行长。

委托代理人康会杰,男,1978 年 12 月 1 日出生,汉族,中国建设银行股份有限公司北京市分行法律顾问,住中国建设银行股份有限公司北京市分行宿舍。

委托代理人曾艳,女,1980 年 5 月 9 日出生,瑶族,中国建设银行股份有限公司北京市分行法律顾问,住中国建设银行股份有限公司北京市分行宿舍。

原告金沙与被告中国建设银行股份有限公司北京市朝阳区望京西园储蓄所(以下简称建行望京西园储蓄所)储蓄存款合同纠纷一案,本院于 2011 年 10 月 17 日受理后,依法由审判员李有光独任审判,分别于 2011 年 11 月 17 日、11 月 22 日公开开庭进行了审理。原告金沙的委托代理人刘景省,被告建行望京西园储蓄所的委托代理人康会杰、曾艳到庭参加了诉讼。本案现已审理完毕。

原告金沙起诉称:2011 年 5 月 11 日,金沙在建行望京西园储蓄所办理一张卡号为 6227000014890226370 的银联龙卡通储蓄卡(以下简称龙卡通储蓄卡)。当日,金沙向该卡转入 60,872.29 元、存入现金 4 万元,该卡账户余额为100,872.29 元。金沙欲购买理财产品,被告知只有开通网上银行才能购买,于是金沙在建行望京西园储蓄所员工的指导下开通网上银行,购买了网银盾,并购买了乾元日新月异 2011(北京)平衡型理财产品。2011 年 6 月初,金沙上网查询,发觉龙卡通储蓄卡账户余额为 81.2 元。金沙遂到建行望京西园储蓄所处询问,得知其理财产品于 2011 年 5 月 12 日被赎回,款项被他人通过电话银行转走。金沙认为其本人未开通过电话银行,是由于建行望京西园储蓄所网上银行的安全漏洞以及管理制度的疏忽导致存款被转移走,建行望京西园储蓄所违反了双方储蓄存款合同的约定。故金沙诉至法院,要求建行望京西园储蓄所返还存款本金100,791.09元,向其赔偿利息(以100,791.09元为基数,按照中国人民银行同期活期存款利率的标准,自2011年5月11日计算至实际给付之日止),并承担本案诉讼费。

原告金沙向本院提供以下证据予以证明:1.《中国建设银行个人开户与银行服务申请表》(以下简称《服务申请表》);2.《中国建设银行北京市分行电子银行服务签约回执》(以下简称《签约回执》);3.银行系统打印的交易明细;4.《洛阳晚报》及《人民法院报》刊载的两个案例;5.报警回执及北京市公安局朝阳分局卷宗复印材料;6.金沙与中国建设银行股份有限公司北京市分行电子银行部工作人员的录音。

被告建行望京西园储蓄所答辩称:1.本案是典型的私人密码使用案件,私人密码的功能包括交易者身份的鉴别和交易内容的确认,从而起到电子签名的功能;私人密码的使用表明本人进行了交易行为,也表明交易是在保密状况下进行的,任何第三方不知道交易内容。私人密码只能是本人或者知晓私人密码的人使用,因此只要客观上在交易中使用了私人密码的人,如无免责事由,则视为交易中本人使用私人密码从事了交易行为,本人应承担相应责任;2.客户办理网上银行签约,必须携带身份证到柜台亲自办理;本案涉及的资金流转过程必须提供金沙签约账户的密码、网上银行密码、网银盾密码与网银盾介质本身,同时附加金沙的私密信息,才有可能完成,现不能排除金沙自己使用的可能性,金沙也并未证明自己有损失;3.建行望京西园储蓄所通过书面、口头的形式向金沙说明了网上银行的特点、功能、签约方式、风险控制等方面的信息,尽到了通知义务;4.金沙并未提供充分证据证明建行望京西园储蓄所的行为和金沙的损失之间有因果关系,亦未提供证据证明银行系统存在问题。银行已经尽到了安全保护义务,金沙要求银行承担责任没有事实和法律依据,应驳回金沙的诉讼请求。

被告建行望京西园储蓄所向本院提交以下证据予以证明:1.《服务申请表》;2.《签约回执》;3.银行系统打印的金沙龙卡通储蓄卡交易明细;4.通过网上银行签约手机银行示意图;5.中国建设银行网上银行安全产品介绍;6.《中国建设银行股份有限公司电子银行个人客户服务协议》(以下简称《电子银行服务协议》);7.E路护航网银安全组件使用指南;8.中国建设银行网上银行服务功能介绍;9.中国建设银行网银盾操作使用指南;10.中国建设银行网上银行安全策略介绍;11.中国建设银行网上银行昵称设置界面;12.中国建设银行手机银行功能介绍。

经本院庭审质证,双方对金沙提交的证据1~3、5~6,建行望京西园储蓄所提交的证据1~3、5、7~12的真实性均不持异议,本院予以确认。双方当事人对涉及本案争议焦点的以下证据持有异议：

1. 金沙提交证据4，证明类似案例银行承担全部责任，建行望京西园储蓄所不认可该证据的关联性。本院认为两个案例与本案争议的事实无直接联系，不能成为认定本案事实的依据。

2. 建行望京西园储蓄所提交证据4，证明通过网上银行签约手机银行的流程以及所需密码、身份识别手段。金沙对该证据的真实性、关联性均提出异议，称该证据和金沙无关。本院认为，该证据是描述通过网上银行签约手机银行的流程，本案事实涉及网上银行签约手机银行的流程，该证据与本案存在关联性，虽该材料为建行望京西园储蓄所单方面提供，但庭审中金沙有关网银操作的陈述对此进行了印证，故本院予以采信。

3. 建行望京西园储蓄所提交证据6，证明其向客户提示手机银行的开通途径、开通生效时间及服务内容。金沙认为该证据无其本人签字，不认可其真实性。本院认为，金沙提交的《服务申请表》中明确声明已经阅读并同意遵守《电子银行服务协议》，金沙并未提供其他版本的《电子银行服务协议》，故可以认定《服务申请表》中所指协议即为本证据，对其形式要件和证明力本院予以认定。

4. 建行望京西园储蓄所提交证据12，证明其向客户提示通过手机银行进行首次转账需要手机银行的密码。金沙认可该证据真实性，但对关联性提出异议，称其未开通手机银行。本院认为虽金沙称其未开通手机银行服务，但本案事实涉及到金沙龙卡通储蓄卡账户开通并使用手机银行服务，故该证据与本案有关联，金沙所持异议本院不予采纳。

本院根据上述认证查明：2011年5月11日，金沙向建行望京西园储蓄所申请办理了一张龙卡通储蓄卡，并开通该账户的网上银行服务。金沙填写了《服务申请表》，该表客户确认一栏载明：本人保证所提供的个人资料信息真实、有效、完整，并承诺同意遵守《储蓄管理条例》、《客户开户须知》以及监管部门和贵行有关个人业务规定；如申请龙卡通，已阅读并同意遵守《中国建设银行龙卡通领用协议》等文件；如申请电子银行服务，已阅读并同意遵守《电子银行服务协议》等文件；如因违反规定而造成的损失和后果，本人愿意承担相应的法律责任等。金沙在客户确认栏签名。建行望京西园储蓄所所提供的《电子银行服务协议》载明：电子银行个人客户服务申请人为甲方，中国建设银行为乙方；电子银行服务是指乙方借助国际互联网、公共通讯、电话集成线路等方式为甲方提供的支付结算服务、客户理财服务及信息类服务；根据服务渠道的不同，可分为网上银行服务、电话银行服务、手机银行服务、短信金融服务、家居银行服务等；身份认证要素是指在电子银行交易中乙方用于识别甲方身份的信息要素，如客户号（用户昵称、证件号码等）、密码、电子证书、USBKey、动态口令、签约设置的主叫电话号码、签约设置的手机SIM卡或UIM卡等;密码指甲方在电子银行服务中使用的登录密码、交易密码、账户密码等各种密码;交易指令指甲方通过电子银行渠道向乙方发出的查询、转账、购买金融资产等指示;甲方可在银行柜台或银行移动POS签约,成为网上银行的高级客户,高级客户可查询、转账、缴费等金融交易服务,高级客户还可申请开通或变更其他网上银行所提供的功能;甲方利用银行网站、网上银行、手机等途径登记甲方个人基本信息及账户信息,并按照要求完成其他相关操作后,自助开通手机银行,成为手机银行的普通客户;甲方可在银行柜台或银行移动POS签约,成为手机银行的高级客户;甲方为网上银行高级客户的,也可通过网上银行进行手机银行签约,成为手机银行的高级客户,高级客户可享受的服务包括查询、转账、缴费等,高级客户还可申请开通或变更其他手机银行所提供的功能;甲方身份认证要素是乙方在提供电子银行服务过程中识别甲方的依据,甲方必须妥善保管,不得将身份认证要素提供给任何第三方(包括乙方工作人员)或交于任何第三方使用,使用上述身份认证要素所完成的一切交易操作均视为甲方本人所为,甲方应对由此产生的后果负责;如甲方的身份认证要素发生遗失、被盗、遗忘或怀疑已被他人知悉、盗用等可能导致甲方账户安全性降低的情形,甲方应立即对账户进行挂失或对相关电子银行渠道进行终止,在挂失或终止生效之前发生的损失均由甲方承担;甲方应对其发出的所有交易指令承担全部责任;甲方通过网上银行、电话、手机等自助渠道申请电子银行服务的,本协议自甲方通过自助渠道系统开通电子银行服务时生效;甲方通过乙方柜台申请电子银行服务的,本协议自乙方同意其申请并在乙方系统中设置成功后生效;除有相反证据证明外,电子银行服务中所产生的凭证和银行交易记录是确定交易真实有效和交易具体内容的依据等。

当日,建行望京西园储蓄所交付打印的《签约回执》给金沙,载明:请您在登录网上银行时,使用身份证号码进行登录;您名下龙卡通储蓄卡的账户开通了网上银行渠道服务;未设置全渠道日交易限额;开通版本为普通版本,并留了联系的手机号码、注明了网银盾编号等。金沙在该《签约回执》上签名,领取了网银盾,成为了中国建设银行网上银行的高级客户。当天金沙通过转账方式和现金方式分别向该储蓄卡存入60,872.29元和4万元,账户余额为100,872.29元,并在建行望京西园储蓄所柜台工作人员的指导下登录了网上银行,购买了10万元乾元日新月异2011(北京)平衡型理财产品,购买后,龙卡通储蓄卡账户现金余额为872.29元。在柜台金沙未使用过网银盾,回家后金沙自己首次启用网银盾,根据网上银行的提示插入网银盾并设置了网银盾密码。金沙称其此后未再使用过网银盾。

同日,上述金沙龙卡通储蓄卡账户转入6227003110270225573账户(以下简称尾号为5573账户)865元,转入方账户名为"石彦婕"。扣除1.3元手续费后,金沙账户的现金余额为5.99元。

2011年5月12日,金沙龙卡通储蓄卡账户上10万元理财产品以100,005.21元的价格被赎回。当天,该储蓄卡账户又分两次向上述尾号为5573的"石彦婕"账户划转5万元与4.99万元,扣除30元手续费后,金沙账户余额为81.2元。

2011年6月7日,金沙以查询账户时发现余额只有现金81.2元为由向北京市公安局朝阳分局报案,北京市公安局朝阳分局于当日对金沙被盗窃一案作出了(2011)10178号《立案决定书》。在公安机关的谈话笔录中,金沙表示该龙卡通储蓄卡和网银盾一直在其控制中,不曾外借或丢失,金沙也不认识"石彦婕"。

经查,金沙的龙卡通储蓄卡通过网上银行渠道申请开通了手机银行服务。手机银行绑定的手机号码与金沙在柜台签约预留的手机号码不一致。上述转账行为是通过手机银行进行的。庭审中,建行望京西园储蓄所称通过网上银行申请开通手机银行需要输入客户的身份证和网上银行登录密码,并根据提示插入网银盾、输入网银盾密码、绑定指定的手机号码、设置手机银行密码方可办理。开通手机银行服务以后,首次使用手机银行进行转账需要输入手机银行的密码。金沙认可上述签约转账流程,但称其并未办理过手机银行,其存款丢失本人并无任何过错,银行存在以下过错:1.未告知其通过网上银行可以开通手机银行并进行转账;2.办理手机银行的手机号码与金沙在柜台预留号码不一致而未通知金沙;3.银行网上银行系统存在漏洞;4.客户账户凭密码操作的损失自行承担的条款属于格式条款,加重了客户责任,有悖公平原则,应属无效。

上述事实,有双方当事人提交的上述证据和当事人陈述等在案佐证。

本院认为:金沙在建行望京西园储蓄所办理储蓄卡并存款,建行望京西园储蓄所为其出具相应单据,在金沙与建行望京西园储蓄所之间形成储蓄合同关系,此合同是双方当事人的真实意思表示,内容不违反国家法律、行政法规的强制性规定,应属合法有效。金沙签字确认已经阅读并且同意遵守的《电子银行服务协议》是储蓄合同关系中明确双方权利义务的具体文件之一。金沙开通的网上银行业务需凭密码和其他身份认证要素进行交易,且身份证号码、密码等信息系储户的私人信息,网银盾亦是储户个人财物,故双方约定客户账户凭密码操作的损失自行承担的条款不属于免除银行责任、加重客户责任、排除客户主要权利的情形,不违反公平原则,金沙认为该条款应属无效的主张没有法律依据,本院不予采信,合同当事人均应当如约履行义务。

金沙称银行未告知其可以通过网上银行开通手机银行,并且通过手机银行能够转账,导致其在不清楚风险的前提下激活网银盾,建行望京西园储蓄所存在过错。就此,本院认为,金沙在签名确认的《服务申请表》明确表示已阅读并同意遵守《电子银行服务协议》等文件,《电子银行服务协议》明确约定了上述服务功能及流程,可认定建行望京西园储蓄所已经向金沙告知网上银行和手机银行的开通渠道和使用功能,故对金沙的该项意见本院不予采纳。建行望京西园储蓄所关于其已履行告知义务的答辩意见成立,本院予以采纳。金沙名下的龙卡通储蓄卡账户开通手机银行服务、绑定手机号码是通过密码及其他身份认证要素进行操作的,按照约定应当视为金沙本人所为;鉴于一人拥有多个手机号码属于正常情况,且并无合同约定或法律规定手机银行绑定的手机号码与客户在柜台预留号码不一致的情况下银行应另行通知客户,故金沙认为银行就此存在过错的主张本院不予采纳。

本案中,金沙称其未向他人泄露银行账号密码或者不当使用过网银盾,但其龙卡通储蓄卡的三次转账行为均是通过手机银行操作的,而其账号的手机银行服务是通过网上银行开通的,双方均认可通过网上银行开通手机银行服务需要输入金沙的身份证和网上银行密码登录网上银行后,并插入金沙的网银盾方可办理。金沙称其账户密码和网银盾一直处于其本人控制下,但未提供证据证明转账交易非其本人或授权他人所为,亦未排除由于金沙自身过错导致他人获得其身份认证信息从而实现转账的可能。金沙现有证据无法证明建行望京西园储蓄所的交易系统存在漏洞或安全隐患造成其账号密码泄露,也不足以证明建行望京西园储蓄所在金沙的账户内资金被转出过程中存违法或者违约行为。因此,金沙要求建行望京西园储蓄所履行支付存款义务的诉讼请求,证据不足,本院不予支持。

综上,依照《中华人民共和国合同法》第六十条、《最高人民法院关于民事诉讼证据的若干规定》第二条之规定,判决如下:

驳回原告金沙的诉讼请求;

案件受理费一千一百五十八元,由原告金沙负担(已交纳)。

如不服本判决,可于判决书送达之日起十五日内向本院递交上诉状,并按对方当事人的人数提供出副本,同时按照不服本判决部分的上诉请求数额,交纳上诉案件受理费,上诉于北京市第二中级人民法院。如在上诉期满后七日内仍未交纳上诉案件受理费的,按不上诉处理。

审　判　员　李有光

二〇一一 年十二月三十一日

书　记　员　李　湘

【司法文件】

北京市高级人民法院
关于规范专利商标行政诉讼案由的规定

为贯彻实施《最高人民法院关于专利、商标等授权确权类知识产权行政案件审理分工的规定》和《北京市高级人民法院关于执行〈最高人民法院关于专利、商标等授权确权类知识产权行政案件审理分工的规定〉的意见》，统一不服国家知识产权局专利复审委员会（简称专利复审委员会）作出的专利驳回复审决定、专利权无效宣告审查决定，以及不服国家工商行政管理总局商标评审委员会（简称商标评审委员会）、国家工商行政管理总局商标局作出的涉及商标的相关决定、裁定的案件的案由，我们对我市法院在审理上述案件时的案由适用情况进行了调研。通过调研发现，由于缺乏对这两类案件案由的明确规定，实践中这两类案件的案由使用极不规范，如有的案件没有案由，仅写“某某不服专利复审委员会（或商标评审委员会）第XX号决定一案”，有的笼统地写专利（或商标）行政纠纷一案；就专利行政案件来说，有的写专利（或专利权）无效行政纠纷，有的写专利（或专利权）无效纠纷；有的写明具体的专利权类型，如外观设计专利行政纠纷、发明专利行政纠纷、实用新型专利行政纠纷；就商标行政案件来说，有的写商标争议行政纠纷、商标异议行政纠纷，有的笼统地写商标（或商标权）行政纠纷。为规范上述两类案件的案由适用，经同我院及市一中院立案庭、审管办、研究室等部门协商，现对这两类案件的案由作出如下规定：

一、不服专利复审委员会作出的专利复审决定和无效决定案件的案由

（一）不服专利复审委员会作出的专利复审决定案件的案由

不服专利复审委员会作出的专利复审决定案件是指，专利申请被驳回后，申请人向专利复审委员会申请复审，在专利复审委员会作出相关决定后，不服该决定向人民法院提起的诉讼。根据权利类型的不同，这类案件的案由可以确定为：

1. 发明专利申请驳回复审行政纠纷

发明专利申请驳回复审行政纠纷是指，发明专利申请被驳回后，申请人向专

利复审委员会申请复审,在专利复审委员会作出相关决定后,不服该决定提起的诉讼。

2. 实用新型专利申请驳回复审行政纠纷

实用新型专利申请驳回复审行政纠纷是指,实用新型专利申请被驳回后,申请人向专利复审委员会申请复审,在专利复审委员会作出相关决定后,不服该决定提起的诉讼。

3. 外观设计专利申请驳回复审行政纠纷

外观设计专利申请驳回复审行政纠纷是指,外观设计专利申请被驳回后,申请人向专利复审委员会申请复审,在专利复审委员会作出相关决定后,不服该决定提起的诉讼。

(二)不服专利复审委员会作出的专利权无效决定案件案由

不服专利复审委员会作出的专利权无效决定案件是指,专利权授予后,任何人依法请求专利复审委员会宣告该专利权无效,专利复审委员会针对该请求作出无效审查决定后,请求人、专利权人或其他利害关系人因不服专利复审委员会作出的无效审查决定向人民法院提起的诉讼。根据权利类型的不同,这类案件的案由可以确定为:

1. 发明专利权无效行政纠纷

发明专利权无效行政纠纷是指,发明专利权授予后,任何人依法请求专利复审委员会宣告该发明专利权无效,专利复审委员会针对该请求作出无效审查决定后,不服该无效审查决定提起的诉讼。

2. 实用新型专利权无效行政纠纷

实用新型专利权无效行政纠纷是指,实用新型专利权授予后,任何人依法请求专利复审委员会宣告该实用新型专利权无效,专利复审委员会针对该请求作出无效审查决定后,不服该无效审查决定提起的诉讼。

3. 外观设计专利权无效行政纠纷

外观设计专利权无效行政纠纷是指,外观设计专利权授予后,任何人依法请求专利复审委员会宣告该外观设计专利权无效,专利复审委员会针对该请求作出无效审查决定后,不服该无效审查决定提起的诉讼。

(三)其他专利行政纠纷

在上述专利行政纠纷之外,如果还存在其他以国家知识产权局或专利复审委员会为被告的与专利有关的行政纠纷,其案由可直接确定为专利行政纠纷,如果能明确专利类型的,则其案由可确定为发明专利行政纠纷、实用新型专利行政纠纷或外观设计专利行政纠纷。

二、不服商标评审委员会作出的商标复审决定和裁定案件的案由

(一)商标申请驳回复审行政纠纷

商标申请驳回复审行政纠纷是指,当事人因不服商标局驳回其注册商标的申请并依法请求商标评审委员会复审,商标评审委员会针对该复审请求作出裁定后,当事人不服该裁定提起的行政诉讼。

(二)商标异议复审行政纠纷

商标异议复审行政纠纷是指,商标局针对他人就被初步审定公告的申请商标所提出的异议作出决定后,当事人不服该决定并依法请求商标评审委员会复审,商标评审委员会针对该复审请求作出裁定后,当事人不服该裁定提起的行政诉讼。

(三)商标撤销复审行政纠纷

商标撤销复审行政纠纷是指,当事人不服商标局依照商标法第四十一条第一款、第四十四条、第四十五条、第四十九条等规定作出的撤销或者维持注册商标的决定,依据商标法第四十九条的规定请求商标评审委员会复审,商标评审委员会针对该复审请求作出裁定后,当事人不服该裁定提起的行政诉讼。

(四)商标争议行政纠纷

商标争议行政纠纷是指,当事人对已经注册的商标依据商标法第四十一条的规定直接请求商标评审委员会裁定撤销该注册商标,在商标评审委员会作出相关裁定后,当事人不服该裁定提起的行政诉讼。

(五)其他商标行政纠纷

除上述商标行政纠纷外的其他商标行政纠纷,包括但不限于以商标局为被告的不服商标局核准或未核准转让注册商标的纠纷,其案由可直接使用商标行政纠纷。

三、两审法院适用专利商标行政诉讼案由示范

(一)一审案由适用

一审裁判文书应当在写明当事人基本情况后的首句话写明案由,如“原告×××因发明(实用新型、外观设计)专利权无效行政纠纷(商标争议行政纠纷或其他案由)一案,不服专利复审委员会(或商标评审委员会)于×年×月×日作出《×××××决定》,于×年×月×日向本院提起诉讼……”。

(二)二审案由适用

二审裁判文书应当在写明当事人基本情况后的首句话写明案由,如“上诉人

×××因发明(实用新型、外观设计)专利权无效行政纠纷(商标争议行政纠纷或其他案由)一案,不服北京市第一中级人民法院×××(案号)行政判决,于×年×月×日向本院提出上诉……"。

二〇一二年十月三十日

北京市高级人民法院
关于计付迟延履行利息、迟延履行金
若干问题的解答

为统一执行工作的司法尺度,规范执行行为,切实保护当事人的合法权益,依照《中华人民共和国民事诉讼法》及相关司法解释的规定,就迟延履行利息、迟延履行金计付中的有关问题解答如下。

1. 计付迟延履行利息、迟延履行金应当遵循的指导思想是什么?

答:迟延履行利息、迟延履行金属于申请执行人的民事权利,其有权予以处分。迟延履行利息、迟延履行金的计付,依法可由当事人协商解决;协商不成的,适用本解答的相关意见。

2. 如何确定计付迟延履行利息、迟延履行金的起算日?

答:被执行人迟延履行的,迟延履行利息或迟延履行金自执行依据指定的履行期间届满的次日起计算;执行依据未指定履行期间的,迟延履行利息或迟延履行金自执行依据生效之日的次日起计算。执行依据确定分期履行义务的,对每一期的迟延履行利息或迟延履行金分别予以计算。

3. 如何确定计付迟延履行利息、迟延履行金的截止日?

答:执行过程中,若执行的财产为货币类财产,计算迟延履行利息截至案款到达执行法院账户之日,但因可归责于被执行人的原因而未发还案款的除外;若执行的财产为非货币类财产,需对该财产予以拍卖、变卖或以其他方式变价的,计算迟延履行利息截至拍卖、变卖裁定送达买受人之日或以物抵债裁定送达申请执行人之日。

执行中需要进行案款分配的,计算迟延履行利息截至分配方案确定之日。分配方案确定之日,以分配方案最终核准人的核准时间为准。

计算迟延履行金截至行为义务履行完毕之日。

4. 执行依据生效后、申请执行前,被执行人主动要求履行执行依据所确定的给付义务而申请执行人拒绝受领的,如何确定计付迟延履行利息的截止日?

答:执行依据生效后、申请执行前,被执行人主动要求履行执行依据确定的给付义务并作出实际履行行为,有证据表明申请执行人无正当理由拒绝受领的,计算迟延履行利息截至被执行人作出实际履行行为之日。

5. 诉讼前、诉讼中已对被执行人的财产采取保全措施的,执行依据生效后如何计算迟延履行利息?

答:诉讼前、诉讼中已足额保全财产,执行依据生效后未申请执行的,若被保全的为货币类财产,不计算迟延履行利息。若被保全的为非货币类财产,计算迟延履行利息截至拍卖、变卖裁定送达买受人之日或以物抵债裁定送达申请执行人之日;被执行人在判决生效后向申请执行人表示愿以被保全的财产履行债务并催促申请执行人及时申请执行,申请执行人不及时申请执行的,自被执行人向申请执行人作出催促申请执行的意思表示之日至申请执行之日,不计算迟延履行利息。

诉讼前、诉讼中已保全财产但未足额,执行依据生效后未申请执行的,对已保全财产的债务部分,参照上述意见计算迟延履行利息。

6. 哪些情形下可以扣除迟延履行利息、迟延履行金的计付期间?

答:非因可归责于被执行人的原因而暂缓执行或中止执行的,暂缓执行或中止执行期间不计算迟延履行利息或迟延履行金。

当事人达成和解协议后,因被执行人不履行和解协议导致恢复执行的,和解协议履行期间计算迟延履行利息或迟延履行金。

被执行财产拍卖成交后,买受人迟延支付拍卖价款但法院未决定重新拍卖的,该迟延支付拍卖价款期间的迟延履行利息由买受人承担。

被执行人申请不予执行公证债权文书被驳回的,申请不予执行公证债权文书案件的审查期间计算迟延履行利息或迟延履行金。

7. 如何确定迟延履行利息的计算基数?

答:迟延履行利息的计算基数包括执行依据确定的主债务本金、利息、违约金(罚息、滞纳金)。对于案件受理费、申请保全费、评估费、鉴定费、公告费、仲裁费等因诉讼或仲裁所支出的费用,执行依据的主文未确定由一方当事人向另一方当事人支付的,不计算迟延履行利息;执行依据的主文确定由一方当事人向另一方当事人支付的,计算迟延履行利息。

执行依据确定的为外币给付义务,执行时以人民币给付的,迟延履行利息的基数以被执行人实际履行义务之日该种外币的汇率兑换为人民币的金额计算。

8. 如何确定计算迟延履行利息的利率?

答:被执行人迟延履行执行依据确定的金钱给付义务的,应当按照中国人民银行公布的同期贷款基准利率的双倍计算迟延履行利息。

计算迟延履行利息所依据的利率档次,按照迟延履行期间的长短与对应的中国人民银行规定的同期贷款基准利率的档次确定。迟延履行期间,中国人民银行公布的同期贷款基准利率发生变化的,根据该利率的变化分段计算迟延履行利息。

迟延履行期间逾1年的,每整年的迟延履行利息按照同期贷款基准利率的年利率计算,剩余期间的迟延履行利息按照同期贷款基准利率的日利率计算。日利率按照同期贷款基准利率的年利率除以365天计算。

9. 执行案款不足的,如何确定本金、迟延履行利息及因诉讼或仲裁所支出费用的清偿顺序?

答:执行案款不足的,应当先行扣除案件受理费、申请保全费、申请执行费、评估费、鉴定费、公告费、仲裁费等因诉讼或仲裁所支出的费用,剩余部分按照《最高人民法院关于在执行工作中如何计算迟延履行期间的债务利息等问题的批复》规定的本息并还原则办理。

10. 能否要求执行担保人或被变更、追加后的被执行人承担给付迟延履行利息、迟延履行金的义务?

答:案外人在执行过程中为被执行人提供担保,若无特别约定的,担保责任的范围包括迟延履行利息或迟延履行金。

变更或追加被执行人的,被变更或追加后的被执行人承受原被执行人给付迟延履行利息或迟延履行金的义务,法律、司法解释另有规定的除外。

11. 应当通过什么程序来确定迟延履行利息、迟延履行金?

答:申请执行人主张迟延履行利息或迟延履行金的,应当由其提供计算迟延履行利息或迟延履行金的方法及结果,被执行人对此没有异议或者虽有异议但经协商后与申请执行人达成一致的,经执行实施机构审查确认后即可认定迟延履行利息或迟延履行金的数额。当事人对迟延履行利息或迟延履行金的计算无法达成一致的,由执行实施机构作出书面决定。

12. 迟延履行金的数额如何确定?

答:被执行人迟延履行非金钱给付义务,给申请执行人造成损失的,应当双倍补偿申请执行人的损失。申请执行人提出有损失并要求双倍补偿其损失的,其在主张迟延履行金时应当列明所受损失的具体数额,并提供相应证据。

被执行人迟延履行非金钱给付义务,未给申请执行人造成损失或者申请执行人未主张有损失的,应当综合迟延履行的原因、迟延履行期间的长短、迟延履行给申请执行人造成的影响等因素酌定迟延履行金的数额。

13. 申请执行人在执行立案时或执行过程中未明确表示放弃迟延履行利息或迟延履行金的,执行标的额是否包括迟延履行利息、迟延履行金?

答:申请执行人在执行立案时或执行过程中未明确表示放弃迟延履行利息或迟延履行金的,执行标的额包括迟延履行利息、迟延履行金。执行法院可以根据被执行人可能要承担的迟延履行利息或迟延履行金数额,对相应价值的被执行人财产采取控制性措施。

14. 债权人能否就支付迟延履行利息或迟延履行金单独申请执行?

答:执行依据生效后申请执行前,债务人已自动履行完毕执行依据确定的主债务,债权人认为债务人未支付迟延履行利息或迟延履行金而就此单独申请执行的,执行法院应予受理。

执行案件实体性结案后(即执行依据确定的债权债务消灭),但迟延履行利息、迟延履行金未执行或未全部执行,申请执行人认可结案,其再就计付迟延履行利息、迟延履行金单独申请执行的,执行法院不予受理;申请执行人未认可结案,其就计付迟延履行利息、迟延履行金主张继续执行的,执行法院应予执行。

15. 执行财产刑案件、行政非诉案件,是否计付迟延履行利息或迟延履行金?

答:执行财产刑案件、行政非诉案件,不计付迟延履行利息或迟延履行金。

16. 不履行调解协议的当事人承担了该协议约定的民事责任后,是否还要承担迟延履行利息或迟延履行金?

答:根据《最高人民法院关于人民法院民事调解工作若干问题的规定》第10条、第19条的规定,调解协议约定了一方不履行该协议应当承担的民事责任,且不履行该协议的当事人已承担了该民事责任,对方当事人又要求其给付迟延履行利息或迟延履行金的,执行法院不予支持。

17. 当事人就迟延履行利息、迟延履行金的计算提出异议的,应当如何处理?

答:当事人对执行法院就迟延履行利息、迟延履行金的计算作出的书面决定提出异议,执行审查机构经审查发现迟延履行利息、迟延履行金的计算确有错误的,可以交由执行实施机构自行纠正,也可以裁定撤销该执行行为,由执行实施机构重新计算。

【征稿启事】

《审判前沿》是北京市高级人民法院与法律出版社联合推出的以北京市法院系统审判案例为基础面向全国的,具有权威性和指导性的综合性学术刊物。《审判前沿》针对审判实践中存在的疑、难、新问题,采取个案或一类案件分析的方法,力图加强案件审判工作中法律适用的深层次理论和实务研究,旨在及时反映全市法院新类型案件审判法律适用中存在的新情况和新问题,及时传递全市法院新类型案例审判信息,增大广大审判人员的案件审判信息量,开阔视野,为审判人员办案提供有益的借鉴和参考,也为法学研究提供新鲜的案例。

本刊设有以下栏目:

"案例研究"以个案为基础,针对个案审判中存在的法律适用问题,进行深层次的理论和实务研究,研究评述部分字数一般在5000字以上,多写不限,研究中力求理论联系实际。

"疑案探讨"以个案为基础,针对个案审判中的疑难问题进行探讨或者对争议问题进行研究。

"案例分析"以个案为基础,以个案为基础,针对审判中已终审的裁判,对案件审判中法律适用中的关键问题把握或者理解进行总结。

"观点争鸣"针对个案审判中出现的争论比较大的不同意见进行分析归纳,并表明作者的观点,以期引起争鸣。

"参阅案例"编发审判实践中比较典型的案例,供全市法院在审判实践中进行参考,稿件来源主要是北京市高级人民法院研究室编发的《北京法院指导案例》。

"热点问题聚焦"主要是刊登当前北京市法院审判工作热点问题及对策思路,如会议纪要、调研报告、决策参考等。

“法律文书之窗”刊登一些有典型意义的法律文书。

“司法文件”主要是及时刊登北京市高级人民法院的有关审判业务规定。

本刊在决定是否采用来稿时只考虑稿件的学术水准,对篇幅没有限制。来稿注释体例应当符合学术规范,清楚表明被引注作品的相关信息。欢迎作者惠稿。稿件一经采用,按有关规定支付稿酬;高质量稿件,稿酬从优。

来稿请寄刊物编辑部,地址:北京市朝阳区建国门南大街10号北京市高级人民法院研究室《审判前沿》编辑部,邮政编码:100022;或者通过北京市法院局域网(内部)发至编辑部电子信箱:gyspqy@ bjcourt. cn,编辑部电话:85268677,85268678,传真:85268549。

此外,在报送稿件时,请写明作者身份,如:于同志,北京市高级人民法院刑一庭法官、北京大学法学博士等。

欢迎对本刊提出意见或建议。

《审判前沿》编辑部

二〇一三年五月

图书在版编目(CIP)数据

审判前沿:新类型案件审判实务. 总第44集 / 北京市高级人民法院编. —北京:法律出版社,2013.9
ISBN 978-7-5118-4370-8

Ⅰ.①审… Ⅱ.①北… Ⅲ.①审判—研究—中国—丛刊 Ⅳ.①D925.04-55

中国版本图书馆CIP数据核字(2013)第263754号

审判前沿——新类型案件审判实务. 总第44集
北京市高级人民法院 编

编辑统筹 法律应用出版分社
责任编辑 戴 伟 程 岳
装帧设计 李 瞻

出版 法律出版社
总发行 中国法律图书有限公司
经销 新华书店
印刷 北京北苑印刷有限责任公司
责任印制 翟国磊
开本 720毫米×960毫米 1/16
印张 13
字数 233千
版本 2013年9月第1版
印次 2013年9月第1次印刷

法律出版社/北京市丰台区莲花池西里7号(100073)
电子邮件/info@lawpress.com.cn
网址/www.lawpress.com.cn
销售热线/010-63939792/9779
咨询电话/010-63939796

中国法律图书有限公司/北京市丰台区莲花池西里7号(100073)
全国各地中法图分、子公司电话:
第一法律书店/010-63939781/9782
重庆公司/023-65382816/2908
北京分公司/010-62534456
西安分公司/029-85388843
上海公司/021-62071010/1636
深圳公司/0755-83072995

书号:ISBN 978-7-5118-4370-8
定价:32.00元
(如有缺页或倒装,中国法律图书有限公司负责退换)